UTB 4227

Eine Arbeitsgemeinschaft der Verlage

Böhlau Verlag · Wien · Köln · Weimar
Verlag Barbara Budrich · Opladen · Toronto
facultas.wuv · Wien
Wilhelm Fink · Paderborn
A. Francke Verlag · Tübingen
Haupt Verlag · Bern
Verlag Julius Klinkhardt · Bad Heilbrunn
Mohr Siebeck · Tübingen
Nomos Verlagsgesellschaft · Baden-Baden
Ernst Reinhardt Verlag · München · Basel
Ferdinand Schöningh · Paderborn
Eugen Ulmer Verlag · Stuttgart
UVK Verlagsgesellschaft · Konstanz, mit UVK/Lucius · München
Vandenhoeck & Ruprecht · Göttingen · Bristol
vdf Hochschulverlag AG an der ETH Zürich

Hans Jürgen Heringer

Deutsche Grammatik und Wortbildung

in 125 Fragen und Antworten

A. Francke Verlag Tübingen

Hans Jürgen Heringer, geb. 1939, war ab 1969 Professor für Germanistische Linguistik in Heidelberg, ab 1971 ordentlicher Professor in Tübingen und ab 1981 Professor für Deutsch als Fremdsprache und Interkulturelle Kommunikation in Augsburg. Gastprofessuren u.a. in Barcelona, Paris, Graz und Kopenhagen. Seine Forschungsschwerpunkte liegen in den Bereichen Grammatik, Syntax, Semantik und Interkulturelle Kommunikation.

Bibliografische Information der Deutschen Nationalbibliothek

Die Deutsche Nationalbibliothek verzeichnet diese Publikation in der Deutschen Nationalbibliografie; detaillierte bibliografische Daten sind im Internet über http://dnb.dnb.de abrufbar.

© 2014 · A. Francke Verlag Tübingen
Dischingerweg 5 · D-72070 Tübingen

Internet: http://www.francke.de
E-Mail: info@francke.de

Einbandgestaltung: Atelier Reichert, Stuttgart
Druck und Bindung: fgb – freiburger graphische betriebe
Printed in Germany

UTB-Band-Nr. 4227
ISBN 978-3-8252-4227-5

Vorwort

Eine Grammatik in Fragen und Antworten – das ist nicht unbedingt neu. Toll wäre es, wenn man wüsste, welche Fragen zur Grammatik sich Menschen häufig stellen. Aber das wissen wir nicht. Wahrscheinlich würde auf der Basis einer solchen Sammlung auch ein ziemlich unsystematisches Buch entstehen. Grammatik sollte aber schon die Systematik zeigen. Allerdings, wenn man die systematischen Themen einfach als Fragen formuliert, wäre das eine Art Augenwischerei. Hier ist ein Mittelweg versucht: Es geht in den Fragen schon um systematische Darstellung grammatischer Phänomene, aber es wird auch immer darauf geachtet, welche Fragen und Probleme Sprecher und Schreiber, Nutzer mit unterschiedlichen Zielsetzungen haben könnten und hoffentlich auch wirklich haben.

Diese Anordnung und die Zuordnung zu Fragen
- erleichtern den Zugriff. Sie finden Ihre Themen leicht und in kompakter Darstellung,
- ermöglichen eine quasi modulare Schreibweise. Es geht um einzelne Pakete zu einzelnen Phänomenen, die für sich lesbar sein sollten, vor allem keinen Bezug aufeinander nehmen sollten, außer natürlich, dass sie eine international geläufige grammatische Terminologie verwenden, ohne die keine Grammatik auskommt.

Damit müssen Sie nicht befürchten, vor lauter Blättern nicht zum Eigentlichen zu kommen (oder gar mit der naiven Idee gequält zu werden, Sie hätten die Grammatik fortlaufend von vorn gelesen und alles behalten: „Wie wir oben gesehen haben").
Selbstverständlich kommt auf diese Weise keine vollsystematisierte oder gar exhaustiv gedachte Grammatik zustande. Aber wo bitte gibt es die? Könnte es sie geben? Nur Grammatiken, die blauäugig den Anspruch erheben, vielleicht. Wie dick müsste diese Grammatik sein?
Existierende laufen von 60 Seitlein bis über 3000 Seiten, noch voll mit Kleingedrucktem. Hier muss der Autor ein Mittelmaß finden. Er muss an seine fiktiven Adressaten denken. Hoffentlich ist ihm dies gelungen.

Wer mehr will, wird auch mehr finden. Einige Hinweise gebe ich am Schluss.

Wer weniger will, könnte sich im iTunes Appstore eine kompakte Lerner-version „Deutsch Grammatik Kompakt" downloaden.
Wer kleine Spielchen liebt, kann die App „Grammatik Deutsch Training Test" verwenden:
(https://itunes.apple.com/de/app/grammatik-deutsch-training/ id754148884?mt=8)

Grammatik verstehen und Grammatik lernen gilt als hartes Brot. Darum bemühen wir Grammatiker uns, sie leichter verdaubar zu machen. Manche Lernergrammatiken werden darum mit motivierenden Zusätzen geschmückt. Das ist allerdings didaktisch umstritten. Nicht nur, weil es öfter infantil erscheint, sondern insbesondere deshalb, weil es vielleicht nicht zielführend ist oder gar vom Eigentlichen ablenkt.
Als eine Art motivierender Zusätze ist hier zweierlei verwendet:

- Als Beispiele sollen nicht nur typische erfundene Grammatikersätze dienen, sondern auch lebens- und alltagsnahe.
- Stilblüten, die das Ganze auflockern. Sie sind aber kein lustiges Beiwerk. Sie sind eher ein didaktisches Mittel, mit dem Leser erproben können, ob sie die grammatischen Regeln verstanden haben. Denn um die Stilblüte zu genießen, muss man erkennen, in welche Regelfalle da jemand getappt ist. Das ist aktivierte angewandte Grammatik.

Eine Art didaktischer Selbstverständlichkeit ist die Veranschaulichung mit grafischen Mitteln wie die übersichtliche Darstellung in Listen und Tabellen. Schließlich soll auch das Layout der Lesbarkeit dienen, wenngleich das immer ein bisschen Geschmacksache bleibt.

So hoffe ich denn, dass alle meine Ideen und Wünsche aufgehen.

Herrsching, im Juli 2014
H. J. Heringer

Inhalt

Vorwort 5

Zu den Wortarten

1 Welche Arten von Verben gibt es? 11
2 Kann man Verben semantisch einteilen? 12
3 Wie werden Verben flektiert? 13
4 Wie bildet man Tempusformen schwacher Verben? 14
5 Wie sehen die Tempusformen starker Verben aus? 15
6 Wie lauten die Regeln für Verbformen? 16
7 Was tun mit Vokalen starker Verben im Präsens? 17
8 Was passiert bei bestimmten Konsonantenfolgen? 18
9 Wie geht das mit dem *ge-* im Partizip II? 19
10 Welche Verben nehmen kein *ge-*? 20
11 haben oder sein? 21
12 Welche Aufgabe übernehmen Hilfsverben? 23
13 Wie kann man sich die Ablautformen merken? 26
14 Stark oder schwach? 29
15 Welche infiniten Formen gibt es? 31
16 Wie wird der Infinitiv gebraucht? 32
17 Wie wird der Konjunktiv I gebraucht? 33
18 Wie wird der Konjunktiv II gebraucht? 34
19 Wann braucht man *würde*? 35
20 Was ist besonders bei den Modalverben? 36
21 Wie werden Modalverben verwendet? 42
22 Wie gehen wir mit Zeit und Tempus um? 44
23 Wie werden die Grundtempora gebraucht? 46
24 Wie werden die relativen Tempora gebraucht? 49
25 Perfekt oder Präteritum? 50
26 Wie kann man die Nomen einteilen? 51
27 Wie werden Nomen dekliniert? 53
28 Gibt es Regeln für das Genus? 59
29 Wie erkennt man das Genus an der Form? 60
30 Ist das Genus an der Bedeutung zu erkennen? 62
31 Was leistet das Leitwortprinzip? 64

32 Wo gibt es Genuszweifel, wo Genusdubletten? 66
33 Wie wird der Plural gebildet? 67
34 Wo gibt es Numeruslücken? 70
35 Wieso haben Fremdwörter besondere Plurale? 71
36 Soll man den Genitiv vermeiden? 73
37 Probleme mit der n-Deklination? 74
38 Welche Arten von Präpositionen gibt es? 75
39 Welchen Kasus verlangen Präpositionen? 77
40 Wann verschmelzen Präposition und definiter Artikel? 79
41 Wie sind Präpositionen zu verwenden? 81
42 Wohin und woher? Bei mir oder zu dir? 87
43 Wie werden Adjektive dekliniert? 88
44 Wie werden nominalisierte Adjektive dekliniert? 90
45 Wie steigert man Adjektive? 91
46 Was sind Begleiter, was Ersetzer? 93
47 Wie gebraucht man den definiten Artikel? 96
48 Wie gebraucht man den indefiniten Artikel? 98
49 Wann steht kein Artikel? 100
50 Wann steht ein Artikel bei Eigennamen? 102
51 Wie dekliniert man Personalpronomen? 103
52 Was sind genussensible Pronomen? 104
53 Welche Funktionswörter sind mehrdeutig? 105

Zu den Wortgruppen

54 Wie sind Verbalphrasen aufgebaut? 107
55 Wie stehen die Verben in der komplexen Verbalphrase? . 108
56 Was machen wir mit komplexen Verbalphrasen? 109
57 Wie wird das Passiv gebildet und verwendet? 110
58 bekommen-Passiv? Was ist denn das? 113
59 Welche passivähnlichen Ausdrucksweisen gibt es? 114
60 Was hat es mit den Streckformen auf sich? 115
61 Was leisten Streckformen? 116
62 Wie sind komplexe Nominalphrasen gebaut? 118
63 Wie viel Linkserweiterung der Nominalphrase? 120
64 Wie viel Rechtserweiterung der Nominalphrase? 122
65 Wie viele Beifügungen verträgt ein Nomen? 124

66 Welche Kongruenzen bestehen in der Nominalphrase? .. 125
67 Adjektiv stark oder schwach? 126
68 Wie locker sind Appositionen? 127
69 Wie ist die Kongruenz der Apposition geregelt? 128
70 Wie sind Präpositionalphrasen gebaut? 130
71 Stehen Präpositionen vorn? 131
72 Wie funktionieren Präpositionalphrasen? 132
73 Welche Verben verlangen welche Präposition? 133
74 Welche Adjektive verlangen welche Präposition? 135
75 Welche Nomen verlangen welche Präposition? 135

Zum Satz

76 Wie sind Sätze gegliedert? 137
77 Was gliedert den Satz im Detail? 138
78 Welche Arten von Sätzen gibt es? 140
79 Welche Satzmuster gibt es? 141
80 Was hat Valenz mit Bedeutung zu tun? 142
81 Wie stimmen Subjekt und finites Verb überein? 143
82 Welche Typen von Fragen kann man unterscheiden? 144
83 Wozu braucht man Adverbiale? 146
84 Wie drückt man Begründungen aus? 148
85 Wie drückt man Bedingungen und Folgen aus? 149

Zur Wortstellung

86 Wie stehen die Wörter im Satz? 150
87 Wo steht die Personalform des Verbs? 151
88 Wie ist der Satz gegliedert? 152
89 Was kann im Vorfeld stehen? 153
90 Wie ist die Standardstellung im Mittelfeld? 154
91 Was kann im Nachfeld stehen? 155
92 Wie ist das mit der Verbalklammer geregelt? 156
93 Welche Stellungsregeln gelten für Pronomen? 157
94 Wo steht die Negation? 158
95 Was bewirkt die Wortstellung kommunikativ? 159
96 Welche Stilwirkungen kann die Wortstellung haben? 160

Zu Satzverbindungen und Text

97 Wie kann man Sätze verbinden? 161
98 Was gibt es für Komplementsätze? 162
99 Was bewirken wir mit Adverbialsätzen? 163
100 Treppensätze und Schachtelsätze – zu vermeiden? 167
101 Was muss man bei der Zeitenfolge beachten? 168
102 Was sind denn infinite Sätze? 169
103 Wann braucht man Korrelate? 172
104 Welche Formen nimmt das Relativpronomen an? 173
105 w-Wörter als Relativpronomen: Was passt? 174
106 Was bedeutet komprimierter Stil? 175
107 Wie graduiert man? 177
108 Wie kann ich etwas negieren? 178
109 Wie formuliert man indirekte Rede? 179
110 Was soll der Konjunktiv in indirekter Rede? 181
111 Wie wird gezählt? 182
112 Wie gibt man Quanten an? 183
113 Was strukturiert den Text? 184
114 Wie entsteht der Textzusammenhang? 186

Zur Wortbildung

115 Welche Wortbildungsarten gibt es? 189
116 Wie werden neue Nomen gebildet? 192
117 Wann steht das Fugen-s? 197
118 Was heißt Nominalisierung? 198
119 Wie werden neue Adjektive gebildet? 199
120 Wie werden neue Verben gebildet? 203
121 Trennbar oder nicht? 207
122 Wie bilden wir Aküs? 208
123 Was sind Internationalismen? 210
124 Wie bilden Wörter Familien? 212
125 Gefahren und Freuden bei der Wortbildung? 214

Weiterführende Grammatiken 218
Nachweise 218

Zu den Wortarten

1 Welche Arten von Verben gibt es?

Verben bilden eine offene Kategorie mit unüberschaubar vielen Wörtern. Sie haben folgende grammatische Eigenschaften:

- Verben werden flektiert (oder konjugiert).
- Verben verändern ihre Form in den Kategorien Person, Numerus, Tempus, Modus.
- Verben bilden den Kern von Verbalphrasen.

Häufig verwendete Verben

werden, haben, sein, können, müssen, machen, lassen, wollen, sagen, kommen, sollen, sehen, geben, stehen, tun, wissen, gehen, nehmen, finden, bleiben, halten, bringen, erhalten, meinen, stellen, führen, liegen, dürfen, sprechen, leben, zeigen, gleichen, bekommen, denken, schaffen, arbeiten, nennen, gehören, hören, setzen, suchen, spielen, erkennen, reden, glauben, verstehen

Grammatisch werden fünf Typen von Verben unterschieden:

Vollverb	Hilfsverb	Kopulaverb	Modalverb	Funktionsverb
gehen	sein	sein	können	kommen
laufen	haben	werden	sollen	bringen
singen	werden	bleiben	müssen	finden
sagen			wollen	setzen
...			dürfen	...

Die überwiegende Zahl der Verben sind Vollverben. Sie gelten als typische Vertreter der Wortart:

sagen, töten, unterschreiben; aufwachen, einsehen, sterben; wandern, singen, schwimmen; wachsen, regnen, fließen; liegen, wissen, ähneln

Vollverben können in finiter Form als Prädikat im Satz dienen:

Ich sage nichts.
Die kleine Anfängerin legte das Buch auf den Tisch.
Vor einer halben Stunde regnete es immer noch.
Du ähnelst deinem Bruder.

Neben den Vollverben gibt es eine begrenzte Menge unselbstständiger Verben und Verben mit Spezialfunktionen, die nicht allein das Prädikat im Satz bilden können.

Die **Hilfsverben** *haben, sein* und *werden* dienen der Bildung mehrteiliger Tempusformen und des Passivs:
> Die kleine Anfängerin hat das Buch auf den Tisch gelegt.
> Ich werde nichts sagen.
> Es wurde nichts Diesbezügliches gesagt.

Die **Kopulaverben** *sein, werden, bleiben* bilden mit Prädikativen mehrteilige Prädikate:
> Hier ist es ganz schön heiß.   Es wird noch heißer.
> Anna blieb lange krank.

Die **Modalverben** *sollen, müssen, können, mögen, dürfen, wollen* verlangen den Infinitiv eines anderen Verbs, in der Regel eines Vollverbs:
> Wir sollten Fehler vermeiden.   Ich muss leider Strafe zahlen.

Die **Funktionsverben** *kommen, bringen, finden* sind Vollverben in besonderer Verwendung. Sie verbinden sich mit einem deverbalen Nomen im Akkusativ oder mit einer Präpositionalphrase zu einem Funktionsverbgefüge. Ihre Bedeutung verblasst in dem Gefüge:
> Die Gesetze kamen nie zur Anwendung.
> So brachte man die Anklage zum Scheitern.
> All dies konnte keine Berücksichtigung finden.

2 Kann man Verben semantisch einteilen?

Verben werden oft in Klassen eingeteilt nach ihrer Bedeutung.

statisch/ Zustand	dynamisch/ Prozess
glauben, sein, wissen, lieben, schlafen, stehen, sitzen, stehen, kleben	gehen, laufen, schwimmen, töten, singen, arbeiten, malen, trinken, rennen, streicheln, erfahren, wachsen
durativ	**resultativ**
malen, trinken, liegen, wohnen, besitzen, ähneln	etwas erreichen, einschlafen, erwachen, aufblühen

Die semantischen Unterscheidungen sollten allerdings mehr auf die Verbalphrase und öfter auf den ganzen Satz bezogen werden.

durativ	resultativ
Ich schreibe an einem Brief.	Hast du den Brief geschrieben?
Das weiß ich seit Jahren.	Aha, jetzt weiß ich.
Wohin läufst du?	Nun bin ich einen Kilometer gelaufen.

3 Wie werden Verben flektiert?

Grundlegend für die Flexion ist die Unterscheidung von infiniten und finiten Verbformen. Infinit sind der Infinitiv und die Partizipien.
Das **Partizip I** ist im Grunde ein Adjektiv. Es spielt im Verbalparadigma sonst keine Rolle. Auch das Partizip II kann als Adjektiv verwendet werden, es steht aber auch in analytischen Verbformen und im Passiv.
Finite Verben nehmen im Satz verschiedene Formen an. Sie sind zum Teil bestimmt durch die Funktion im Satz (Person, Numerus), zum Teil durch das, was gesagt wird (Tempus, Modus). Eine Verb-Form besteht aus einer Stammform + Flexiv (oder Endung). Zu einem Verblexem können drei Stammformen gehören: *geh-, ging-, -gang-*

Stammform 1: Präsens	Stammform 2: Präteritum	Stammform 3: Partizip II
geh-e, **brenn**-t	**ging**-en, **brann**-te	ge-**gang**-en, ge-**brann**-t

Mit den Stammformen kann man alle Verbformen regulär bilden. Die systematische Darstellung der Flexionsformen wird mit Paradigmen geleistet. Ein Verb-Paradigma differenziert die Formen nach Person, Numerus, Tempus und Modus. Das Paradigma eines Verbs ist komplex.

Das Gesamtparadigma eines Verbs besteht in vier Teilparadigmen der Basisformen (Präsens, Präteritum, Konjunktiv I, Konjunktiv II) und vier Teilparadigmen mit zusammengesetzten Formen.

Verben gehören zu unterschiedlichen Flexionsklassen. Den Hauptunterschied machen regelmäßige (schwache) Verben und unregelmäßige (Ablautverben, Hilfsverben, Modalverben).
Die unregelmäßigen Verben können mit den drei Kennformen exakt charakterisiert werden. Wenn man den Infinitiv, die 3. Person Singular Präteritum und das Partizip II kennt, kann man alle anderen Formen konstruieren.
Einige starke Verben haben wegen Vokalwechsel vier Kennformen.

empfehlen → empfiehlst → empfiehlt   sterben → stirbst → stirbt
geben → gibst → gibt   treffen → triffst → trifft
helfen → hilfst → hilft   treten → trittst → tritt
lesen → liest → liest   vergessen → vergisst → vergisst
nehmen → nimmst → nimmt   werfen → wirfst → wirf
sehen → siehst → sieht

4 Wie bildet man Tempusformen schwacher Verben?

Regelmäßige Verben bilden ihre Formen nach dem gleichen Muster.
Die Tabelle zeigt die Formen am Beispiel.

machen (schwach und regelmäßig)			
Partizip I	**Partizip II**	**Imperativ**	**Infinitiv**
machend	gemacht	Mach! Macht! Machen Sie!	machen gemacht haben
Präsens		**Präteritum**	**Futur I**
ich mache du machst er/ sie/ es macht wir machen ihr macht sie machen		ich machte du machtest er/ sie/ es machte wir machten ihr machtet sie machten	ich werde machen du wirst machen er/ sie/ es wird machen wir werden machen ihr werdet machen sie werden machen
Konjunktiv I		**Konjunktiv II**	**würde-Form**
ich mache du machest er/ sie/ es mache wir machen ihr machet sie machen		ich machte du machtest er/ sie/ es machte wir machten ihr machtet sie machten	ich würde machen du würdest machen er/ sie/ es würde machen wir würden machen ihr würdet machen sie würden machen
Perfekt		**Plusquamperfekt**	**Futur II**
ich habe gemacht du hast gemacht er/ sie/ es hat gemacht wir haben gemacht ihr habt gemacht sie haben gemacht		ich hatte gemacht du hattest gemacht er/ sie/ es hatte gemacht wir hatten gemacht ihr hattet gemacht sie hatten gemacht	ich werde gemacht haben du wirst gemacht haben er/ sie/ es wird gemacht haben wir werden gemacht haben ihr werdet gemacht haben sie werden gemacht haben

Gemischt ist die sogenannte Höflichkeitsform: *Bleiben Sie?*
Das Flexiv ist 3. Person Plural, das Pronomen *Sie* ist 3. Person Singular
oder Plural, im Gebrauch eher 2. Person, weil es der Anrede dient.

5 Wie sehen die Tempusformen starker Verben aus?

Unregelmäßige Verben bilden ihre Formen mit den gleichen Flexiven wie regelmäßige. Sie gehören aber in unterschiedliche Ablautreihen.

geben (stark und unregelmäßig)			
Partizip I	**Partizip II**	**Imperativ**	**Infinitiv**
gebend	gegeben	Gib! Gebt! Geben Sie!	geben gegeben haben
Präsens		**Präteritum**	**Futur I**
ich gebe du gibst er/ sie/ es gibt wir geben ihr gebt sie geben		ich gab du gabst er/ sie/ es gab wir gaben ihr gabt sie gaben	ich werde geben du wirst geben er/ sie/ es wird geben wir werden geben ihr werdet geben sie werden geben
Konjunktiv I		**Konjunktiv II**	**würde-Form**
ich gebe du gebest er/ sie/ es gebe wir geben ihr gebet sie geben		ich gäbe du gäbest er/ sie/ es gäbe wir gäben ihr gäbet sie gäben	ich würde geben du würdest geben er/ sie/ es würde geben wir würden geben ihr würdet geben sie würden geben
Perfekt		**Plusquamperfekt**	**Futur II**
ich habe gegeben du hast gegeben er/ sie/ es hat gegeben wir haben gegeben ihr habt gegeben sie haben gegeben		ich hatte gegeben du hattest gegeben er/ sie/ es hatte gegeben wir hatten gegeben ihr hattet gegeben sie hatten gegeben	ich werde gegeben haben du wirst gegeben haben er/ sie/ es wird gegeben haben wir werden gegeben haben ihr werdet gegeben haben sie werden gegeben haben

Der Imperativ existiert nur für die 2. Person. Er ist im Prinzip die 1. Stammform, im Plural mit -*t*. Starke Verben haben e/ i-Wechsel:
iss, empfiehl, gib, hilf, lies, nimm, sieh, vergiss, wirf
Manch einer verwendet auch regelmäßige: *esse, helfe, lese, vergesse.*

6 Wie lauten die Regeln für Verbformen?

Es gibt einfache und zusammengesetzte Tempusformen.
Einfache Tempusformen: Präsens, Präteritum
Zusammengesetzte Tempusformen: Futur (mit Infinitiv), Perfekt und Plusquamperfekt (mit Partizip II)

Partizip II	Imperativ	Infinitiv
[ge] + Stammform 1 + t gesagt [ge] + Stammform 3 + en gegangen	Stammform 1 + [e] oder [e]t geh! Geht! (e/i-Wechsel) Hilf mir bitte.	Stammform 1 + en Wegfall von -e- nach l, n und Vokal
Präsens	**Präteritum**	**Futur I**
Stammform 1 des Verbs Flexiv: *-e, -st, -t, -en, -t, -en* sagt, redest	**schwache Verben:** Stammform 1 + eingescho- benes -t- sagte, redete Flexiv: *-e, -st, -t, -en, -t, -en* **starke Verben:** Stammform 2 (Ablaut) ging, rief Flexiv: *-, -st, -, -en, -t, -en*	Präsens von *werden* + Infinitiv Ich werde gehen.
Konjunktiv I	**Konjunktiv II**	**würde-Form**
Stammform 1 + eingescho- benes *-e-* Er lebe hoch! Flexiv: *-e, -est, -e, -en, -et, -n*	Stammform 2 + Umlaut Was hieße das? Flexiv: *-e, -est, -e, -en, -et,* *-en*	Konjunktiv II von *werden* + Infinitiv Ich würde sagen ...
Perfekt	**Plusquamperfekt**	**Futur II**
Präsens von *sein* oder *haben* + Partizip II Wir sind abgereist.	Präteritum von *sein* oder *haben* + Partizip II Wir hatten alles gesehen.	Präsens von *werden* + Infinitiv Perfekt So wird alles gelaufen sein.

In vielen Formen lautet der Konjunktiv I wie der Indikativ Präsens. Er unterscheidet sich vom Präsens vor allem durch ein eingefügtes *e*.
Das kann auch einen e/i-Wechsel rückgängig machen: *gebest* vs. *gibst*. Deutlich gekennzeichnet ist immer die 3. Person Singular: *habe* vs. *hat*, *gebe* vs. *gibt*, weil sie im Konjunktiv auf *-e* endet, im Indikativ auf *-t*.

 Der Konjunktiv II lautet bei schwachen Verben wie das Präteritum .

7 Was tun mit Vokalen starker Verben im Präsens?

Viele starke Verben ändern ihren Stammvokal in der 2. und 3. Person Singular. Wenn möglich wird umgelautet.

e → i oder ie:

Ich gebe → du gibst → er gibt → wir geben ...; gib!

Ich spreche → du sprichst → er spricht → wir sprechen ...; sprich!

Ich treffe → du triffst → er trifft → wir treffen ...; triff!

Ich lese → du liest → er liest → wir lesen ...; lies!

Ich sehe → du siehst → er sieht → wir sehen ...; sieh!

Ausnahmen: *gehen, stehen, heben*

abweichend	korrekt
Rainer ~~seht~~ sie verliebt an.	Rainer sieht sie verliebt an.
Seid ihr still, wenn der Papa ~~sprecht~~?	Seid ihr still, wenn der Papa spricht?
Es ~~stehlt~~, wer Geld ~~mitnehmet~~.	Es stiehlt, wer Geld mitnimmt.
Mein Arzt ~~empfehlt~~ mir eine Seereise.	Mein Arzt empfiehlt mir eine Seereise.
~~Vergesst~~ die Regierung ihren Auftrag?	Vergisst die Regierung ihren Auftrag?

a → ä

Ich trage → du trägst → er trägt → wir tragen → ihr tragt ...; trag!

Ich schlafe → du schläfst → er schläft → wir schlafen → ihr schlaft ... → sie schlafen; schlaf!

Ich halte → du hältst → er hält → wir halten → ihr haltet ...; halt!

au → äu

Ich laufe → du läufst → er läuft → wir laufen → ihr lauft ...; lauf!

Ich saufe → du säufst → er säuft → wir saufen → ihr sauft ...; sauf!

stoßen → stößt

Ich stoße → du stößt → er stößt → wir stoßen → ihr stoßt ...; stoß!

abweichend	korrekt
Das Meer ~~gefallt~~ mir immer besser.	Das Meer gefällt mir immer besser.
Er ~~hinterlasst~~ eine Witwe mit Kindern.	Er hinterlässt eine Witwe mit Kindern.
Er ~~verkäuft~~ elektrische Geräte im Netz.	Er verkauft elektrische Geräte im Netz.
Er möchte zahlen, weil er euch ~~einladet~~.	Er möchte zahlen, weil er euch einlädt.

Bei schwachen Verben ändern sich die Stammvokale nicht!

Ich kaufe → du kaufst (du ~~käufst~~) → er kauft (er ~~käuft~~) ...

Ich frage → du fragst (du ~~frägst~~) → er fragt (er ~~frägt~~) ...

fragen war früher starkes Verb. Darum noch regional: *du frägst, sie frug.*

8 Was passiert bei bestimmten Konsonantenfolgen?

1. Vor -s oder -t des Flexivs wird nach dem Stamm ein -e- eingefügt, wenn der Stamm auf -t, -d, auf Konsonant + m oder + n endet.

> du red-e-st → er red-e-t → ihr red-e-t
> du arbeit-e-st → er arbeit-e-t → ihr arbeit-e-t
> sie antwortet → sie antwortete → ich antwortete
> du atm-e-st → er atm-e-t → ihr atm-e-t
> du atmest → du atmetest → ihr atmetet
> man zeichnet → du zeichnetest → sie zeichneten
> ~~Da verschwindt Neuschwanstein im Nebel.~~

Kein eingeschobenes -e-, wenn der Stammvokal wechselt:

> du errätst → er errät; du hältst → er hält; du trittst → sie tritt

Kein eingeschobenes -e- nach lm, rm, ln, rn:

> ihr filmt, es qualmt, es stürmt, du turnst, du lernst, sie lärmt

2. Manchmal fällt das Flexiv -et weg, wenn der Stamm auf -t endet:

> es gilt (von *gelten*), sie flicht (von *flechten*), er ficht (von *fechten*)

3. Das -s der 2. Person Singular fällt weg für Verben, deren Stammform auf -s, -ss, -ß, -tz, -z oder -x endet:

> ich niese → du niest (du ~~niesst~~), ich lasse → du lässt, ich schwitze → du schwitzt, ich reize → du reizt, ich faxe → du faxt, ich grüße → du grüßt

Die 2. und 3. Person Singular lauten dann gleich:

> du isst → er isst, du liest → er liest, du sitzt → er sitzt

4. Die Verben auf -eln und auf -ern können das -e des Stamms oder des Flexivs unterdrücken. Doppel-Schwa wird vermieden:

> gammeln → ich gammle, wir, sie gammeln (~~gammelen~~)
> handeln → ich handle (möglich: ich handele), wir, sie handeln
> wandern → ich wandre (möglich: ich wandere), wir, sie wandern

Ebenso: angeln, schütteln, wackeln, wandeln, ändern, verbessern
Bei entlehnten Verben kann man zweifeln:

> gecrasht oder gecrashed, designt oder designed?
> googlen oder googeln, canceln oder cancelen?

Üblich ist:

> Du fightest ganz gut.   Hast du mir die Mail geforwardet?
> Er outete sich erst kürzlich. Votest du eigentlich auch?

9 Wie geht das mit dem *ge-* im Partizip II?

Schwache Verben: ge + Stammform + t	Starke Verben ge + Stammform 3 + en
gesagt, gelegt, geredet (mit eingeschobenem -e- vor t)	getragen, gelegen, gehoben, geschnitten, gefunden, geschrieben, geflogen

abweichend	korrekt
Es ~~hat regnet~~ und ~~geschnien~~.	Es hat geregnet und geschneit.
Mitglieder werden jährlich ~~ernennt~~.	Mitglieder werden jährlich ernannt.
Wieder ist ein schöner Tag ~~vergehen~~.	Wieder ist ein schöner Tag vergangen.
Das Geld soll ~~gestohlen werden sein~~.	Das Geld soll gestohlen worden sein.
Du hast heute nichts ~~gessen~~?	Du hast heute nichts gegessen?
Einer hat seine Frau ~~mitbringen~~.	Einer hat seine Frau mitgebracht.

Und wohin gehört das *ge-* in wortgebildeten Verben?
Es gibt feste und unfeste Verbzusammensetzungen. Feste Zusammensetzungen haben kein *ge-* im Partizip II:
　versagt, entkommen, zerrissen, erschienen, anerkannt
Das *ge-* wird bei trennbaren Verben nach dem Präfix eingeschoben:
　ab-ge-geben, ab-ge-rechnet, ab-ge-rissen, ab-ge-schaltet,
　ab-ge-schlossen, ab-ge-stimmt, an-ge-fordert, an-ge-geben,
　an-ge-griffen, an-ge-hört, an-ge-kündigt, an-ge-meldet,
　an-ge-sehen, an-ge-troffen, aus-ge-baut, aus-ge-drückt,
　aus-ge-sprochen, aus-ge-übt, ein-ge-lassen, ein-ge-bracht,
　ein-ge-sehen, fest-ge-legt, hinzu-ge-fügt,
　miss-ge-stimmt, probe-ge-lauf-en, rad-ge-fahr-en, unter-ge-bracht,
　vor-ge-legt, zu-ge-schrieben, zu-ge-sprochen, zu-ge-stimmt;
　not-ge-landet, staub-ge-saugt
　Aber: ge-maß-regelt, ge-hand-habt, ge-wett-eifert

In entlehnten Verben gibt es Unsicherheiten. Man weiß nicht so genau: Soll man sie als trennbar behandeln oder als fest? Entsprechend unsicher ist man beim Partizip II. Also:
　downloaden → ich loade down oder ich downloade
　downloaden → downgeloadet oder gedownloadet
Üblich: outgesourcet, upgedatet, babygesittet

Auch im Deutschen gibt es Doppelformen: *missdeutet / missgedeutet*.

10 Welche Verben nehmen kein *ge-*?

Kein *ge-* bei Verben mit nichttrennbarem Präfix sowie ihren Ableitungen:
   verstehen → verstanden, missverstehen → missverstanden,
   bedecken → bedeckt, entstehen → entstanden,
   erwarten → erwartet, gelingen → gelungen, verkaufen → verkauft,
   zerbrechen → zerbrochen, belichten → belichtet,
   überbelichten → überbelichtet
   durchlaufen → durchlaufen, umsorgen → umsorgt, widersprechen →
   widersprochen, wiederholen → wiederholt
Kein *ge-* bei einfachen Verben, die auf der ersten Silben unbetont sind:
   studieren → studiert, marschieren → marschiert
   Ableitungen: ausstudiert, durchmarschiert
Irreguläre Formen sowie ihre Ableitungen:
   essen → gegessen
   Ableitung: aufessen → aufgegessen

abweichend	korrekt
Dann hat sie sich den Pass ~~gebesorgt~~.	Dann hat sie sich den Pass besorgt.
Das Spiel wird direkt ~~übergetragen~~.	Das Spiel wird direkt übertragen.
Ihr habt euch frisch ~~gerasiert~~.	Ihr habt euch frisch rasiert.
Die Lehrerin hat nicht gern ~~gekorrigiert~~.	Die Lehrerin hat nicht gern korrigiert.

Wenn ich meine Möglichkeiten verbessert habe, bekomme ich eine
bessere Stelle.
Im Sprachunterricht sollten Kultur und Bräuche des Landes vermit-
telt werden.
Hier hatte er sich mehrere Tage versteckt gehalten.
Es hat sich wenig verändert, die Gelder wurden nicht versteuert.
Das Hilfsverb *werden* hat zwei Formen:
Normal: Da sind wir böse geworden.
Passiv: Von wem ist das Brandenburger Tor gebaut worden?

Neue Entlehnungen
gebootet, gefightet, geflirtet,
geforwardet, gejettet, geliftet,
geoutet, gepostet, promotet,
geskatet, gesnowboardet,
gestartet, gevotet

11 *haben* oder *sein*?

Perfekt und Plusquamperfekt mit *haben* ist der Normalfall. Darum ist wichtig zu bestimmen, welche Verben das Perfekt mit *sein* bilden. Hierbei spielen grammatische und semantische Gesichtspunkte eine Rolle.

Zusammengesetzte Tempora mit *haben*	Zusammengesetzte Tempora mit *sein*
Die meisten Verben bilden das Perfekt mit *haben*: • transitive Verben • Modalverben • das Hilfsverb *haben*	Das Perfekt mit *sein* bilden Verben • für eine Bewegung irgendwohin • für eine Zustandsänderung des im Subjekt Genannten • die Auxiliarverben *sein* und *werden* • das Kopulaverb *bleiben*
Man **hat** ihn neulich noch **gesehen**. Er **hat** sich selten **geschämt**. Wir **haben** nun den See **überquert**. Ich **habe** mich sehr **gewundert**. Man **hat** sich leider **geirrt**. Wir **haben** keinen Fehler **gemacht**. Ich habe **gesessen/ gekonnt/ gehabt**. Man **hat** nichts mehr sehen **können**.	Wir **sind** zu ihr **gegangen**. Die schönen Tage **sind vergangen**. Wir **sind** über den See **gerudert**. Wer **ist** alles **gekommen**? Ich **bin eingeschlafen**. Ich **bin** lange **geblieben**. Ich **bin** krank **gewesen**. Er **ist** fünf Jahre alt **geworden**.

Bei transitiven Verben kann das Objekt auch weggelassen sein:
    Du hast neulich bei uns fotografiert.
Transitive Reflexiva nehmen *haben*, intransitive *sein*:
    Wir haben uns (Akkusativ) getroffen.
    Wir sind uns (Dativ) begegnet.
Manche Verben wählen *haben* und *sein*, doch mit Bedeutungsnuancen:
    Hast du die hundert Meter gekrault?
    Ich bin schon 100 m gekrault.
    Friedel hat auf die Blumen getreten.
    Friedel ist auf die Blumen getreten. (ohne Absicht)
Ableitungen von Verben verhalten sich normal wie das Grundverb. Aber die Transitivität ist dominant. Ausnahmen bilden unechte Transitiva:
    Wir sind gemeinsam die Listen durchgegangen.
    Die Partner waren einen neuen Vertrag eingegangen.
    Ich bin den gleichen Weg zurückgegangen.

mit *haben*	mit sein
Haben Sie das Auto gefahren?	Sind Sie Auto gefahren?
Wer hat den Wagen gefahren?	Wer ist über die Brücke gefahren?
Sie hat einen Fußgänger angefahren.	Wohin sind Sie gefahren?
Der THW hat diese Straße befahren.	Wir sind früh abgefahren.
Haben sie die Skipiste eingefahren?	Wir sind früh losgefahren.
Sie haben das Hindernis umfahren.	Leider ist er zu dicht aufgefahren.
Sie haben einen Poller umgefahren.	Wer ist eigentlich vorgefahren?
Wir haben uns schlimm verfahren.	Was ist Ihnen widerfahren?
Wir haben davon wenig erfahren.	Wie sind sie in der Angelegenheit verfahren?
Mehrere Ortschaften haben wir	Du bist durch viele Ortschaften durchgefahren.

Oft kommt es auf die Bedeutung des Verbs an. Durative Verben bilden das Perfekt meist mit *haben,* resultative Verben bilden es mit *sein.*

Dauer	Abschluss, Zustand	Dauer	Abschluss
geblutet haben	verblutet sein	geblüht haben	erblüht sein
getreten haben	ausgetreten sein	gezogen haben	ausgezogen sein

Unterschiedliche Bedeutung mit unterschiedlicher Valenz zeigen folgende Beispiele. Transitive Verwendungen werden mit *haben* verbunden.

mit *haben*	mit sein
Der Täter hat sich an Kindern vergangen.	Drei Jahre sind seitdem vergangen.
Der Wind hat den Ballon weggetrieben.	Der Ballon ist südwärts getrieben.
Einige Schüler haben sich verlaufen.	Das Ganze ist im Sand verlaufen.
Er hat die Eheleute geschieden.	Sie ist aus dem Dienst geschieden.
Er hat die Stange gebogen.	Sie ist um die Ecke gebogen.
Hunderte haben die Grenze passiert.	Ständig ist etwas passiert.
Ihr habt mich erschreckt.	Ich bin wirklich erschrocken.
Man hat sich die Füße wund gelaufen.	Die Jungs sind in den Wald gelaufen.
Nun habe ich die Schuhe eingelaufen.	Die Spieler sind gerade eingelaufen.

Ohne Unterschied variieren in südlichen Regionen Deutschlands:

Sie hat gesessen, gestanden.   Sie ist gesessen, gestanden.

12 Welche Aufgaben übernehmen Hilfsverben?

Hilfsverben werden besonders häufig gebraucht. Ihre Formen haben Sprecher einzeln im Kopf. Deshalb müssen sie auch nicht ganz regelmäßig gebildet, aber einzeln gelernt werden.

Das Hilfsverb *haben* ist das häufigste. Es findet vor allem in den zusammengesetzten Tempora Perfekt und Plusquamperfekt Verwendung.

Hilfsverb haben			
Partizip I	**Partizip II**	**Imperativ**	**Infinitiv**
habend	gehabt	Hab! Habt! Haben Sie!	haben gehabt haben
Präsens		**Präteritum**	**Futur I**
ich habe		ich hatte	ich werde haben
du hast		du hattest	du wirst haben
er/ sie/ es hat		er/ sie/ es hatte	er/ sie/ es wird haben
wir haben		wir hatten	wir werden haben
ihr habt		ihr hattet	ihr werdet haben
sie haben		sie hatten	sie werden haben
Konjunktiv I		**Konjunktiv II**	**würde-Form**
ich habe		ich hätte	ich würde haben
du habest		du hättest	du würdest haben
er/ sie/ es habe		er/ sie/ es hätte	er/ sie/ es würde haben
wir haben		wir hätten	wir würden haben
ihr habet		ihr hättet	ihr würdet haben
sie haben		sie hätten	sie würden haben
Perfekt		**Plusquamperfekt**	**Futur II**
ich habe gehabt		ich hatte gehabt	ich werde gehabt haben
du hast gehabt		du hattest gehabt	du wirst gehabt haben
er/ sie/ es hat gehabt		er/ sie/ es hatte gehabt	er/ sie/ es wird gehabt haben
wir haben gehabt		wir hatten gehabt	wir werden gehabt haben
ihr habt gehabt		ihr hattet gehabt	ihr werdet gehabt haben
sie haben gehabt		sie hatten gehabt	sie werden gehabt haben

Das Hilfsverb *werden* wird in zweierlei Weise verwendet:
- **Futur**: Ich werde keine Fehler mehr machen.
- **Passiv**: Fehler werden ständig gemacht.

Hilfsverb werden			
Partizip I	**Partizip II**	**Imperativ**	**Infinitiv**
werdend	geworden	Werde! Werdet! Werden Sie!	geworden geworden sein
Präsens		**Präteritum**	**Futur I**
ich werde du wirst er/ sie/ es wird wir werden ihr werdet sie werden		ich wurde du wurdest er/ sie/ es wurde wir wurden ihr wurdet sie wurden	ich werde werden du wirst werden er/ sie/ es wird werden wir werden werden ihr werdet werden sie werden werden
Konjunktiv I		**Konjunktiv II**	**würde-Form**
ich werde du werdest er/ sie/ es werde wir werden ihr werdet sie werden		ich würde du würdest er/ sie/ es würde wir würden ihr würdet sie würden	ich würde werden du würdest werden er/ sie/ es würde werden wir würden werden ihr würdet werden sie würden werden
Perfekt		**Plusquamperfekt**	**Futur II**
ich bin geworden du bist geworden er/ sie/ es ist geworden wir sind geworden ihr seid geworden sie sind geworden		ich war geworden du warst geworden er/ sie/ es war geworden wir waren geworden ihr wart geworden sie waren geworden	ich werde geworden sein du wirst geworden sein er/ sie/ es wird geworden sein wir werden geworden sein ihr werdet geworden sein sie werden geworden sein

Das Hilfsverb *sein* wird in dreierlei Weise verwendet:
- **Perfekt**: Der Laden ist in Konkurs gegangen.
- **Zustandspassiv**: Der Verlust ist abgezahlt.
- **Kopulaverb**: Der Satz ist eine wichtige sprachliche Einheit.

Hilfsverb sein				
Partizip I	**Partizip II**	**Imperativ**		**Infinitiv**
seiend	gewesen	Sei! Seid! Seien Sie!		gewesen gewesen sein
Präsens		**Präteritum**		**Futur I**
ich bin du bist er/ sie/ es ist wir sind ihr seid sie sind		ich war du warst er/ sie/ es war wir waren ihr wart sie waren		ich werde sein du wirst sein er/ sie/ es wird sein wir werden sein ihr werdet sein sie werden sein
Konjunktiv I		**Konjunktiv II**		**würde-Form**
ich sei du seist er/ sie/ es sei wir seien ihr seit sie seien		ich wäre du wärest er/ sie/ es wäre wir wären ihr wäret sie wären		ich würde sein du würdest sein er/ sie/ es würde sein wir würden sein ihr würdet sein sie würden sein
Perfekt		**Plusquamperfekt**		**Futur II**
ich bin gewesen du bist gewesen er/ sie/ es ist gewesen wir sind gewesen ihr seid gewesen sie sind gewesen		ich war gewesen du warst gewesen er/ sie/ es war gewesen wir waren gewesen ihr wart gewesen sie waren gewesen		ich werde gewesen sein du wirst gewesen sein er/ sie/ es wird gewesen sein wir werden gewesen sein ihr werdet gewesen sein sie werden gewesen sein

13 Wie kann man sich die Ablautformen merken?

Starke Verben bilden das Präteritum und das Partizip II durch Ablautung ihres Stammvokals. Daraus ergeben sich drei Stammformen: Infinitiv, Präteritum (= Stammform 2), Partizip II (= Stammform 3).

Zum Merken kann man die Ablautreihen in drei Gruppen arrangieren:
- Gruppe X–Y–Y: Verben, die im Präteritum und im Partizip II denselben Vokal haben.
- Gruppe X–Y–X: Verben, die im Infinitiv und im Partizip II denselben Vokal haben.
- Gruppe X–Y–Z: Verben, die in allen drei Formen verschiedene Vokale haben.

Ablautverben (ohne seltene)

ei – i – i

beißen – biss – gebissen	Wer biss den Verteidiger in die Schulter?
greifen – griff – gegriffen	Unsere Mannschaft griff ständig an.
reiten – ritt – geritten	Dich hat wohl der Teufel geritten?
scheißen – schiss – geschissen	Der Kleine hat in die Hose geschissen.
schneiden – schnitt – geschnitten	Aua, ich hab mich geschnitten.
streiten – stritt – gestritten	Die Parteien stritten um die Wählergunst.

ei – ie – ie

bleiben – blieb – geblieben	Wo ist all das schöne Geld geblieben?
scheinen – schien – geschienen	Diese Lösung erschien perfekt.
schreiben – schrieb – geschrieben	Wer hat das schöne Buch geschrieben?
schreien – schrie – geschrie[e]n	Sie schrieen laut um Hilfe.
schweigen – schwieg – geschwiegen	Die Zeugen haben zu lange geschwiegen.

ie – o: – o:

biegen – bog – gebogen	An der Kreuzung sind wir abgebogen.
fliegen – flog – geflogen	Wir sind verspätet abgeflogen.
frieren – fror – gefroren	Dort hat man furchtbar gefroren.
verlieren – verlor – verloren	Meine Mama hat nie den Mut verloren.
wiegen – wog – gewogen	Wie viel hast du in der Jugend gewogen?
ziehen – zog – gezogen	Wir zogen bald in die neue Wohnung ein.

ie – o – o

fließen – floss – geflossen	Das Geld floss damals in Strömen.
schießen – schoss – geschossen	Ein Bankräuber hat sofort geschossen.
schließen – schloss – geschlossen	Unser Lokal ist heute leider geschlossen.

Ablautverben (ohne seltene)

e: – o: – o:
heben – hob – gehoben   Am Automat hob man Geld ab.

ü: – o: – o:
lügen – log – gelogen   Das ist doch alles gelogen!

e: – a – a
stehen – stand – gestanden   Dahinter standen die Zuschauer.

a – ie – a
fallen (du fällst, er fällt) – fiel – gefallen   Peter fiel auf die Nase.
halten (du hältst, er hält) – hielt – gehalten   Keiner hat sich daran gehalten.
lassen (du lässt, er lässt) – ließ – gelassen   Warum hast du mich verlassen?

a: – ie – a:
raten (du rätst, er rät) – riet – geraten   Sie rieten mir, Deutsch zu lernen.
schlafen (er schläft) – schlief – geschlafen   Haben Sie gut geschlafen?

a – i – a
fangen (du fängst) – fing – gefangen   Die Vorstellung fing um ein Uhr an.

a – u: – a
wachsen – wuchs – gewachsen   Da wuchs kein Gras mehr!
waschen – wusch – gewaschen   Heute schon frisch gewaschen?

a: – u: – a:
fahren – fuhr – gefahren   Sie fuhren ständig links.
schlagen – schlug – geschlagen   Hast du das Wort nachgeschlagen?
tragen – trug – getragen   Die Sanis trugen die Bahre.

e: – a: – e:
geben (du gibst, er gibt) – gab – gegeben   Dr. Heintz gab ihr eine Spritze.
geschehen – geschah – geschehen   Wie konnte das geschehen?
lesen (du liest, er liest) – las – gelesen   Bald lasen wir klassische Texte.
sehen (du siehst, er sieht) – sah – gesehen   Dort sah ich sie zum ersten Mal.
treten (du trittst, er tritt) – trat – getreten   Ich habe auf die Bremse getreten.

e – a: – e
essen – aß – gegessen   Sie aß Brötchen mit Marmelade.
vergessen – vergaß – vergessen   Ich habe meinen Pass vergessen.

Ablautverben (ohne seltene)

o – a: – o
kommen – kam – gekommen   Meine große Liebe kam aus Leipzig.

i – a: – e:
bitten – bat – gebeten   Die Gäste wurden hereingebeten.

i – a: – e:
sitzen – saß – gesessen   Wir saßen in der vordersten Reihe.

i – a – u
binden – band – gebunden   Du bist an dein Versprechen gebunden.
finden – fand – gefunden   Sascha fand das Spiel toll.
singen – sang – gesungen   Zuerst wurden einige Lieder gesungen.
springen – sprang – gesprungen   Er ist gleich ins Wasser gesprungen.
trinken – trank – getrunken   Die Familie trank nur Tee und Saft.

X – ie – X
heißen – hieß – geheißen   Man wurde willkommen geheißen.
laufen (du läufst) – lief – gelaufen   Der Wasserhahn lief ständig.
rufen – rief – gerufen   Auch gestern hat er dreimal angerufen.
stoßen (du stößt) – stieß – gestoßen   Er hat sich an der Tischkante gestoßen.

ie – a: – e:
liegen – lag – gelegen   Sie lag drei Wochen im Koma.

e: – a: – o
nehmen (nimm) – nahm – genommen Wieso hast du so abgenommen?

e: – a: – o:
befehlen – befahl – befohlen   Wer befahl den Nachtangriff?

e – a: – o
brechen – brach – gebrochen   Das hat ihr das Herz gebrochen.
helfen – half – geholfen   Die Tabletten haben ihm etwas geholfen.
sprechen – sprach – gesprochen   Zuerst haben wir Dialoge nachgesprochen.
sterben – starb – gestorben   Ich weiß nicht, woran er gestorben ist.
treffen – traf – getroffen   Ich traf mich mit ihr wöchentlich im Café.

Singulär sind: fangen – fing – gefangen, gehen – ging – gegangen,
hängen – hing – gehangen, lügen – log – gelogen

14 Stark oder schwach?

In der Sprachentwicklung sind viele Verben von den starken zu den schwachen gewandert. Besonders bei seltenen Verben war es für die Sprecher angenehm, sie regelmäßig zu konjugieren. Stark waren früher *bellen (boll), erbleichen (erblich), melken (molk), pflegen (pflog), schnauben (schnob)*. Andere sind noch auf dem Weg zu schwachen, es gibt Doppelformen: *gor / gegoren* vs. *gärte / gegärt, sott / gesotten* vs. *siedete / gesiedet, wob / gewoben* vs. *webte / gewebt*. Es gibt aber Verben, bei denen die Doppelform genutzt wird: Die Bedeutung wird auf diese Weise differenziert.

hängte oder hing?

Hängen gibt es stark und schwach flektiert: *hängt – hing – gehangen*
oder: *hängt – hängte – gehängt*
Mit dem starken Verb *hängen* wird ein Zustand benannt. Was da hing, war in einer bestimmten Position an etwas befestigt:
Der Verbrecher hing am Galgen.
Der Verbrecher hat am Galgen gehangen.
Das Bild hat an der Wand gehangen.
Sie hing sehr an ihrem Vater.
Der geplante Ausflug hinge vom Wetter ab, hieß es.
Mit dem schwachen Verb *hängen* wird eine Handlung benannt. Eine Person handelt so, so dass etwas an etwas befestigt ist.
Jonas hängte das Bild an die Wand.
Jonas hat das Bild an die Wand gehängt.
Mein Freund hängte seinen Beruf an den Nagel.
Er hat seinen Beruf an den Nagel gehängt.
Wer hängte seinen Mantel auf?

sendete oder sandte?

Fürs Senden von Radio- oder Fernsehprogrammen: *sendete – gesendet*.
Fürs Verschicken von Briefen und Paketen, fürs Entsenden von Personen wird eher *sandte – gesandt* verwendet.

erschreckte oder erschrak?

Wenn man jemanden erschreckt, dann erschrickt er. Man erschreckt jemand Anderen, man erschrickt selbst.
Blitz und Donner erschreckten mich.
Ich bin ganz schön erschrocken.

wendete oder wandte?

In der geschriebenen Sprache ist *wandte – gewandt* häufiger als *wendete – gewendet*. Ausschließlich *wendete – gewendet*, wenn es um Richtungswechsel geht:

Der Wagen wendet.

Ich wende den Wagen/ das Fleisch in der Pfanne.

Sonst sind beide Formen möglich.

bewegte oder bewog?

Die Sache hat mich sehr bewegt.

Was hat dich zur Tat bewogen?

schaffte oder schuf?

Wir schafften den Aufstieg in zwei Stunden.

Gott schuf den Menschen nicht als Erstes.

gepflegt oder gepflogen?

Rainer hat seine Frau aufopfernd gepflegt.

Wir haben schön der Ruhe gepflogen.

weichte oder wich?

Damals weichte man die Wäsche über Nacht ein.

Sie wich nicht von seiner Seite.

wog oder wiegte?

Unsere Kinder wogen nicht viel.

Was hast du nach der Geburt gewogen?

Nicht alle Mütter wiegten ständig ihre Kinder.

abweichend	korrekt
Sie ~~schuf~~ es, ihm die Lüge in den Kopf zu setzen.	Sie schaffte es, ihm die Lüge in den Kopf zu setzen.
Sie ~~weichte~~ zu spät aus und überfuhr den Dachs.	Sie wich zu spät aus und überfuhr den Dachs.
Sie ~~weichte~~ keinen Schritt zurück.	Sie wich keinen Schritt zurück.
Die Pflaumen ~~wichen~~ sich in Wasser gut auf.	Die Pflaumen weichten sich in Wasser gut auf.
Der Regen ~~wich~~ den Boden auf.	Der Regen weichte den Boden auf.
Vater ~~wog~~ den Kopf hin und her.	Vater wiegte den Kopf hin und her.

15 Welche infiniten Verbformen gibt es?

Es gibt drei infinite Verbformen:
- **Infinitiv**: sehen, gehen, stehen, leihen, lieben, leben
- **Partizip I**: sehend, gehend, stehend, leihend, liebend, lebend
- **Partizip II**: gesehen, gegangen, gestanden, geliehen, geliebt, gelebt

Der Infinitiv II (*gelebt haben, gegangen sein*) ist keine eigene Verbform, sondern eine Mischung aus Partizip II + Infinitiv.

Grammatisch werden die infiniten Formen unterschiedlich eingesetzt.

Infinitiv

Im Futur	
ich werde sehen, du wirst gehen, sie wird stehen	wir werden leihen, ihr werdet leben, sie werden lieben
Mit Modalverben	
ich will sehen, du musst gehen, er soll stehen	wir können lieben, ihr mögt leben, sie dürfen leihen
In infiniten Konstruktionen	
Ihr braucht nicht zu gehen.	Dies alles zu erleben, war nicht leicht.

Partizip I

Adjektiv (dekliniert)
Eine liebende Mutter ist zu allem fähig.

Das Partizip I wird als gleichzeitig mit dem Tempus des Satzes gesehen.

Partizip II

Perfekt	
Was habt ihr da gesehen?	Warum seid ihr dahin gegangen?
Passiv	
Ihm wird jetzt nichts mehr geliehen.	Ihr Leben war nun gelebt.
Adjektiv (dekliniert)	
Das Leihgeld war alsbald aufgebraucht.	

Das Partizip II wird als vorzeitig verstanden, ein Tempus drückt es selbst nicht aus. Bei transitiven Verben ist es öfter passivisch zu verstehen.

16 Wie wird der Infinitiv gebraucht?

1. Reiner Infinitiv

- In zusammengesetzten Tempora
  Die werden das nie verstehen.   Ich würde lieber hier bleiben.
- Nach Modalverben
  Wir wollen endlich gehen.   Er kann Deutsch sprechen.
- Nach Wahrnehmungsverben wie *hören, sehen, fühlen* und *lehren, lernen, helfen*
  Ich höre/ sehe ihn kommen.   Fühle mein Herz schlagen!
  Ein Abc-Schütze lernt lesen.   Wer hilft mir die Last tragen?
- Nach Bewegungsverben wie *gehen, fahren, führen, kommen,* etc.
  Mein Bruder geht gern angeln.   Wir fahren jetzt spazieren.
  Kommst du mich mal besuchen?   Das Kind legt sich schlafen.
- Nach den Verben *lassen, machen, schicken, haben, bleiben, finden*
  Lass mich gehen, bitte!   Du machst mich lachen.
  Sie schickt ihr Kind schlafen.   Bleiben Sie sitzen!

abweichend	korrekt
~~Wem kann dieses Haus gehört?~~	Wem kann dieses Haus gehören?
~~Hast du den Wecker geklingelt hören?~~	Hast du den Wecker klingeln gehört?
~~Ich habe es zum Gepäck stellen gelassen.~~	Ich habe es zum Gepäck stellen lassen.

2. Infinitiv mit *zu*

sein zu + Infinitiv: Da ist noch viel zu tun.
haben zu + Infinitiv: Wir haben noch zu tun.
brauchen zu + Infinitiv: Das brauchen wir nicht weiter zu erörtern.
scheinen zu + Infinitiv: Das scheint zu klappen.

abweichend	korrekt
~~Das Paket war leicht für tragen.~~	Das Paket war leicht zu tragen.
~~Er hatte die Idee, spazieren zu gingen.~~	Er hatte die Idee, spazieren zu gehen.
~~Sie hofften, einen Mieter zu bekämen.~~	Sie hofften, einen Mieter zu bekommen.

3. Infinitiv als Subjekt und nominalisierter Infinitiv

Macht Singen dir Spaß?   Für Sie (zu) kochen ist toll.
Fakten Erschließen ist riskant.   Sie ist beim/ am Arbeiten.
Die Sache auf sich beruhen (zu) lassen ist nicht einfach.

 Der Infinitiv ist die Nennform, um Verben im Wörterbuch zu ordnen.

17 Wie wird der Konjunktiv I gebraucht?

Der Konjunktiv ist einer der Modi: Indikativ, Konjunktiv und Imperativ. Mit dem Modus kann der Sprecher seinen Wahrheitsanspruch und seine Einstellung zum Gesagten variieren, kann klären, ob er die Aussage für gewiss hält, für notwendig, für möglich oder eher für ungewiss.

Der **Indikativ** (die Wirklichkeitsform) kann Aussagen als tatsächlich und sicher darstellen:

Vor mir liegt ein leeres Blatt.

Der **Konjunktiv** (die Möglichkeitsform) kann Aussagen als unsicher, als nur möglich, erwünscht oder berichtet darstellen:

Ich an deiner Stelle bliebe nicht hier.

Der Konjunktiv ist die markierte, die auffällige Form, er ist im Kontrast zum Indikativ zu verstehen. Es gibt drei Konjunktivarten:

Konjunktiv I, Konjunktiv II und würde-Umschreibung

Der Konjunktiv bezeichnet eigentlich kein Tempus, obwohl seine Formen mit den Tempusformen verwandt sind.

Der **Konjunktiv I** wird allgemein verwendet zum Ausdruck der Unsicherheit und Nichtwirklichkeit. Er hat mehrere Gebrauchsweisen:

- distanzierter Bericht und indirekte Wiedergabe:

  Angekündigt war, die Sitzung finde morgen statt.

  Es wurde berichtet, dass die Sitzung morgen stattfinde.

Dieser Gebrauch ist häufig in indirekter Rede nach Redeverben wie *sagen, versichern, behaupten, berichten.* Er kommt auch in Hauptsätzen vor, wenn eine ganze Passage als indirekte Rede gedacht ist:

  Es hieß, er komme morgen. Er habe alle Vorbereitungen getroffen und habe seine Teilnahme angekündigt.

- Aufforderung oder Wunsch:

  Er lebe hoch!

  Man möge mich bitte in Ruhe lassen!

  Man nehme 100g Trüffel, etwas Weißwein ...

  Man tat alles, damit das Wasser eingedämmt werde.

Dieser Gebrauch ist im Hauptsatz seltener, öfter formelhaft wie etwa in den Höflichkeitsfloskeln:

  Seien Sie so gut und ...

- Setzen einer Bedingung:

  Das Dreieck habe einen spitzen Winkel und zwei gleich lange Seiten.

Verwandt hiermit ist die Formel *es sei denn, dass ...*

18 Wie wird der Konjunktiv II gebraucht?

Der Konjunktiv II wird allgemein verwendet als Ausdruck der Unsicherheit und nicht erfüllter Bedingungen. Er hat mehrere Gebrauchsweisen.

- Distanzierter Bericht und indirekte Wiedergabe:
  Es hieß, sie besäßen mehrere Villen.
  Es wurde berichtet, dass sie mehrere Villen besäßen.
  Ageblich hätten die Bremsen blockiert.

Dieser Gebrauch ist besonders häufig in indirekter Rede:
  Es hieß, er käme morgen. Er hätte alle Vorbereitungen getroffen und hätte seine Teilnahme angekündigt.
  In dieser Woche seien versteckte Waffen gefunden worden. Sie hätten jahrelang unter dem Schnee gelagert.

- Kennzeichnung von nur Vorgestelltem, aber nicht Wirklichem (irreal):
  Wär ich doch endlich reich! (Ich bin es aber nicht.)
  Wenn sie früher gekommen wäre, wäre alles gut gegangen. (Sie ist aber nicht gekommen und es ist nicht gut gegangen.)
  Er kam zu spät, als dass er noch hätte helfen können.
  Hätte er noch helfen können?

Bei diesem Gebrauch wird immer mitgesagt, dass es tatsächlich nicht so ist.

Bei wenn-Sätzen im Indikativ bleibt offen, ob die Bedingung erfüllt ist; im Konjunktiv II wird die Bedingung als nicht erfüllt dargestellt.

- Abschwächend und als Höflichkeitsfloskel:
  Sie wären der richtige Mann für uns.
  Könnten Sie bitte etwas zur Seite rücken?

In diesem Gebrauch bewirkt der Konjunktiv II eine Abschwächung, signalisiert Zurückhaltung. Die Aufforderung wirkt weniger direkt.

Unsicher ist öfter, ob der Konjunktiv II deutlich ist oder die würde-Form besser passt. Darum verwenden manche die würde-Form auch, wo sie nicht nötig ist.

ungeschickt	besser
Wenn du wissen/ können/ haben würdest ...	Wenn du wüsstest/ könntest/ hättest ...
Es würde leicht sein, ihn zu provozieren.	Es wäre leicht, ihn zu provozieren.
Hätte ich Zeit gehabt, würde ich gekommen sein.	Hätte ich Zeit gehabt, wäre ich gekommen.
Er hoffte, dass er es bekommen würde.	Er hoffte, dass er es bekäme.
Beinahe würde ich gestern in Bonn gewesen sein.	Beinahe wäre ich gestern in Bonn gewesen.

19 Wann braucht man *würde*?

Die würde-Umschreibung ist formal mit dem Futur I verwandt, bezeichnet aber kein Tempus. Sie wird gebraucht wie der Konjunktiv II:
* distanzierter Bericht und indirekte Wiedergabe:
  Es hieß, sie würden demnächst eine Stellungnahme abgeben.
* Kennzeichnung von nur Vorgestelltem, aber nicht Wirklichem (irreal):
  Würdest du früher gehen, würde ich auf die Kinder aufpassen.
* als Abschwächung und Höflichkeitsfloskel:
  Würden Sie mich bitte begleiten?
  Ich würde meinen/ sagen, dass wir noch warten sollten.
Die Umschreibung ist weniger direkt, wirkt höflich und verbindlich.

Indirekte Rede kann im Indikativ stehen, besser zu erkennen ist sie jedoch im Konjunktiv. Wenn man Konjunktiv verwendet, ist entscheidend, eine deutliche Form zu wählen. Gewöhnlich wählt man den Konjunktiv I:
  In der Verlautbarung hieß es, dass der Minister zurücktrete.
Der Konjunktiv I ist aber nur manchmal deutlich: in der 3. Person Singular, beim Hilfsverb *sein* und bei Modalverben. Sonst lauten Konjunktiv und Indikativ gleich:
  Sie behaupteten, dass wir lügen.
In diesen Fällen weicht man aus in den deutlichen Konjunktiv II:
  Sie behaupteten, dass wir lögen.
Hier ist der Konjunktiv deutlich (*lögen* gegenüber Indikativ *logen*).

Viele Konjunktive II sind undeutlich oder ungewöhnlich. Undeutlich sind alle regelmäßigen Verben, weil Indikativ Präteritum und Konjunktiv II gleich lauten. Hier weicht man aus in die würde-Umschreibung:
  Es war fraglich, ob du spieltest.
  Es war fraglich, ob du spielen würdest.
  Alle hatten Angst, dass sie fielen.
  Alle hatten Angst, dass sie fallen würden.

In der indirekten Rede geht man so vor: Wenn möglich und deutlich wählt man Konjunktiv I. Sonst wählt man Konjunktiv II. Ist auch dieser nicht deutlich, wählt man die würde-Umschreibung. Wenn der irreale Konjunktiv II deutlich ist, wäre die würde-Umschreibung zu vermeiden:
  Manch einer glaubte, alles käme von selbst.

In der Umgangssprache und in Dialekten sind sowohl der Konjunktiv I als auch der Konjunktiv II fast tot; hier lebt die würde-Umschreibung. Kindlich wirkt die Umschreibung mit *täte*:
  Du tätest weggehen.   Täten Sie mir das Salz reichen?

20 Was ist besonders bei den Modalverben?

Modalverben zeichnen sich durch eine besondere Flexion aus. Sie haben im Präsens die Endungen der starken Verben.

Modalverb müssen			
Partizip I	**Partizip II**	**Imperativ**	**Infinitiv**
müssend	gemusst	(Müsse!) (Müsst!) (Müssen Sie!)	müssen gemusst haben
Präsens		**Präteritum**	**Futur I**
ich muss du musst er/ sie/ es muss wir müssen ihr müsst sie müssen		ich musste du musstest er/ sie/ es musste wir mussten ihr musstet sie mussten	ich werde müssen du wirst müssen er/ sie/ es wird müssen wir werden müssen ihr werdet müssen sie werden müssen
Konjunktiv I		**Konjunktiv II**	**würde-Form**
ich müsse du müssest er/ sie/ es müsse wir müssen ihr müsset sie müssen		ich müsste du müsstest er/ sie/ es müsste wir müssten ihr müsstet sie müssten	ich würde müssen du würdest müssen er/ sie/ es würde müssen wir würden müssen ihr würdet müssen sie würden müssen
Perfekt		**Plusquamperfekt**	**Futur II**
ich habe gemusst du hast gemusst er/ sie/ es hat gemusst wir haben gemusst ihr habt gemusst sie haben gemusst		ich hatte gemusst du hattest gemusst er/ sie/ es hatte gemusst wir hatten gemusst ihr hattet gemusst sie hatten gemusst	ich werde gemusst haben du wirst gemusst haben er/ sie/ es wird gemusst haben wir werden gemusst haben ihr werdet gemusst haben sie werden gemusst haben

müssen hat mit Zwang und Pflicht zu tun.
Für verneintes *müssen* wird auch verneintes *brauchen* verwendet.
    Damit brauchen wir uns nicht zu befassen.

können hat mit Fähigkeiten und Möglichkeiten zu tun.

Modalverb können			
Partizip I	**Partizip II**	**Imperativ**	**Infinitiv**
könnend	gekonnt	(Könne!) (Könnt!) (Können Sie!)	können gekonnt haben
Präsens		**Präteritum**	**Futur I**
ich kann		ich könnte	ich werde können
du kannst		du könntest	du wirst können
er/ sie/ es kann		er/ sie/ es könnte	er/ sie/ es wird können
wir können		wir könnten	wir werden können
ihr könnt		ihr könntet	ihr werdet können
sie können		sie könnten	sie werden können
Konjunktiv I		**Konjunktiv II**	**würde-Form**
ich könne		ich könnte	ich würde können
du könnest		du könntest	du würdest können
er/ sie/ es könne		er/ sie/ es könnte	er/ sie/ es würde können
wir können		wir könnten	wir würden können
ihr könnet		ihr könntet	ihr würdet können
sie können		sie könnten	sie würden können
Perfekt		**Plusquamperfekt**	**Futur II**
ich habe gekonnt		ich hatte gekonnt	ich werde gekonnt haben
du hast gekonnt		du hattest gekonnt	du wirst gekonnt haben
er/ sie/ es hat gekonnt		er/ sie/ es hatte gekonnt	er/ sie/ es wird gekonnt haben
wir haben gekonnt		wir hatten gekonnt	wir werden gekonnt haben
ihr habt gekonnt		ihr hattet gekonnt	ihr werdet gekonnt haben
sie haben gekonnt		sie hatten gekonnt	sie werden gekonnt haben

Beachte bei den Modalverben!
- Keine Endung in der 1. und 3. Person Singular Präsens.
- Normale Endungen im Präteritum, aber Vokalveränderung.
Sie ersetzen das Partizip II durch einen Ersatzinfinitiv:
    Ich habe nicht kommen können. (anstatt gekonnt)

sollen hat mit Normen und Verpflichtungen zu tun.

Modalverb sollen			
Partizip I	**Partizip II**	**Imperativ**	**Infinitiv**
sollend	gesollt	Solle! Sollt! Sollen Sie!	sollen gesollt haben
Präsens		**Präteritum**	**Futur I**
ich soll du sollst er/ sie/ es soll wir sollen ihr sollt sie sollen		ich sollte du solltest er/ sie/ es sollte wir sollten ihr solltet sie sollten	ich werde sollen du wirst sollen er/ sie/ es wird sollen wir werden sollen ihr werdet sollen sie werden sollen
Konjunktiv I		**Konjunktiv II**	**würde-Form**
ich solle du sollest er/ sie/ es solle wir sollen ihr sollet sie sollen		ich sollte du solltest er/ sie/ es sollte wir sollten ihr solltet sie sollten	ich würde sollen du würdest sollen er/ sie/ es würde sollen wir würden sollen ihr würdet sollen sie würden sollen
Perfekt		**Plusquamperfekt**	**Futur II**
ich habe gesollt du hast gesollt er/ sie/ es hat gesollt wir haben gesollt ihr habt gesollt sie haben gesollt		ich hatte gesollt du hattest gesollt er/ sie/ es hatte gesollt wir hatten gesollt ihr hattet gesollt sie hatten gesollt	ich werde gesollt haben du wirst gesollt haben er/ sie/ es wird gesollt haben wir werden gesollt haben ihr werdet gesollt haben sie werden gesollt haben

Die meisten Modalverben lassen sich auch als Vollverben verwenden:
Sie kann das. Sie kann schon das Einmaleins.
Ich mag dich. Ich will kein weiches Ei.
Ich will heute in den Zoo. Du musst sofort nach Hause.
Ihr dürft gleich raus.

dürfen hat mit Erlaubnis und Verboten zu tun.

Modalverb dürfen			
Partizip I	**Partizip II**	**Imperativ**	**Infinitiv**
dürfend	gedurft	(Dürfe!) (Dürft!) (Dürfen Sie!)	dürfen gedurft haben
Präsens		**Präteritum**	**Futur I**
ich darf		ich durfte	ich werde dürfen
du darfst		du durftest	du wirst dürfen
er/ sie/ es darf		er/ sie/ es durfte	er/ sie/ es wird dürfen
wir dürfen		wir durften	wir werden dürfen
ihr dürft		ihr durftet	ihr werdet dürfen
sie dürfen		sie durften	sie werden dürfen
Konjunktiv I		**Konjunktiv II**	**würde-Form**
ich dürfe		ich dürfte	ich würde dürfen
du dürfest		du dürftest	du würdest dürfen
er/ sie/ es dürfe		er/ sie/ es dürfte	er/ sie/ es würde dürfen
wir dürfen		wir dürften	wir würden dürfen
ihr dürfet		ihr dürftet	ihr würdet dürfen
sie dürfen		sie dürften	sie würden dürfen
Perfekt		**Plusquamperfekt**	**Futur II**
ich habe gedurft		ich hatte gedurft	ich werde gedurft haben
du hast gedurft		du hattest gedurft	du wirst gedurft haben
er/ sie/ es hat gedurft		er/ sie/ es hatte gedurft	er/ sie/ es wird gedurft haben
wir haben gedurft		wir hatten gedurft	wir werden gedurft haben
ihr habt gedurft		ihr hattet gedurft	ihr werdet gedurft haben
sie haben gedurft		sie hatten gedurft	sie werden gedurft haben

Bei der Verwendung als Vollverb ist ein Infinitiv mitverstanden:

    Was dürfen Sie? (tun)   Was wollen Sie? (haben/ machen)
    Wo müssen Sie hin? (gehen/ fahren)
Man lässt gewöhnlich Verben weg, die leicht zu erschließen sind, vor allem Bewegungsverben.
    Hier darf niemand rein.   Er will fort.

mögen hat mit eigenen Vorlieben, aber auch mit Möglichkeit zu tun.

Modalverb mögen			
Partizip I	**Partizip II**	**Imperativ**	**Infinitiv**
mögend	gemocht	(Möge!) Mögt! Mögen Sie!	mögen gemocht haben
Präsens		**Präteritum**	**Futur I**
ich mag		ich mochte	ich werde mögen
du magst		du mochtest	du wirst mögen
er/ sie/ es mag		er/ sie/ es mochte	er/ sie/ es wird mögen
wir mögen		wir mochten	wir werden mögen
ihr mögt		ihr mochtet	ihr werdet mögen
sie mögen		sie mochten	sie werden mögen
Konjunktiv I		**Konjunktiv II**	**würde-Form**
ich möge		ich möchte	ich würde mögen
du mögest		du möchtest	du würdest mögen
er/ sie/ es möge		er/ sie/ es möchte	er/ sie/ es würde mögen
wir mögen		wir möchten	wir würden mögen
ihr möget		ihr möchtet	ihr würdet mögen
sie mögen		sie möchten	sie würden mögen
Perfekt		**Plusquamperfekt**	**Futur II**
ich habe gemocht		ich hatte gemocht	ich werde gemocht haben
du hast gemocht		du hattest gemocht	du wirst gemocht haben
er/ sie/ es hat gemocht		er/ sie/ es hatte gemocht	er/ sie/ es wird gemocht haben
wir haben gemocht		wir hatten gemocht	wir werden gemocht haben
ihr habt gemocht		ihr hattet gemocht	ihr werdet gemocht haben
sie haben gemocht		sie hatten gemocht	sie werden gemocht haben

Die Formen von *möchten* sind außergewöhnlich, sie sind formal Konjunktiv II, haben aber die Bedeutung eines Indikativs Präsens. Man kann hierin auch ein neues Verb ohne Infinitiv sehen.
Ich möchte 100 Gramm Schinken.

wollen hat mit Wünschen zu tun.

Modalverb wollen			
Partizip I	**Partizip II**	**Imperativ**	**Infinitiv**
wollend	gewollt	(Wolle!) Wollt! (Wollen Sie!)	wollen gewollt haben
Präsens		**Präteritum**	**Futur I**
ich will du willst er/ sie/ es will wir wollen ihr wollt sie wollen		ich wollte du wolltest er/ sie/ es wollte wir wollten ihr wolltet sie wollten	ich werde wollen du wirst wollen er/ sie/ es wird wollen wir werden wollen ihr werdet wollen sie werden wollen
Konjunktiv I		**Konjunktiv II**	**würde-Form**
ich wolle du wollest er/ sie/ es wolle wir wollen ihr wollet sie wollen		ich wollte du wolltest er/ sie/ es wollte wir wollten ihr wolltet sie wollten	ich würde wollen du würdest wollen er/ sie/ es würde wollen wir würden wollen ihr würdet wollen sie würden wollen
Perfekt		**Plusquamperfekt**	**Futur II**
ich habe gewollt du hast gewollt er/ sie/ es hat gewollt wir haben gewollt ihr habt gewollt sie haben gewollt		ich hatte gewollt du hattest gewollt er/ sie/ es hatte gewollt wir hatten gewollt ihr hattet gewollt sie hatten gewollt	ich werde gewollt haben du wirst gewollt haben er/ sie/ es wird gewollt haben wir werden gewollt haben ihr werdet gewollt haben sie werden gewollt haben

Ersatzinfinitiv beachten, auch gemischt.
  Ich habe ihn nicht kommen lassen wollen.
  Ich hätte es anders sagen können, aber ich habe es nicht gewollt.
  Ich hätte es sagen wollen, aber ich habe es nicht gekonnt.
Überzogen ist aber:
  Mein Bruder hat wesentlich mehr dürfen als ich.

21 Wie werden Modalverben verwendet?

Im Allgemeinen modifizieren Modalverben die Gültigkeit der Gesamtaussage. Man kann solche Sätze oft in zweiteilige Paraphrasen umformen und die Modifikation als Vorspann abtrennen.
Für die wichtigsten Modalverben sehen die Vorspänne so aus:

  ↓Diese Umstände müssen zum Chaos führen.
  ▼ Es ist notwendig (so), dass diese Umstände zum Chaos führen.
  ↓Die Maßnahmen sollten Folgen haben.
  ▼ Es wäre nötig/ wünschenswert, dass die Maßnahmen Folgen haben.
  ↓Die Maßnahmen können Folgen haben.
  ▼ Es ist möglich, dass die Maßnahmen Folgen haben.

Modalverben unterscheiden sich besonders in drei Zügen:
- Es gibt Grade der Notwendigkeit: müssen → sollen → wollen
- Es gibt Grade der Möglichkeit: können → dürfen → mögen
- Die Quelle der Modalität kann subjektiv oder extrasubjektiv gedacht sein.

Extrasubjektives kann unterschiedlich begründet sein:
- durch die Beschaffenheit der Welt
- durch konkrete äußere Umstände
- durch einen Willen außerhalb des Sprechers
- durch einen Zweck oder ein Ziel
- durch Normen oder Vorschriften

Jedes einzelne Modalverb hat unterschiedliche Verwendungsweisen. Ausgehend von einer Grundbedeutung kann man Verwendungen im Kontext regulär verstehen. Grundverwendung ist der persönliche Gebrauch. Hier geht es vor allem um Fähigkeiten, Wünsche und Verpflichtung einer Person. Dieser Gebrauch ist oft mit einem persönlichen Subjekt verbunden.

  Sie kann singen.
    Sie hat die Fähigkeit.
  Du darfst eintreten.
    Du hast die Erlaubnis.
  Wir wollen lernen.
    Wir haben den Wunsch

In Sätzen mit einem persönlichen Subjekt werden vor allem natürliche Möglichkeiten und gesetzte Notwendigkeiten ausgedrückt.
  Du kannst die Formen auswendig? Du musst noch Einiges üben.

Im indirekten Gebrauch äußert man vor allem Vermutungen und gibt etwas vom Hörensagen wieder. Mal ist das Subjekt selbst Quelle des Berichts, mal ein ungenannter Dritter.

Sie soll es getan haben.   ≈ Vermutet jemand.
Es kann sein, dass sie kommen.   ≈ Vermutlich kommen sie.
Er will da gewesen sein.   ≈ Sagt er selbst.

Die indirekte Verwendung erkennen Sie oft am ergänzenden Infinitiv Perfekt.

   Es soll im Osten mehrere Unwetter gegeben haben.
Sie kann meist in indirekte Rede umgesetzt werden:
   Morgen soll es gutes Wetter geben. (Die Wettervorhersage sagt es.)

subjektiv	von außen oder objektiv	indirekt
Kann Ihre Kleine schon laufen? Er kann tanzen. Wer kann hier Englisch? Ich kann Sie nicht verstehen.	Nichts kann den Wein ersetzen. Alles kann gesagt werden. Zur Uni können Sie mit dem Bus fahren. Alles kann auch anders kommen.	So kann er das nicht gemeint haben. Da könntest du recht haben. Sie könnte den Schlüssel verlegt haben.
Sie hat nicht antworten wollen. Wollen Sie sich bitte setzen? Wir wollten gerade weggehen.	Der Computer will vorsichtig behandelt werden.	Er will es selbst gesehen haben. Sie will es nicht gewesen sein.
Er soll doch hierher kommen! Was soll ich ihr sagen? Du hättest das nicht sagen sollen.	Du sollst nicht töten. Warum sollte ich da staunen? Alles sollte gerecht verteilt werden.	Er soll reich sein. Er soll gesagt haben ... Sollte er krank sein? Sie sollen auf der Venus gelandet sein.

Eine stilistisch wichtige Verwendung findet sich in literarischen Texten. Hier deuten Autoren Reflexionen der Protagonisten an oder bringen Vorausdeutungen auf den weiteren Verlauf.

   Ihr würdet mich dann nie mehr wiedersehen können!
   Es sollte mich wundern, wenn er morgen käme.
   Sein Verhalten sollte sich später rächen.

22 Wie gehen wir mit Zeit und Tempus um?

Zeit konzipieren wir in drei Dimensionen: Vergangenheit – Gegenwart – Zukunft.
Wir denken sie uns auf einem Zeitstrahl.

Vergangenheit: früher   Nullpunkt: jetzt   Zukunft: später

Tempus ist die grammatische Kategorie zum Ausdruck von Zeit. Jeder finite Satz weist ein Tempus in der Verbform auf, wenn auch weder die Formen noch ihre Bedeutung eindeutig sein müssen.
Die Hauptfunktion der Tempora besteht darin, den im Satz ausgedrückten Sachverhalt zeitlich zu situieren.
Die grammatische Zeit ist nicht absolut konzipiert wie die Kalenderzeit, sondern relativ. Die Verwendung des Tempus ist bezogen auf die Sprechsituation, meist auf das Jetzt des Sprechens. Von da her organisieren wir die Zeit relativ als früher oder später.

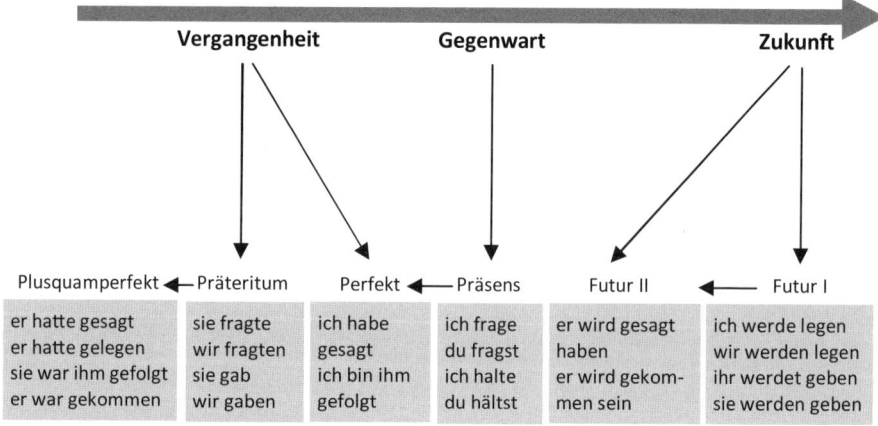

Als Bezugszeit wird nicht immer die Sprechzeit verwendet. Auch ein im Text fixierter Bezugspunkt kann als Ausgang dienen. Der Unterschied von Sprechzeit und Textzeit wird etwa in der Bedeutung temporaler Adverbien deutlich:
Sprechzeit:
   Wir beginnen jetzt das Spiel. **Vorhin** kamen die letzten Zuschauer.
Textzeit:
   Wir öffneten um ein Uhr. **Vorher/ Zuvor** hatten wir alles vorbereitet.

Auch die Einteilung in Vergangenheit, Gegenwart und Zukunft basiert auf einer Bezugszeit. Gegenüber dieser Bezugszeit kann ein Geschehen charakterisiert werden:

- als vergangen, das heißt als vorher passiert:
  Sie schlief. (vor dem Zeitpunkt, zu dem ich dies sage)
- als gegenwärtig, das heißt als um die Bezugszeit herum liegend:
  Sie träumt. (um die Zeit, wo ich dies sage)
- als künftig, als erwartet, versprochen oder vermutet:
  Er wird gleich kommen. (nach der Zeit, wo ich dies sage)

Für den Gebrauch der Tempusformen genügen weder die Bezeichnungen der Kategorien noch übliche Zuschreibungen einer Grundbedeutung. Global hat das Präsens mit Gegenwart, Zukunft und Vergangenheit zu tun, das Perfekt mit Vergangenheit und Gegenwart. Doch die Tempora sind nicht eindeutig zugeschnitten auf nur eine Funktion oder Bedeutung.
Ihren jeweiligen Sinn bekommen die Tempora erst im Satz, im Kontext, in der Sprechsituation. Von einer offenen Grundbedeutung schließt man auf eine Deutung im Zusammenspiel mehrerer Komponenten wie Vortext und temporale Ergänzungen, vor allem temporale Adverbiale wie *jetzt, damals, heute, gestern, am 1. Januar 2010, bald, jeden Samstag, vor einer Stunde.*
Darum ist für Lerner die Annahme einer prototypischen Bedeutung sinnvoll, von der ausgehend sie die einzelnen Verwendungen und ihren Zusammenhang erschließen können.

Die **Grundtempora** sind Präsens und Präteritum. Alle anderen sind zusammengesetzte (analytische) Tempusformen.
Den Grundtempora kommt ihre Bedeutung per Verbform und damit per Flexiv zu. Für analytische Tempora hingegen ergibt sich die Bedeutung aus ihren Teilen.

Beim **Futur**:
der neutrale Infinitiv + Zukunftsaspekt in der Bedeutung von *werden*

Bei **relativen Tempora**:
Partizip II mit der Bedeutung „abgeschlossen" + Tempus des Auxiliarverbs

23 Wie werden die Grundtempora gebraucht?

Präsens, Präteritum und Futur I sind die Grundtempora.
Das **Präsens** ist ein Grundtempus mit weiter Bedeutung. Es gilt als unmarkiertes Tempus. Entsprechend gibt es mehrere Verwendungsweisen. Sein Anwendungsbereich überschneidet sich mit dem des Futurs und des Präteritums.

Die Handlung oder das Ereignis ereignet sich **zur Sprechzeit** oder zur Erzählzeit des Textes; im Text kann das die Zeit sein, zu der die Gesamthandlung spielt.

> Jetzt geht gerade die Tür auf.   Heute scheint das Wetter gut.
> Wir alle orientieren uns ständig spontan und intuitiv.

Temporale Adverbien können den Gegenwartsbezug stützen, verdeutlichen oder einen gegenwartsbezogenen zeitlichen Rahmen setzen.

> Ich schreibe eben einen Brief.   Wer ist zur Zeit Tabellenführer?
> Bis zur Hochzeit bleibe ich hier.

Das Präsens ist auch das normale Tempus **für die Zukunft**. Das wird meist verdeutlicht durch adverbiale Angaben.

> Das kommt bestimmt.   Morgen regnet es nicht.
> Diesmal machen wir es dann anders.
> Wenn es schief geht, versuchen wir es noch einmal.
> Im Jahre 2033 weiß man längst, dass Atomkraftwerke nur eine Episode waren.

Der Sprecher drückt aus, dass das Geschehen noch in der Zukunft liegt. Er erwartet, sagt vorher, vermutet, dass es passieren wird.

Das Präsens wird für Allgemeingültiges, für zeitlose oder wiederkehrende Tatsachen verwendet (**atemporales Präsens**).

> Ein Viereck hat vier Ecken.   Der Mond ist ein Satellit der Erde.
> Jedes Frühjahr pflegen wir, unseren Garten neu zu richten.
> Früh übt sich, was ein Meister werden will.
> Es ist bekannt, dass die Erde sich dreht.

Zusammenfassungen, Anleitungen, Inhaltsangaben, Wörterbucharktikel stehen meist im Präsens.

Um zu verstehen, welche Zeit gemeint ist, muss man auf die Zeitangaben achten.
jetzt, heute, eben usw. machen deutlich, dass es um Gegenwart geht.
früher, gestern, damals machen deutlich, dass es um Vergangenheit geht.
morgen, später, bald usw. machen deutlich, dass es um Zukunft geht.

Die Tempora haben eine Affinität zu Textsorten. Zwei besondere Verwendungen (in bestimmten Textsorten und als Stilmittel) sind das historische Präsens und das Erzählpräsens.

Das **historische Präsens** wird vor allem in Geschichtsdarstellungen, Biografien und Chroniken, also eher unpersönlichen Texten verwendet:

> In dieser Zeit der ersten Republik ist der Hunger am größten, auch der geistige Hunger.
>
> Hier entsteht eigentlich der wahre Gemeinsinn, wie wir ihn heute kennen..

Das **Erzählpräsens** oder szenisches Präsens ist ein Stilmittel. Es bringt das vergangene Geschehen in die Gegenwart. Es vergegenwärtigt und verlebendigt:

> Kaum habe ich mich entkleidet, schellt es an der Tür. Wer steht draußen? Es ist schon wieder Claudio.

Das **Präteritum** wird rückblickend für von der Bezugszeit aus Vergangenes gebraucht.

> Als Schüler war ich früh an Literatur interessiert.
>
> Vor über hundert Jahren wurde der Kölner Dom vollendet.
>
> Goethe beschäftigte sich jahrelang mit der Farbenlehre.
>
> Gestern schneite es den ganzen Tag. Immer wenn ich hinausschaute, war alles weiß.
>
> Damals waren wir noch nahe beieinander. Wir lebten und liebten uns.
>
> Alles lief ganz selbstverständlich, routinemäßig. Große Reflexion und Diskussionen waren überflüssig.

Das Präteritum gilt als das bevorzugte Tempus für schriftliche Erzählungen und Romane. Der Erzähler erzählt aus der Distanz.

> Es war einmal ein armes Dienstmädchen, das war fleißig und reinlich, kehrte alle Tage das Haus und schüttete das Kehricht auf einen großen Haufen vor die Türe. Eines Morgens, als es eben wieder an die Arbeit gehen wollte, ...
> Brüder Grimm

Das **Futur** gilt als das typische Tempus für die Zukunft. Es ist aber nur in Fällen nötig, wo der Zukunftsbezug undeutlich erscheint.

Mit dem **Futur I** drückt man aus, dass das Geschehen in der Zukunft liegt vom Standpunkt des Sprechers aus.

Die Braunschweiger werden demnächst in eine höhere Liga aufsteigen.

Im Vergleich zum Präsens betont das Futur I die Zukunft und sichert das Zukunftsverständnis.

Generell ist die Wahl von Präsens oder Futur in hohem Maß kontextabhängig. Sie ist auch eine Frage des Stils oder des Registers. So wird das Präsens in der gesprochenen Sprache gegenüber dem Futur bevorzugt. In vielen Fälle ist das Futur überflüssig, weil man selbstverständlich versteht, dass es um Zukunft geht:

Sie verspricht, dass sie ihn heiratet.

Dagegen wäre eigentlich redundant:

Sie verspricht, dass sie ihn heiraten werde.

Wenn das Präsens auch atemporal verstanden werden kann, wäre zur Eindeutigkeit das Futur I angebracht:

Wenn wir gegessen haben werden, werden wir schwimmen gehen.

Wenn wir gegessen haben, gehen wir schwimmen.

Im letzten Beispiel kann gemeint sein, dass wir das gewöhnlich tun.

Die Handlung oder das Geschehen wird versprochen oder vorhergesagt:

Ich werde dich nie verlassen.   Wir werden die Steuern nicht senken.

Ich werde bestimmt kommen.   Es wird regnen.

In den Ballungszentren wird es zu einer tief greifenden Einschränkung des Individualverkehrs kommen.

Der Sprecher drückt eine Vermutung aus. Diese Verwendung ist leicht zu erklären, weil die Zukunft immer ungewiss ist. Oft wird das verdeutlicht mit Zusätzen wie *wohl*, *vermutlich* usw.

(Was macht Hans?) – Er wird arbeiten. / Vermutlich wird er arbeiten.

Sie wird wohl reich sein.   Greif zu, du wirst hungrig sein.

 In besonderen Verwendungen des Futur I maßt der Sprecher sich an, dass etwas wahr wird. Mit bestimmter Intonation für strenge Anweisungen oder Insinuationen:

Du wirst jetzt ins Bett gehen!
Ein bisschen Brot werdet ihr doch opfern, Leute.

24 Wie werden die relativen Tempora gebraucht?

Der Ausdruck der Zeit in einer Aussage ist in sich relativ: Er ist bezogen auf die Sprechzeit. Außerdem können zwei Aussagen untereinander in einer zeitlichen Beziehung stehen: Entweder läuft ein Geschehnis vor dem andern ab oder beide verlaufen gleichzeitig. Gleichzeitigkeit kann durch das gleiche Tempus ausgedrückt sein:

> Wir nehmen die roten Marken, ihr die grünen.
> Die Einen sahen hinaus, die Andern blickten hinein.

Auch Vorzeitigkeit kann durch gleiches Tempus ausgedrückt sein. Allerdings muss die Vorzeitigkeit dann durch andere Mittel markiert sein oder man muss sie erschließen können.

> Ich putze die Zähne und gehe (dann) ins Bett.

Im Normalfall drücken wir Vorzeitigkeit durch unterschiedliches Tempus aus. Das Tempussystem ist gerade auf diese Möglichkeit hin angelegt. Dies zeigt das Tempussechseck:

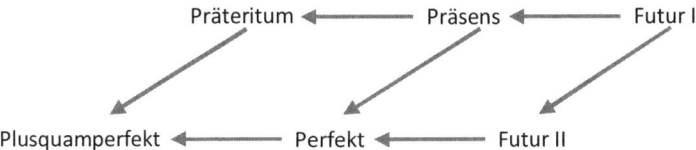

Die unteren Tempora sind unselbständig, sie sind jeweils bezogen auf ein anderes Tempus:

- Vorzeitig zum Präsens ist das Perfekt:
  Sobald mir ein Wurf gelungen ist, höre ich auf.
- Vorzeitig zum Präteritum ist das Plusquamperfekt:
  Sobald mir ein Wurf gelungen war, hörte ich auf.
- Vorzeitig zum Futur I ist das Futur II:
  Sobald mir ein Wurf gelungen sein wird, werde ich aufhören.

Ein besonderer Gebrauch sind Annahmen (vom "Hörensagen") in der Gegenwart über ein Ereignis in der Vergangenheit

> Er wird zu früh abgebogen sein.
> Er wird bei dem Unfall leicht übermüdet gewesen sein.

Meide das alleinstehende Plusquamperfekt, das eigentlich an Stelle des Präteritums stünde. Also nicht:

> Letztes Jahr hatten wir eine schöne Reise gemacht.
> Ich war schon dagewesen.

25 Perfekt oder Präteritum?

Der Unterschied der Vergangenheitstempora Präteritum und Perfekt ist oft minimal und schwer zu fassen. Insbesondere sind die Unterschiede oft abhängig vom kontextuellen Zusammenhang. Es spielen drei Aspekte eine Rolle:

- Zeitlicher Bezug
- Textsorte und Erzählhaltung
- Stilistische und regionale Variation

Das Perfekt ist von der Bildung her ein Gemisch: Das Hilfsverb steht im Präsens, das Partizip drückt Vorzeitigkeit aus. Darum ist in der Verwendung des Perfekts oft der Bezug zur Gegenwart zu erkennen:

> Es ist ganz schön kalt hier. Wer hat das Fenster geöffnet?
> Die Preise sind erneut gestiegen.
> Die Würfel sind gefallen.
> Der Artikel hat gezeigt, dass das ein interessantes Thema ist.

Solche Sätze haben auch einen abschließenden Charakter, das Ergebnis wirkt in der Gegenwart fort. Formuliert man sie im Präteritum, schafft man eine größere Distanz.

> Die Preise stiegen erneut. (Das mag auch zu einer viel früheren Zeit passiert sein.)
> Die Würfel fielen ganz in unserem Sinne.
> Der Artikel zeigte, dass das ein interessantes Thema ist.
> Aber ich sah, wie schwer das ist.

Das Präteritum gilt als typisch für das Erzählen aus der Distanz.

> Der Schlafwagen war nicht übermäßig besetzt; ein Abteil neben dem meinen war leer, war nicht zum Schlafen eingerichtet, und ich beschloss, es mir auf eine friedliche Lesestunde darin bequem zu machen. Ich holte also mein Buch und richtete mich ein. Und rauchend las ich ... (Thomas Mann)

Darum ist das Präteritum nicht angemessen, wenn das Geschehen durch seine Vorzeitigkeit zum Sprechzeitpunkt dargestellt wird.

In der gesprochenen Alltagssprache, vor allem im Süddeutschen, wird das Präteritum nur noch in wenigen Verbformen, vor allem für Hilfsverben verwendet. Süddeutsche Sprecher würden eher so erzählen:

> Der Schlafwagen ist nicht übermäßig besetzt gewesen; ein Abteil neben dem meinen ist leer gewesen, nicht zum Schlafen eingerichtet, und ich habe beschlossen ...

26 Wie kann man die Nomen einteilen?

Nomen bilden eine offene Kategorie mit unüberschaubar vielen Wörtern. Sie haben folgende grammatische Eigenschaften:
* Nomen werden flektiert (oder dekliniert).
* Sie verändern ihre Form in den Kategorien Genus, Kasus, Numerus.
* Nomen bilden den Kern von Nominalphrasen.

Häufig verwendete Nomen

das Jahr, der Mensch, der Herr, der Mann, die Frau, der Tag, das Kind, die Uhr, die Welt, das Land, das Wort, die Hand, das Auge, die Frage, die Seite, das Prozent, das Herz, der Gott, die Stadt, der Vater, das Bild, das Ende, das Haus, der/ das Teil, die Arbeit, das Volk, der Staat, der Sinn, die Art, die Stunde, die Gesellschaft, die Liebe, die Geschichte, der Kopf, die Million, die Sache, die Natur, das Werk, die Woche, das Recht, die Kunst

Eine Grundeinteilung der Nomen basiert auf einem Gemisch grammatischer und semantischer Kriterien.

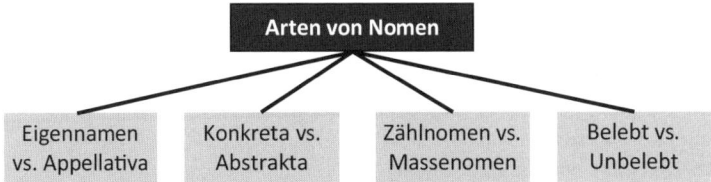

Eigennamen bezeichnen einzelne Individuen, einzelne Gegenstände, Institutionen und Ereignisse.

Wolfgang Amadeus Mozart, Peter, Miriam, Wittgenstein, Beckenbauer, das Matterhorn, München, Burggasse, China, die Ukraine, die Isar, der Münchner Merkur, Marlboro, Ariel, der Zweite Weltkrieg

Die überwiegende Zahl der Nomen sind **Appellativa**. Sie bezeichnen Gattungen oder Konzepte. Mit einem solchen Nomen können alle möglichen Gegenstände benannt werden, die unter das Konzept fallen.

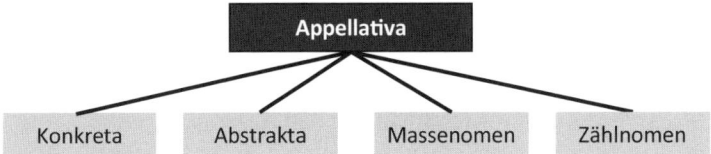

Konkreta (Singular: das Konkretum) sind Nomen, mit denen etwas Gegenständliches, im Prinzip etwas mit unseren Sinnen Wahrnehmbares bezeichnet wird:

> Mensch, Mann, Frau, Kind, Fisch, Aal, Blume, Rose, Tisch, Fenster, Auto, Wald, Wasser

Abstrakta (Singular: das Abstraktum) sind Nomen, mit denen etwas Nichtgegenständliches bezeichnet wird.

> Menschliche Vorstellungen: Idee, Geist, Seele
> Handlungen: Schlag, Wurf, Schnitt, Boykott
> Vorgänge: Leben, Sterben, Schwimmen, Schlaf, Reise
> Zustände: Friede, Ruhe, Angst, Liebe, Alter
> Eigenschaften: Verstand, Ehrlichkeit, Krankheit, Klugheit, Länge
> Beziehungen: Ehe, Freundschaft, Nähe, Unterschied
> Wissenschaften, Künste: Biologie, Mathematik, Musik, Malerei
> Maß- und Zeitbegriffe: Meter, Watt, Gramm, Jahr, Stunde, Mai

Mit einem **Massenomen** bezieht man sich global auf etwas Ungegliedertes, in dem keine einzelnen Individuen unterschieden werden: *Wasser, Bier, Liebe, Prosa*
Ungegliederte Massen portioniert man mit *etwas, viel, nichts, wenig* usw.

> Etwas Wasser, viel Sand
> Es kam nichts Zählbares dabei heraus.

Deshalb bilden solche Nomen keinen Plural in dieser Verwendung.
Konkretum, nicht zählbar: *das Obst*
Abstraktum, nicht zählbar: *die Ruhe*

Mit **Zählnomen** bezieht man sich auf einzelne Gegenstände der jeweils bezeichneten Art. Mit *Stuhl* kann von jedem einzelnen Stuhl die Rede sein.
Zählnomen bilden einen Plural. Sie können mit Numeralia verbunden werden:

> der Stuhl → zwei Stühle, dreihundert Stühle ...

Nach Belebtheit können insbesondere Konkreta näher bestimmt werden.
Belebt: *Mensch, Katze, Käfer, Baum, Alge*
Unbelebt: *Fahrzeug, Weg, Stein*

Auch Abstrakta können zählbar verwendet werden:

> die Meinung → zwei Meinungen, drei Meinungen, viele Meinungen

Öfter werden auch Abstrakta wie belebte Nomen verwendet:

> Unser Klub fördert, pflegt und entwickelt das Zweiradfahren.
> Unsere Firma lädt Sie herzlich ein zu dieser Reise.

27 Wie werden Nomen dekliniert?

Grammatisch werden Nomen in Paradigmen dargestellt. Nach Kasusbildung, Pluralbildung und Genus entstehen acht Nomenklassen.

Klasse 1: Tag, Jahr, Kopf Kennformen -es, -e		
m, n	sg	pl
nom	Tag	Tag**e**
gen	Tag**es**	Tag**e**
dat	Tag	Tag**en**
akk	Tag	Tag**e**

Im Laufe des Tages passierte so allerhand.
In den nächsten Tagen erwarten wir Regen.
Dem Sinne nach war es geistiger Diebstahl.
Diese Blicke waren absolut vielsagend.
Nach vier Monaten war Schluss.
All meine Briefe blieben unbeantwortet.
Sie wurde mit offenen Armen empfangen.
Drei Schritte vor und zwei zurück.

Zu dieser Klasse gehören:

der Arm → die Arme, der Blick → die Blicke, der Brief → die Briefe, der Erfolg → die Erfolge, der Film → die Filme, der Krieg → die Kriege, der Stein → die Steine, der Wert → die Werte

das Ding → die Dinge, das Gefühl → die Gefühle, das Haar → die Haare, das Meer → die Meere, das Recht → die Rechte, das Spiel → die Spiele, das Werk → die Werke, das Ziel → die Ziele

Im Genitiv Singular wird das Flexiv *-es* oft gekürzt zu *-s*.
Ein Endungs-e wird verschmolzen: *das Gebäude → die Gebäude*

Viele dieser Nomen lauten im Plural um.

der Platz → die Plätze, Sohn → Söhne, Raum → Räume, Anfang → Anfänge, Grund → Gründe, Wunsch → Wünsche, Kampf → Kämpfe, Traum → Träume, Satz → Sätze, Gast → Gäste, Plan → Pläne

Er sah vor lauter Wald die Bäume nicht.
Mit diesen Eindrücken verließen wir die Stadt.
Die Feier fand in mehreren Sälen statt.

Nach phonetischen Regeln tilgen Nomen auf -el, -en oder -er das e der Endung (Doppel-Schwa-Regel). Sie erscheinen endungslos.

der Schlüssel → die Schlüssel, der Zweifel → die Zweifel, der Balken → die Balken, der Fehler → die Fehler, der Finger → die Finger

das Kapitel → die Kapitel, das Drittel → die Drittel, das Zeichen → die Zeichen, das Fenster → die Fenster

Alice hinter den Spiegeln.   Um Himmels willen!
Die Partie steht auf des Messers Schneide.

Sonderfälle

Einige Nomen dieser Klasse haben zur Verdeutlichung verlängerte Endungen. Die lange Endung ist obligatorisch bei Nomen die auf -*s* oder -*ß* oder -*z* oder -*x* enden.

des Kurses, des Kusses, des Impulses, des Sitzes, des Witzes, des Gesetzes, des Kreuzes, des Spaßes, eines Grußes, eines Klaxes

Auch Nomen, die auf -*sch* oder -*tsch* oder -*st* enden, zeigen öfter die lange Endung: *des Busches, des Kitsches, des Zwistes*

Nomen auf -*nis*: *das Verhältnis → die Verhältnisse*

Bitte eine Kopie Ihres Zeugnisses.

Die Ergebnisse waren allgemein bekannt.

Mit den eigenen Bedürfnissen muss man umgehen lernen.

Maskuline Nomen auf -*us*:

der Bus → des Busses → die Busse, der Syndikus → des Syndikusses

Klasse 2: Staat, Auge Kennformen -es, -en		
m, n	**sg**	**pl**
nom	Staat	Staat**en**
gen	Staat**es**	Staat**en**
dat	Staat	Staat**en**
akk	Staat	Staat**en**

Es geht um souveräne Staaten.
Die Existenz des Staates Israel
Das Haus am Ende des Sees
Was tun die westlichen Staaten?
Wer wird wohl die Lorbeeren ernten?
Sie hat gleich die Nerven verloren.
Ihm fehlte ein Stück des rechten Ohres.
Da fehlen die Requisiten.

Zu dieser Klasse gehören weiter:

der Dorn → die Dornen, der Bär → die Bären, der Dämon → die Dämonen, der Mast → die Masten, der Prototyp → die Prototypen, der Strahl → die Strahlen

das Bett → die Betten, das Ion → die Ionen, das Hemd → die Hemden, das Insekt → die Insekten, das Juwel → die Juwelen, das Mosaik → die Mosaiken, das Statut → die Statuten

Isoliert: das Prinzip → des Prinzips → die Prinzipien

Im Genitiv Singular variieren -*s* und -*es*: *des Ohrs / des Ohres*. Meist klingt die lange Endung stilistisch gehobener. Nur kurze Endung:

des Doktors, des Detektors, des Faktors, des Generators

Aber ohne Kürzung:

die Doktoren, die Detektoren, die Faktoren,

Ganz ohne -*e* bleiben die Mehrsilber auf -*er* und -*el:*

des Vetters, die Vettern, des Muskels, die Muskeln

Klasse 3: Mensch, Name Kennformen -en, -en		
m, n	**sg**	**pl**
nom	Mensch	Menschen
gen	Menschen	Menschen
dat	Menschen	Menschen
akk	Menschen	Menschen

Es starben viele unschuldige Menschen.
Prinzen gibt es nicht mehr so viele.
Die Bären fehlen uns.
Die Macht der Bonzen
Das Schicksal des Boten
Knaben wurden getrennt unterrichtet.
Die Würde des Menschen ist unantastbar.

In Flexionsklasse 3 (auch n-Deklination genannt) gehören nur Maskulina. Sehr viele enden auf *-e*.

des Deppen, des Finken, des Fürsten; die Gecken, die Grafen, die Graphen, die Helden, die Herren

Wenn das Nomen auf *-e* endet, wird es mit dem *e* des Flexivs verschmolzen. (Keine zwei Silben mit unbetontem *e* nacheinander!)

des Burschen, des Bürgen, des Drachen, des Experten, des Falken, des Franzosen, des Gedanken, des Gesellen, des Halunken
die Kollegen, die Kunden, die Laien, die Matrosen, die Nachkommen, die Namen, die Neffen, die Raben, die Riesen, die Zeugen

Nominalisierte Adjektive folgen im Maskulinum dieser Flexion (weil sie hier der schwachen Adjektivdeklination entspricht):

des Beamten → die Beamten, des Jungen, des Nächsten

Die Klasse 3 ist im Rückzug gegenüber der dominanten Klasse 1. Das typische Flexions-n wird öfter in den Nominativ genommen:

der Friede/ der Frieden, der Funke/ der Funken, der Gedanke/ der Gedanken, der Glaube/ der Glauben, der Name/ der Namen, der Same/ der Samen, der Schade/ der Schaden, der Wille/ der Willen

Meist werden diese Doppelformen ohne Unterschied verwendet:

Bitte geben Sie Name und Adresse an.
Bitte geben Sie Namen und Adresse an.

Die neuen Nominative passen nun gut in Klasse 1:

der Buchstaben → des Buchstabens, der Gedanken → des Gedankens

Noch weiter geht es in der Umgangssprache, wo jeder Anklang an die n-Deklination verschwindet:

die Tochter meines Nachbars, das Recht des Untertans, der Appetit eines Spatzes, der Tod des Bärs, die Folgen des Dorns

Auch die Dative entsprechen öfter der Klasse 1:

der Oberst → dem Oberst, der Präsident → dem Präsident

Klasse 4: Geist, Kind Kennformen -es, -er		
m, n	**sg**	**pl**
nom	Kind	Kind**er**
gen	Kind**es**	Kind**er**
dat	Kind	Kind**ern**
akk	Kind	Kind**er**

Schon als kleine Kinder lernten wir das.
Die Kinder ausländischer Eltern
Sie ist der gute Geist des Hauses.
Schätzet die Freiheit des Geistes!
Die bösen Geister wird man los.
Diese Biester wird man nicht los!
Wer bohrt schon so dicke Bretter?
Ein Buch mit über 1000 Blättern
Wir fahren über die Dörfer.

In Klasse 4 gehören eine überschaubare Menge Neutra und einige Maskulina. Wenn möglich wird im Plural umgelautet.

das Abbild → die Abbilder, das Bild → Bilder, das Ei → Eier, das Feld → Felder, das Geist → Geister, das Gemüt → Gemüter, das Gemüt → Gemüter, das Kleid → Kleider, das Lid → Lider, das Lied → Lieder, das Regiment → Regimenter

der Leib → die Leiber, der Bösewicht → die Bösewichter

das Amt → die Ämter, das Kalb → Kälber, das Kraut → Kräuter, das Land → Länder, das Maul → Mäuler, das Rad → Räder

der Gott → die Götter, der Mann → Männer, der Mund → Münder, der Strauch → Sträucher, der Wald → Wälder

Das Suffix -*tum* bildet diesen Plural (wenn das Nomen überhaupt in den Plural gesetzt wird):

Altertum → Altertümer, Besitztum → Besitztümer, Heiligtum → Heiligtümer, Irrtum → Irrtümer, Reichtum → Reichtümer

In Komposita können Zweifel enstehen. Das hängt auch damit zusammen, wie man das Nomen segmentiert. Steckt *Tal* in *Hospital*?

Hospital → Hospitale/ Hospitäler

Sicher ist man bei:

Brandmal → Brandmale, Mahnmal → Mahnmale, Merkmal → Merkmale, Wundmal → Wundmale

Aber Varianten gibt es bei:

Denkmal → Denkmäler/ Denkmale, Grabmal → Grabmäler/ Grabmale

Mit dem -er-Plural kann man stilistische Effekte erzielen, beliebt ist eine Art Emotionalisierung:

Im NP-Supermarkt gab's drei Stücker Kräuterquark, das war's.
Das Ding kostet dich mindestens fünf Märker.
Die Geschmäcker sind verschieden.

Klasse 5: Auto Kennformen -s, -s		
m, n	sg	pl
nom	Auto	Autos
gen	Autos	Autos
dat	Auto	Autos
akk	Auto	Autos

Ein Kotflügel des Autos war beschädigt.
Die Autos stauten sich über Kilometer.
Das Echo war weit zu hören.
Eine neue Änderung des Prüfungsstandards tritt in Kraft.
Die Nazis sind nach ihren Untaten zu beurteilen.
Die Tees aus Indien sind nun endlich da.

In diese Klasse gehören:

das Büro → des Büros, das Festival → die Festivals, das Foto → die Fotos, das Fräulein → die Fräuleins, das Grün → des Grüns, das Hoch → die Hochs, das Hotel → die Hotels, das Kino → die Kinos, das Radio → des Radios, das Studio → die Studios, das Video → die Videos der Kaffee → des Kaffees, der Leutnant → die Leutnants, der Papa → des Papas, der Standard → die Standards, der Tee → die Tees, der Trend → die Trends

Klasse 6: Mutti Kennformen –, -s		
f	sg	pl
nom	Mutti	Muttis
gen	Mutti	Muttis
dat	Mutti	Muttis
akk	Mutti	Muttis

Der jungen Mutti mit ihren zwei Kindern
Das kleine Kind einer jungen Mutti
Es kamen Muttis, Omis und Kinder.
Die IHKs fordern mehr Einfluss.
Boas sind bekanntlich nicht ungefährlich.
Kameras dürfen nicht mitgebracht werden.
Die Folgen einer Safari waren herb.
Nach Angaben der IHK sei der Zufluss gering.

Hierzu gehören: Nomen auf Vollvokal, Fremdwörter und Abkürzungen:

die Bar → die Bars, die Demo → die Demos, die Filmkamera → die Filmkameras, die Info → die Infos, die Kalaschnikow → die Kalaschnikows, die Kamera → die Kameras, die Kobra → die Kobras, die Lobby → die Lobbies, die Lok → die Loks, die Mama → die Mamas, die Metro → die Metros, die Oma → die Omas, die Polka → die Polkas, die Rockband → die Rockbands, die Safari → die Safaris, die Uni → die Unis, die Ziehharmonika → die Ziehharmonikas
die CDs, die LPs, AGs (Aktiengesellschaften), GmbHs, die Hausis (Hausaufgaben), die Unis

Klasse 7: Welt Kennformen –, -en		
m, n	**sg**	**pl**
nom	Welt	Welt**en**
gen	Welt	Welt**en**
dat	Welt	Welt**en**
akk	Welt	Welt**en**

Das Bild eines jungen Mannes und einer jungen Frau
Die Rolle der Frau überdenken!
Fünf türkische Frauen wurden verheiratet.
Man kann nicht drei Herrinnen dienen.
Die Trennung der Gewalten ist essenziell.
Alle Lebensformen sind zu akzeptieren.

In Klasse 7 gehören nur Feminina. Die meisten Feminina werden so flektiert, insbesondere alle auf *-e*. Bei ihnen wird ein *e* gekürzt:

die Sache → die Sachen, die Woche → die Wochen, die Stelle → die Stellen, die Straße → die Straßen, die Rede → die Reden, die Aufgabe → die Aufgaben, die Freude → die Freuden, die Kirche → die Kirchen, die Gruppe → die Gruppen, die Schule → die Schulen, die Familie → die Familien, die Sprache → die Sprachen, die Rolle → die Rollen
die Uhr → der Uhr, → die Welt → der Welt, → die Zeit → der Zeit, → die Arbeit → der Arbeit, → die Art → der Art, → die Million → der Million, → die Natur → der Natur, → die Partei → der Partei
die Person → die Personen, die Zahl → die Zahlen

Movierte Feminina auf – *in* bilden den Plural mit – *nen*:

Göttin → Göttinnen, Gräfin → Gräfinnen, Gemahlin → Gemahlinnen

Ohne *-e-* bleiben die Nomen auf -er und *-el: die Federn, die Regeln*

Klasse 8: Kenntnis, Hand Kennformen –, -e		
m, n	**sg**	**pl**
nom	Hand	Hände
gen	Hand	Hände
dat	Hand	Händen
akk	Hand	Hände

Sie ballte die Fäuste in der Tasche.
Mit den neuen Fußbänken war es richtig gemütlich.
Bösartige Geschwülste scheinen jetzt häufiger zu werden.
Was machen die Großmächte da?
Zuhause in den Großstädten der Welt
Die Früchte waren mit Händen zu greifen.

In Klasse 8 gibt es nur Feminina. Fast alle haben Umlaut.

die Bank → die Bänke, die Firma → die Firmen, die Frucht → die Früchte, die Gans → die Gänse, die Macht → die Mächte, die Gruft → die Grüfte, die Erkenntnis → die Erkenntnisse, die Hand → die Hände, die Maus → die Mäuse, die Mutter → die Mütter, die Stadt → die Städte, die Wand → die Wände, die Wurst → die Würste

28 Gibt es Regeln für das Genus?

Das Genus ist eine feste Eigenschaft eines Nomens. Es spielt zwar im Satz eine Rolle, wird aber nicht verändert wie der Kasus und nicht semantisch belegt wie der Numerus.

Es gibt drei Genera:

Maskulinum: der Kaffee, der Kasus, der Schirm, der Gegensatz

Femininum: die Leistung, die Regel, die Tanne, die Tante

Neutrum: das Programm, das Genus, das Geld, das Alibi

Die Frage nach dem Genus eines Nomens wird überlagert durch die Genus-Sexus-Diskussion. Der Fokus auf Sexus führt in die Irre, weil die wenigsten Nomen Objekte bezeichnen, die einen Sexus haben.

Ehemänner sind männliche Eheleute.

Ehefrauen sind die Frauen von Ehemännern.

Was werden Frauen im Himmel, wenn die Engel alle Männer sind?

Nur wenige Nomen sind lexikalisch sexusspezifisch. Damit ist die Reichweite sexusbezogener Regeln gering. Hinzu kommt die Asymmetrie dieser Zuordnung: Es gibt drei Genera, aber nur zwei Sexus.

der Mann, der Onkel, die Frau, die Oma, der Kaufmann, die Kauffrau

Die Kenntnis des Genus ist wichtig für die Wahl des Artikels, für die Pluralbildung und für die Kasusbildung. Deshalb wird Lernern empfohlen, Nomen stets mit Artikel zu lernen. Das gilt vor allem für frequenten Nomen, deren Genus nicht regulär zu fassen ist.

> **Frequente Nomen, deren Genus kaum regulär zu fassen ist**
> **der** Abend, der Bereich, der Ernst, der Film, der Frieden, der Gedanke, der Geist, der Grund, der Himmel, der Kopf, der Kurs, der Monat, der Name, der Ort, der Platz, der Preis, der Punkt, der Raum, der Staat, der Teil, der Tod
> **die** Angst, die Arbeit, die Art, die Bank, die Firma, die Form, die Gefahr, die Gewalt, die Hand, die Jugend, die Kraft, die Luft, die Macht, die/ das Mark, die Nacht, die Stadt, die Tat, die Tür, die Uhr, die Vernunft, die Wahl, die Welt, die Zahl, die Zeit, die Zukunft
> **das** Auge, das Bild, das Buch, das Ding, das Ende, das Gebiet, das Gefühl, das Geld, das Gesetz, das Gesicht, das Gespräch, das Glück, das Haus, das Herz, das Interesse, das Jahr, das Kind, das Land, das Licht, das Lied, das Mal, das Mittel, das Opfer, das Problem, das Programm, das Prozent, das Recht, das Spiel, das Stück, das Theater, das Thema, das Volk, das Wasser, das Werk, das Wesen, das Wort, das Zeichen, das Ziel, das Zimmer

Aber es gibt auch Regeln.

Genusregeln in Kurzform
1. Ein Kompositum hat das Genus des Basisworts.
2. Suffixe weisen ein bestimmtes Genus zu.
3. Abkürzungen haben das Genus der Abkürzungsbasis.
4. Der Auslaut kann die Tendenz zu einem bestimmten Genus anzeigen.
5. Nominalisierungen erhalten ihr Genus nach der Wortart des nominalisierten Worts.
6. Lehnwörter bekommen ein Genus nach ihrer Wortbildung (Suffixe) oder nach einem Leitwort.

29 Wie erkennt man das Genus an der Form?

Valide und damit gute Regeln sind die formbezogenen. Sie sind für Lerner wichtig, weil sie hier die Bedeutung des Nomens nicht in jedem Sinn kennen müssen. Wenn Regeln konkurrieren, gewinnen Formregeln fast immer. Größte Reichweite haben Kompositionsregel und die Suffixregel. Die Kompositionsregel dominiert Sexusmarkierung, die Ableitungsregel dominiert Sexusmarkierung bei den Diminutiva:

das Frauenzimmer, der Backfisch, das Hänschen

Der Sexus kann aber im Text semantisch wieder durchschlagen:

Das Mädchen verstand den Text recht gut. Sie hatte ...

Genuszuweisung	Maskulinum	Femininum	Neutrum
Basiswort	der Haus**bau**	die Haus**tür**	das Haus**dach**
Abkürzungsbasis	der PKW → der Wagen	die FDP → die Partei	das ZDF → das Fernsehen
Suffix (Beispiele)	-ant, -asmus, -er, -ian, -ich, -ig, -ismus, -ler, -ling, -or, -rich, -wart	-erei, -heit, -ie, -igkeit, -ik, -ion, -ive, -keit, -schaft, -tät, -ung	-är, -chen, -ett, -in, -ing, -le, -lein, -ma, -ment, -nis, -sal, -sel, -tum, -um
Auslaut	der Ta**ng**	die Wann**e**	

Für die Feminina auf -e gibt es markante Ausnahmen:
der Löwe, der Hase, der Kunde, der Junge, der Käse, der Name
das Auge, das Interesse, das Ende, das Erbe

Wichtige Suffixe kann man nach der Genuszuweisung ordnen.

Maskulinum	Femininum	Neutrum
-ling:	-ung:	-chen:
der Lehrling, der Liebling	die Prüfung, die Wohnung	das Mädchen, Märchen
-ler:	-schaft:	-lein:
der Sportler, der Adler	die Ortschaft, Gesellschaft	das Fräulein, das Büchlein
-ich:	-heit:	-le:
der Teppich, der Fittich	die Krankheit, die Einheit	das Männle, das Häusle
-ig:	-keit:	-tum:
der Pfennig, der Honig	die Möglichkeit, Tätigkeit	das Wachstum, Eigentum
-wart:	-ei:	-nis:
der Torwart, Tankwart	die Brauerei, die Polizei	das Verhältnis, Ergebnis
-ian:	-in:	Ge-+-e:
der Enzian, der Baldrian	die Königin, die Lehrerin	das Gehopse, das Geschrei
-erich:		
der Wegerich, Gänserich		

Bei maskulinen Personenbezeichnungen gibt es oft die Möglichkeit, eine feminine Form für weibliche Personen und Wesen zu bilden:
   -in: die Königin, die Lehrerin, die Autorin, die Gattin, die Göttin

Verbableitungen auf -*t* sind feminin. Es sind meist abstrakte Bezeichnungen von Handlungen oder Zuständen:
   die Sicht, die Sucht, die Schlacht, die Pflicht, die Macht, die Tat
Verbableitungen ohne Suffix sind maskulin. Sie können Handlungen oder Zustände, aber auch konkrete Gegenstände bezeichnen:
   der Griff, der Blick, der Fall, der Antrag, der Zug, der Schritt
Ableitungen aus Verben: mit Ge-+-e sind auch *das Gefühl, das Geraschel,* beide mit phonologisch getilgtem Endungs-e.

> **Abkürzungen mit Genus des Basisworts**
> der Akku(mulator), der Azubi (Auszubildende), der LKW (Lastkraftwagen), der Ober(kellner), der Schiri (Schiedsrichter), der Trafo (Transformator), die EG (Europäische Gemeinschaft)
> die Lok(omotive), die NATO, die SPD (Sozialdemokratische Partei Deutschlands), die Stasi (Staatssicherheit), die UNO, die Uni(versität), die VHS (Volkshochschule)
> das Alu(minium), das NOK (Nationales Olympisches Komitee), das ZDF (Zweites Deutsche Fernsehen)

30 Ist das Genus an der Bedeutung zu erkennen?

Das Bestreben, nach der Bedeutung das Genus zu bestimmen, liefert nur unsichere Regeln kurzer Reichweite.

Wie verhält sich Genus zu Sexus?

Manche Nomen bezeichnen nach ihrer Bedeutung nur weibliche oder nur männliche Lebewesen. Sie sind sexusmarkiert: *der Vater, die Mutter.*

Für die Sexusmarkierung gelten als Regeln:

- Menschen → sexusunmarkiert → maskulin: *der Mensch*
- Menschen → sexusmarkiert → männlich → maskulin: *der Mann, der Vater, der Sohn, der Junge, der Herr, der Onkel, der Knecht, der Mönch, der Wirt, der König; der Teufel*
- Menschen → sexusmarkiert → weiblich → feminin: *die Frau, die Mutter, die Tochter, die Schwester, die Mama, die Tante, die Dame, die Braut, die Magd, die Hexe, die Nonne*
- Tiere → sexusunmarkiert → maskulin: *der Hund, der Fuchs, der Hase, der Affe, der Käfer, der Rabe*
- Tiere → sexusunmarkiert → feminin: *die Katze, die Gans, die Fliege, die Krähe, die Schnecke*

In Kontrastpaaren bezeichnen diese Nomen Sexus:

der Hund (männlich) → die Hündin

die Katze (weiblich) → der Kater

- Tiere → sexusmarkiert → männlich → maskulin: *der Hirsch, der Bock, der Hahn*
- Tiere → sexusmarkiert → weiblich → feminin: *die Sau, die Henne*

Maskulin nach der Bedeutung sind Bezeichnungen für:

    Himmelsrichtungen: der Süden, der Osten, der Norden, der Westen

    Alkoholische Getränke: der Schnaps, der Wein, der Kirsch, der Sekt

Ausnahme: die Bowle, das Bier

Feminin nach der Bedeutung sind Bezeichnungen für:

    Bäume: die Kiefer, die Zeder, die Pappel (die auf -*e* sind feminin

    Ausnahme: der Ahorn(baum)

    Blumen: die Iris (alle auf -*e* feminin nach dem Auslaut)

    aber: der Enzian, das Edelweiß, das Veilchen

Stoffnamen zeigen starke Tendenz zum Neutrum:
das Wasser, das Vieh, das Bier, das Geld, das Gras, das Holz, das Stroh, das
Glück, das Fleisch, das Mehl, das Wild, das Leder, das Zeug
aber: der Mist, der Klee, der Reis

Tierbezeichnungen werden oft gesondert behandelt. Da geht es um Regeln geringer Reichweite. Bei Tieren ist oft die Gattungsbezeichnung neutrum und markiert den Sexus nicht oder kaum.
Sexusmarkierte folgen wie allgemein der Regel:

   maskulin für männlich,

   feminin für weiblich,

   neutrum für Jungtiere.

So ergeben sich diese Bilder:

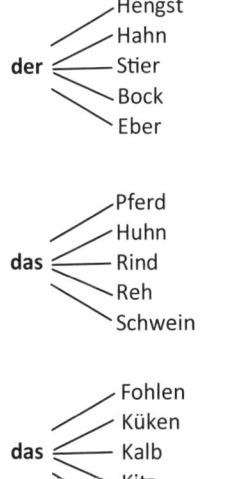

der — Hengst, Hahn, Stier, Bock, Eber

die — Stute, Henne, Kuh, Ricke, Sau

das — Pferd, Huhn, Rind, Reh, Schwein

das — Fohlen, Küken, Kalb, Kitz, Ferkel

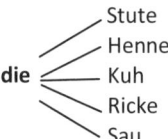

Die Bremer Stadtmusikanten
Der Esel schrie: "Iaa".
Der Hund bellte: "Wauwau".
Die Katze miaute: "Miau miau".
Der Hahn krähte: "Kikeriki".

31 Was leistet das Leitwortprinzip?

Oft wird das Genus nach einem Leitwort vergeben. Dies gilt für viele Nomen, bei denen eine Zuweisung nach der Bedeutung versucht wurde.

der Wind →	der Fön, der Sturm, der Orkan, der Passat
der Stein →	der Quarz, der Diamant, der Rubin, der Saphir, der Fels, der
	Kalk, der Ton, der Stein, der Kies, der Kiesel
der Niederschlag →	der Regen, der Schnee, der Tau, der Firn, der Reif
der Alkohol →	der Schnaps, der Wein, der Kirsch, der Sekt, der Ouzo
der Fisch →	der Lachs, der Barsch, der Butt
die Blume →	die Iris, die Rose
die Frucht →	die Zitrone, die Ananas, die Grapefruit
das Teilchen →	das Atom, das Molekül
das Element →	das Fluor, das Jod, das Molybdän

Lehnwörter bringen für Kenner ihr Genus aus der Quellsprache mit.
Aber nicht alle Sprachen haben ein Genus. Das gilt besonders für das
Englische. Solche Wortentlehnungen werden meist nach dem Leitwortprinzip ins deutsche Genussystem eingepasst. Leitwort ist oft ein Oberbe-
griff.

der Tanz → der Boogie, der Twist, der Drink → der Bourbon, der
Cocktail, der Computer → der Portable, der Laptop, der Sender → der
AFN

das Spiel → das Match, das Hockey, das Leder → das Boxcalf, das
Chevreau

Neuen Entlehnungen wird das Genus nach dem gleichen Prinzip zuge-
wiesen:

das Call Center ← das Zentrum, das Internet ← das Netz, das Outfit
← das Kleid

der Chat ← der Plausch, der Copy Shop ← der Laden, der Hyperlink
← der Verweis, der Pick Up ← der Wagen, der Shitstorm ← der
Sturm

die E-Mail ← die Nachricht, die Flatrate ← die Rate, die Headline ←
die Schlagzeile, die Message ← die Nachricht, die Scrollbar ← die
Leiste, die Talkshow ← die Schau, die Webcam ← die Kamera

Als Leitwort fungieren auch individuelle Äquivalente.

das Souvenir ← das Andenken, das Aquarell ← das Bild, das Bike ←
das Rad, das Business ← das Geschäft, das Goal ← das Tor, das Lied
← das Chanson, das Model ← das Modell, das Oeuvre ← das Werk,
das Puzzle ← das Rätsel, das Radio ← das Gerät, das Steak ← das
Stück, das Trikot ← das Hemd, das Aftershave ← das Rasierwasser,
der Airport ← der Flughafen, der Background ← der Hintergrund,
der Annex ← der Anbau, der Nasal ← der Laut, der Star ← der Stern,
der Torso ← der Körper
die Bouillon ← die Brühe, die Crew ← die Mannschaft, die Gang ←
die Bande, die Grapefruit ← die Frucht, die Plastik ← die Figur, die
Band ← die Kapelle, die Aircondition ← die Klimaanlage

Bei Namen und Namenartigen wird nicht ständig ein individueller Artikel verwendet. Hier greift meist als generelle Regel das Leitwortprinzip.

Wein →	der Mosel(wein), der Champagner, der Sekt, der Frizzante, der Sherry, der Port, der Rioja, der Bordeaux
Berg →	der Ätna, der Puy de Dôme, der Vesuv, der Große Arber
Zug →	der Intercity, der ICE, der TGV, der Madame Curie
Teppich →	der Perser, der Afghan, der Izmir, der Peshawar
Fluss →	der Rhein, Main, Glan, Lech, Neckar, Tiber, Guadalquivir, Ter, Ebro, Don, Dnjepr, Kongo, Nil, Ganges, Amazonas, Mississippi Aber altbekannte sind feminin: die Donau, Lahn, Isar, Mosel, Saar, Oder, Salzach, Ruwer, Etsch, Nahe
Zeitschrift →	die Quick, die Revue, die Bunte, die Gala
Zeitung →	die Süddeutsche , die FR, die Frankfurter, die ZEIT
Hotel →	das Adlon, aus dem Sacher, ins Hilton
Restaurant →	das Tantris, ins Zen Sushi, das Eisbach, das Roma
Kino →	das Metropol, ins Gloria, aus dem Arri

Auch bei Markennamen greift das Leitwortprinzip.

Wagen →	der BMW, der Mercedes, der Honda
Maschine →	die BMW, die Honda, die Kawasaki
Zigarette →	die Stuyvesant, die Marlboro, die Gauloise
Waschmittel →	das Omo, das Dash, das Ariel, das Persil, Lenor

32 Wo gibt es Genuszweifel, wo Genusdubletten?

In einigen Fällen können Zweifel bestehen, welches Genus zu wählen ist. Darum findet man beide Formen. Die Sprecher entscheiden sich offenbar nach verschiedenen Regeln oder Assoziationen. Bevorzugte sind fett gedruckt. Auch Sie könnten frei wählen.

das Sandwich oder **der Sandwich**	das Lasso oder der Lasso
das Wirrsal oder **die Wirrsal**	der Quiz oder **das Quiz**
das Zölibat oder **der Zölibat**	der Virus oder **das Virus**
der Teil oder das Teil	der Zepter oder **das Zepter**
der Event oder **das Event**	**die Grappa** oder der Grappa
der Gelee oder das Gelee	die Sellerie oder **der Sellerie**
der Joghurt oder das Joghurt	**die e-Mail** oder das e-Mail

Manche Homonyme unterscheiden sich durch unterschiedlichen Plural und zusätzlich durch ihr Genus. Es sind Genusdubletten. Hier gilt es aufzupassen.

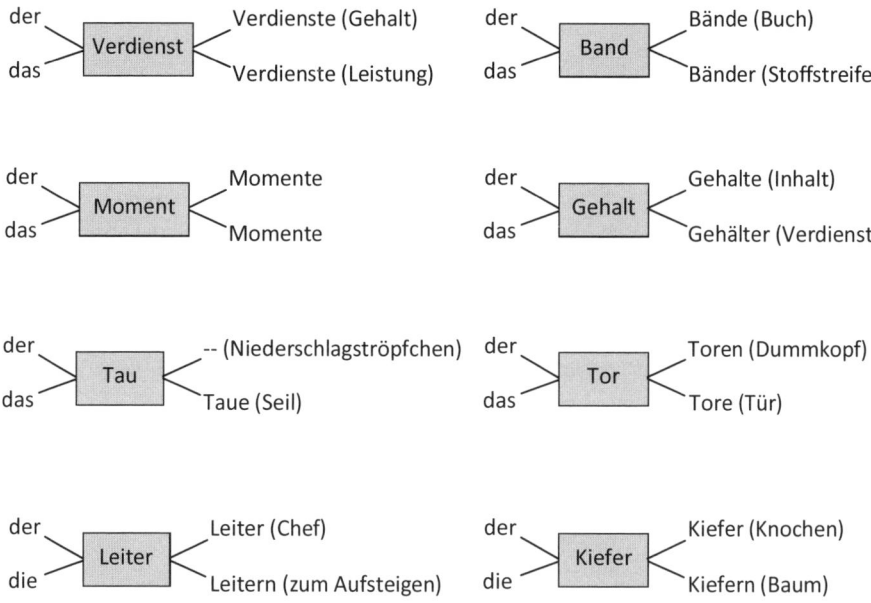

33 Wie wird der Plural gebildet?

Jedes Nomen erscheint in einem Numerus. Gewöhnlich hat es einen Singular und einen Plural. Die Typen der Pluralbildung werden nach Flexiven unterschieden. Hinzu kommt in manchen Fällen ein Umlaut.

Singular	Plural	Endung
die Schule	die Schulen	-n/ -en
das Jahr	die Jahre	-e
der Fall	die Fälle	"-e
das Huhn	die Hühner	"-er
die Oma	die Omas	-s

Leider kann man selten am Stamm erkennen, welche Plural-Endung ein Nomen braucht.

Nomen, die auf *-e* enden, meistens feminine, bilden den Plural mit *-n*.

Plural auf -n (oder -en)
die Sache – die Sachen, die Stunde – die Stunden, die Schule – die Schulen, die Maschine – die Maschinen, die Woche – die Wochen, die Straße – die Straßen, die Gemeinde – die Gemeinden, die Seite – die Seiten, die Schwester – die Schwestern, die Kartoffel – die Kartoffeln
der Name – die Namen, der Herr – die Herren, der Mensch – die Menschen, der Staat – die Staaten, der Student – die Studenten, der Soldat – die Soldaten, der Nachbar – die Nachbarn, der Bauer – die Bauern
das Ende – die Enden, das Auge – die Augen

Aus lautlichen Gründen schieben manche dieser Nomen ein *e* ein.

die Frau – die Frauen, die Arbeit – die Arbeiten, die Zeit – die Zeiten
das Bett – die Betten, das Hemd – die Hemden, das Ohr – die Ohren,
das Herz – die Herzen

Der e-Plural ist häufig bei maskulinen und neutralen Nomen, selten bei femininen Nomen.

Plural auf -e
der Weg – die Wege, der Hund – die Hunde, der Berg – die Berge, der Teil – die Teile, der Tag – die Tage, der Krieg – die Kriege, der Abend – die Abende, der Schuh – die Schuhe, der Ort – die Orte
das Ding – die Dinge, das Stück – die Stücke, das Geschäft – die Geschäfte, das Beispiel – die Beispiele, das Jahr – die Jahre

Viele Nomen mit e-Plural haben Umlaut.

der Sohn – die Söhne, der Baum – die Bäume, die Stadt – die Städte, der Stall – die Ställe, der Bart – die Bärte, der Fuß – die Füße, der Hof – die Höfe

die Nacht – die Nächte, die Kuh – die Kühe, die Stadt – die Städte, die Frucht – die Früchte, die Hand – die Hände, die Kraft – die Kräfte, die Maus – die Mäuse, die Angst – die Ängste

das Floß – die Flöße

Die Endung -e fällt aus nach -en, -el, -er, -e. Darum haben die folgenden Nomen keine Plural-Endung, aber Umlaut, wenn's geht.

der Winter – die Winter, der Sommer – die Sommer, der Meter – die Meter; der Haufen – die Haufen, der Wagen – die Wagen, der Balken – die Balken; der Zweifel – die Zweifel

das Mittel – die Mittel, das Knie – die Knie

der Vater – die Väter, der Bruder – die Brüder, der Hammer – die Hämmer, der Acker – die Äcker; der Boden – die Böden, der Ofen – die Öfen, der Garten – die Gärten, der Vogel – die Vögel

die Mutter – die Mütter, die Tochter – die Töchter

das Kloster – die Klöster, das Mäuschen – die Mäuschen, das Männlein – die Männlein

Nicht viele Nomen bilden ihren Plural auf -er. Aber sie sind sehr wichtig, weil sie häufig vorkommen.

Plural auf -er

das Kind – die Kinder, das Geld – die Gelder, das Feld – die Felder, das Weib – die Weiber, das Licht – die Lichter das Kleid – die Kleider
der Geist – die Geister

Wenn man den Stammvokal umlauten kann, dann wird das auch getan.

das Tal – die Täler, das Land – die Länder, das Buch – die Bücher, das Rad – die Räder, das Schloss – die Schlösser, das Dorf – die Dörfer, das Haus – die Häuser, das Loch – die Löcher

der Mann – die Männer, der Wald – die Wälder, der Rand – die Ränder, der Gott – die Götter

 Den Plural auf -er gibt es nicht bei femininen Nomen.

Der s-Plural kommt häufig vor. Er ist zuständig für alle ungewöhnlichen Fälle. Abkürzungen und Fremdwörter, die auf Konsonanten enden, bilden den Plural auf *-s*.
Nomen, die auf vollen Vokal enden (also außer unbetontem e), bilden den Plural mit *-s*.

Plural auf – s

der LKW – die LKWs, der PKW – die PKWs, der Chef – die Chefs, der Treff – die Treffs, der Schal – die Schals

das Wrack – die Wracks

Profs, Lkws, Fotos, AKWs, Infos, AGs

der Kaffee – die Kaffees, der Tee – die Tees

das Mofa – die Mofas, der Opa – die Opas, die Oma – die Omas, das Zebra – die Zebras

das Komma – die Kommas, die Pizza – die Pizzas (auch die Pizzen), die Paprika – die Paprikas

das Foto – die Fotos, das Kino – die Kinos, das Radio – die Radios, das Auto – die Autos

die Rallye – die Rallyes

1. Alle Nomen auf *-en, -er, -el* haben keine Endung im Plural.
2. Alle Nomen mit Plural auf -en und die neutralen auf *-e* haben keinen Umlaut.
3. Nomen mit Plural auf *-er* haben immer Umlaut, wenn's geht.
4. Suffixe bilden immer einen bestimmten Plural.

Plural häufiger Suffixe

die Argu-mente, die Bagat-ellen, die Bäum-chen, die Büch-lein, die Dat-eien,
die Dat-en, die Eitel-keiten, die Frequ-enzen, die Freund-schaften,
die Gefühllos-igkeiten, die Geheim-nisse, die Irr-tümer, die Kran-iche, die Käf-ige,
die Lab-sale, die Meet-ings, die Qualifik-ationen, die Schmetter-linge,
die Sicher-heiten, die Zeit-ungen, die Kalor-ien, die Bombarde-ments,
die Fähig-keiten, die Generat-ionen, die Gärt-ner, die Händ-ler, die Ingeni-eure,
die Mass-agen, die Metzg-ereien, die Mon-ate, die Repar-aturen, die Stud-enten,
die Techn-iken, die Theor-ien, die Ventil-atoren, die Wohn-ungen, die Zeug-nisse,
die Zivil-isten

34 Wo gibt es Numeruslücken?

Nicht alle Nomen werden sowohl im Singular wie im Plural verwendet. Das hat meist semantische Gründe. Mal ist der Plural nicht sinnvoll, mal der Singular nicht.

Kein Plural

Abstraktum	Massenomen	Nominalisierung	Kollektivum	Unikat
Alter, Chaos,	Butter, Chlor,	das Denken, das	Adel, Geflügel,	Mona Lisa,
Friede, Furcht,	Flachs, Fleisch,	Gelb, das	Gemüse,	Parthenon,
Geborgenheit,	Gold, Helium,	Gestern,	Gepäck,	Weltall
Gemütlichkeit,	Heu, Holz,	das Lachen,	Gesindel,	
Glanz, Glück,	Honig, Joghurt,	das Laufen,	Getreide, Laub,	
Güte, Jugend,	Kakao, Lärm,	Gemütlichkeit,	Marine, Obst,	
Liebe, Spott,	Messing, Milch,	Geschehen,	Pack, Personal,	
Vergangenheit,	Milch, Nässe,	Vergessen,	Plebs, Polizei,	
Vertrauen,	Regen, Sahne,	Verzeihen	Publikum,	
Zorn,	Schnee, Staub,		Pöbel,	
Zufriedenheit,	Wasser, Wolle		Ungeziefer,	
Zukunft			Vieh, Wild	

In Fachsprachen kommen doch öfter die Plurale vor. Auch wenn man von verschiedenen Sorten einer Substanz redet, kann man eine Pluralform verwenden: *rheinische Weine, Moselweine, diverse Hölzer.*

Kein Singular

die Eltern, die Ferien, die Kosten, die Lebensmittel, die Leute, die Möbel, die Shorts, die Spaghetti, die Spesen, die USA, die Kutteln

Inselnamen
die Alëuten, die Bermudas, die Hebriden

Gebirgsnamen
die Alpen, die Anden, die Karpaten, die Pyrenäen

Krankheiten
die Röteln, die Pusteln, die Pocken, die Masern

Personengruppen
die Gebrüder, die Geschwister, die Eltern

Festtage
die Ostern, die Pfingsten, die Weihnachten

35 Wieso haben Fremdwörter besondere Plurale?

Fremdwörter sind für die Sprecher meist als fremd zu erkennen. Sie bringen oft ihren Plural aus der Quellsprache mit. Wer sich als Kenner erweisen will, wird den fremden Plural wählen. Aber den kennt nicht jeder. Darum entstehen Unsicherheiten. Unsere Präferenzen stehen zu Beginn.

Album → die Alben/ die Albums

Antibiotikum → die Antibiotika/ die Antibiotikas

Atlas → die Atlanten/ die Atlasse

Balkon → die Balkone/ die Balkons

Cappuccino → die Cappuccini/ die Cappuccinos

Cello → die Celli/ die Cellos

Dogma → die Dogmen/ die Dogmas/ die Dogmata

Espresso → die Espressi/ die Espressos

Examen → die Examen/ die Examina

Globus → die Globen/ die Globusse

Graffito → die Graffiti/ die Graffitis/ die Graffitos

Internum → die Interna/ die Internas

Kaktus → die Kakteen/ die Kaktusse

Kiosk → die Kioske/ die Kiosks

Komma → die Kommas/ die Kommata

Labor → die Labore/ die Labors

Lexikon → die Lexika/ die Lexikas/ die Lexiken

Mafioso → die Mafiosi/ die Mafiosis/ die Mafiosos

Match → die Matches/ die Matche/ die Matchs

Motto → die Mottos/ die Motti

Risiko → die Risiken/ die Risikos

Sauna → die Saunen/ die Saunas

Schema → die Schemata/ die Schemas

Semikolon → die Semikolons/ die Semikola

Solo → die Soli/ die Solos

Status → die Status/ die Stati/ die Statussen

Fremdwörter kann man nach Suffixen ordnen und ihnen so einen Plural zuschreiben.

auf -ma

das Thema → die Themata/ Themen   das Dogma → die Dogmen
das Drama → die Dramen   die Firma → die Firmen

auf -um

das Maximum → die Maxima   das Individuum → die Individuen
das Neutrum → die Neutra   das Museum → die Museen
das Praktikum → die Praktika   das Album → die Alben
das Stadium → die Stadien
das Gremium → die Gremien

auf -or

der Motor → die Motoren/ Motore   der Monitor → die Monitore

auf –or

der Organismus → die Organismen   der Latinismus → die Latinismen

auf -us

der Stimulus → die Stimuli   der Bonus → die Boni
der Ryhythmus → die Rhythmen   der Zirkus → die Zirkusse
der Zyklus → die Zyklen   das Abstraktum → die Abstrakta

auf –y

die Lady → die Ladys/ Ladies   das Hobby → die Hobbys
die City → die Citys/ Cities   die Party → die Partys/ Parties

 Sonderfälle

der Kasus → die Kasus (langes u)   das Virus → die Viren
der Index → die Indizes/ Indexe   das Konto → die Konten
die Praxis → die Praxen   das Genus → die Genera
das Tempus → die Tempora   das Visum → die Visa/ Visen
das Adverb → die Adverbien   das Epos → die Epen

36 Soll man den Genitiv vermeiden?

Deutliches Flexiv für den Genitiv ist das -s. Es macht öfter Probleme:
- Wenn ein Nomen auf -us endet, wird das Genitiv-s verschmolzen: der Luxus → des Luxus, der Zyklus → des Zyklus, der Typus → des Typus, der Tourismus → des Tourismus, das Virus → des Virus
- Bei Eigennamen, die auf einen s-Laut ausgehen, (geschrieben: -s, -ss, -ß, -z, -tz, -x), kann das -s in seltenen Fällen verschmelzen. In geschriebener Standardsprache wird das mit Apostroph angezeigt: Fritz' Hut, Demosthenes' Reden, Paracelsus' Schriften

Der Deutlichkeit halber verwendet man meist andere Konstruktionen:
    der Hut von Fritz, die Schriften von Paracelsus, die Werke von Karl Marx, Karl Marxens Werke
In stichwortartigen Fügungen steht weder Artikel noch Adjektiv, um den Kasus zu zeigen. Hier wird die Flexion oft unterlassen:
    Anfang März, laut Vertrag, Rechtschreibprüfung mittels Duden
In festen Fügungen und mehrgliedrigen Eigennamen erhält oft nur das zweite Nomen das Genitiv-s:
    ein Stück eigenen Grund und Bodens, Dichter des Sturm und Drangs, die Gedichte Paul Celans, Baron von Guttenbergs Dissertation

Wenn der Genitiv nicht zu erkennen wäre, verwendet man den Dativ:
    mangels Krediten (Dativ) statt mangels Kredite
    wegen Schneefällen (Dativ) statt wegen Schneefälle
Ein Artikel oder Adjektiv zeigt den Kasus deutlich an. Darum Genitiv:
    mangels großer Kredite, wegen heftiger Schneefälle
Der Genitiv wird durch den Dativ ersetzt, wenn vor dem Nomen bereits ein Genitivattribut steht. Das kann oft gekünstelt wirken:
    wegen Anjas letztem Unfall statt wegen Anjas letzten Unfalls
    trotz der Kinder starkem Husten
Der Dativ steht auch öfter in festen Verbindungen:
    trotz allem, trotzdem, trotz alledem, aber: statt dessen, meinetwegen

Der Genitiv kann nach einigen Präpositionen vermieden und ersetzt werden durch die Umschreibung mit *von*:
    innerhalb einer Sekunde → innerhalb von einer Sekunde
    abseits der Straßen → abseits von den Straßen
    unterhalb des Flusses → unterhalb vom Fluss

37 Probleme mit der n-Deklination?

Im Sprachwandel entstehen Varianten und variierende Zuordnungen zu Flexionsklassen. Die Anteile der Varianten sind unterschiedlich. Jüngere Varianten klingen stilistisch moderner, die älteren (meist auf -*en*) eher konservativ.

Variation zwischen Klasse 1 (-s, -e) und Klasse 3 (-en, -en)
der Bär → des Bärs/ des Bären, die Bären
der Dompfaff → des Dompfaffs/ des Dompfaffen, die Dompfaffe
der Fink → des Finks/ des Finken, die Finken
der Magnet → des Magnets/ des Magneten, die Magnete
der Mohr → des Mohrs/ des Mohren, die Mohren
der Nachbar → des Nachbars/ des Nachbarn, die Nachbarn
der Narr → des Narrs/ des Narren, die Narren
der Oberst → des Obersts/ des Obersten, die Oberste/ die Obersten
der Untertan → des Untertans/ des Untertanen, die Untertanen
der Spatz → des Spatzes, die Spatzen

Eine Reihe von maskulinen Nomen haben zwei Nominativformen.
der Funke/ Funken, der Name/ Namen, der Same/ Samen, der Schade/ Schaden, der Friede/ Frieden, der Gedanke/ Gedanken
Diese Nomen hier mischen die Flexion nach Klasse 1 und Klasse 4:   der Glaube → des Glaubens → dem Glauben → den Glauben   der Friede → des Friedens → dem Frieden → den Frieden

Eine eigene Deklination hat das Nomen *Herz*:

  das Herz → des Herzens → dem Herzen → das Herz

In wissenschaftlichen Texten wird aber auch der Genitiv *des Herzes* (Klasse 1) verwendet.

Manche Varianten werden zur Differenzierung genutzt. Sie sind also keine echten Varianten, sondern Dubletten.

der Drache → des Drachen (Fabeltier)	der Drache → des Drachens (Fluggerät)
der Mensch → des Menschen	das Mensch (abwertend für Frauen) → des Menschs
der Erbe → des Erben	das Erbe → des Erbes

38 Welche Arten von Präpositionen gibt es?

Präpositionen sind die hervorgehobenen Wörter in folgenden Beispielen:

Der Sturm kam **von** Westen und blies **mit** großer Kraft.
Nach diesem Motto lebte man **in** guten wie **in** schlechten Zeiten.
Auf ihrer Reise **nach** Amerika ging alles schief.
Sie blieben **bis** kurz **nach** acht.

Die deutschen Präpositionen bilden eine überschaubare Liste von ungefähr hundert Wörtern. Hier sehen Sie die Verteilung der häufigsten.

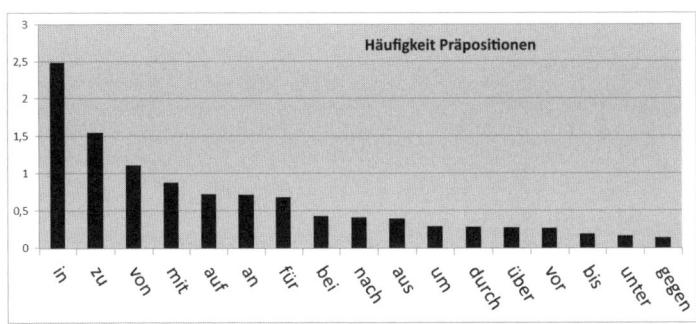

Einfache Präpositionen

in, von, mit, an, auf, zu, um, für, bis, vor, durch, wegen, gegen, hinter, seit, ohne, zwischen, außer, statt, gemäß

Seltene
wider den Zwang, laut dieser Grammatik, ob seiner Tat, binnen drei Tagen

Aus anderen Wortarten übernommene
zeit seines Lebens, kraft seines Amtes, dank seiner Stärke, trotz solcher Vorwürfe

Aus anderen Sprachen übernommene
Drei Euro plus Mehrwertsteuer, 10 Stück à 30 Cent, 15 Euro pro Stück, Versand per Bahn

Komplexe Präpositionen

innerhalb, mitsamt, entlang, gegenüber, unterhalb, außerhalb, abseits, oberhalb, abzüglich, entgegen
Aus Nomen
mangels, mittels, zwecks, anstatt, anhand
Aus Adverbien
links, rechts, diesseits, einschließlich, hinsichtlich
Aus Partizipien
während, entsprechend, unbeschadet, ungeachtet, betreffend

Gespaltene Präpositionen

um [der Leute] willen, von [12 Uhr] an, von [hier] ab, vom [Berg] aus, von [Amts] wegen

Präpositionale Fügungen

in bezug auf, mit Bezug auf, auf Grund von, an Stelle von, in Richtung auf, in Verbindung mit, im Hinblick auf, auf seiten, von seiten
Zusammengeschrieben
infolge von, aufgrund, zufolge, zulasten, zuungunsten, anhand von, anstelle von
In der Rechtschreibreform manche zurückgenommen:
auf Grund, zu Lasten, von Seiten, zu Ungunsten, an Stelle von

Präpositionen haben folgende Eigenschaften:

- Präpositionen sind unveränderlich, sie werden nicht flektiert.
- Jede Präposition verlangt einen bestimmten Kasus für das Nomen

Genitiv	Dativ	Akkusativ
abseits dieser Straße	hinter ihnen	in den dunklen Wald
entlang des Weges	auf der Flucht	für mich und für ihn

oder Pronomen, das sie regiert.

Präpositionen können auch Adverbien regieren:
bis jetzt, ab morgen, nach links, von vorgestern, von rechts

39 Welchen Kasus verlangen Präpositionen?

Präpositionen können nicht selbständig oder allein stehen: Sie regieren eine Nominalphrase und verknüpfen sie mit einer andern Phrase.

Zwei Nominalphrasen: [die Urlaubsreise] mit [dem Omnibus]

Verbalphrase und Nominalphrase: Tom [erinnert sich] an [Himbeeren]

Adjektivphrase und Nominalphrase: [recht froh] über [den Einsatz]

Meistens stehen Präpositionen am Anfang der regierten Nominalphrase.
  um [15 Uhr], nach [Kiel], am [schönen Ammersee]
Einige Präpositionen stehen aber am Schluss der Nominalphrase.
  [der Anweisung] zuwider, [des großen Spaßes] halber
Einige können vor- oder nachgestellt werden.
  wegen [des Unfalls auf der B12] vs. [des Unfalls auf der B12] wegen.

Präpositionen bestimmen den Kasus der abhängigen Nominalphrase. Sie fordern unterschiedliche Kasus, die meisten einen festen Kasus.

Präpositionen mit Akkusativ	
um	um die Stadt Ulm, um Dich, um acht Uhr
für	für den Fall, für eine Stunde, für das Kind
bis	bis nächste Woche, bis kommenden Dienstag, bis Koblenz
durch	durch die Bank, durch den Wald, durch den Auftrag
gegen	gegen die Mauer, gegen mich, gegen den Baum
	à, betreffend, gen, je, ohne, per, pro, sonder, wider

Präpositionen mit Dativ	
mit	mit allen seinen Kindern, mit einem Hammer, mit dir
von	von der Stadt, von dem Dach, von dir
zu	zu einem Fest, zu dieser Stunde, zu (einem Stück) Gold
bei	bei einem Freund, bei mir, bei den ersten Sonnenstrahlen
aus	aus blankem Neid, aus purem Gold, aus dem Haus
seit	seit diesem Ereignis, seit unserer Ankunft
	ab, nebst, nach, nächst, binnen, entsprechend, gegenüber, gemäß, nahe, zunächst, zuwider, entgegen, nebst, samt, laut, vis-à-vis, zuliebe

Präpositionen mit Genitiv	
oberhalb	oberhalb des Hauses, oberhalb der Kirche
innerhalb	innerhalb des Gebietes, innerhalb einer Woche
unterhalb	unterhalb des Flusses, unterhalb des Gipfels
abseits	abseits der Stadt, abseits des Weges
	außerhalb, halber, binnen, anfangs, angesichts, anstelle, auf Grund, ausgangs, außerhalb, beiderseits, bezüglich, diesseits, eingangs, hinsichtlich, infolge, inmitten, jenseits, kraft, längsseits, seitens, abzüglich, um . . . willen, ungeachtet, vermöge, von . . . wegen, zuzüglich, zugunsten, unweit

Präpositionen mit Genitiv gehören oft der bürokratischen Sprache an. Sie werden stilistisch als eher unschön bewertet: *seitens, behufs, betreffs, vorbehaltlich, mangels, unbeschadet, zwecks.*

Eine Reihe von Präpositionen regieren kontrastierend sowohl den Akkusativ als auch den Dativ. Mit Akkusativ haben sie direktionale Bedeutung (wohin?), mit Dativ hingegen positionale (wo?).

Wechselpräpositionen		
in	in der Uni (sein)	in die Uni (fahren)
an	am richtigen Ort (stehen)	an den richtigen Ort (kommen)
auf	auf dem Laufenden (sein)	auf die Brücke (gehen)
hinter	hinter dem Ofen (liegen)	hinter den Ofen (legen)
neben	neben dem Haus (wohnen)	neben das Haus (ziehen)
über	über der Brücke (lagern)	über die Brücke (rennen)
unter	unter der Brücke (schlafen)	unter die Brücke (fahren)
vor	vor dem Morgen (ankommen)	vor den Altar (treten)
zwischen	zwischen den Feiertagen	zwischen die Feiertage

abweichend	korrekt
Außerhalb die Stadt gibt es zwei Seen.	Außerhalb der Stadt gibt es zwei Seen.
Sie binden ihm ein Tuch vor den Augen.	Sie binden ihm ein Tuch vor die Augen.
Er tanzt von morgens bis in der Nacht.	Er tanzt von morgens bis in die Nacht.
Der Bankräuber stürmte in der Bank.	Der Bankräuber stürmte in die Bank.
Er fand den Nagel unter die Dose.	Er fand den Nagel unter der Dose.
Er geht direkt bei den schreienden Kind.	Er geht direkt zu dem schreienden Kind.

40 Wann verschmelzen Präposition und definiter Artikel?

Bestimmte Präpositionen verschmelzen mit Artikelformen im Dativ oder Akkusativ zu einer einzigen Wortform:

im ← in+dem, ins ← in+das, zum ← zu+dem, beim ← bei+dem

Verschmelzende Präpositionen sind einfache, kurze und besonders häufige wie *in, an, von, zu, bei, vor, hinter, über, unter, für, durch, auf, um.*

Wer geht noch zur Schule?

Das Kind läuft zur Großmutter.

Der Spaten lehnt am Gartenzaun.

Geh doch mal zum Zahnarzt!

Verschmolzen wird nur, wenn der Artikel unbetont ist. Das gilt, wenn der Schreiber einen bestimmten Gegenstand meint, den der Leser problemlos identifizieren kann oder dessen Identifikation als irrelevant zu sehen ist. Beim betonten, hinweisenden Artikel wird nicht verschmolzen:

abweichend	korrekt
~~In dem~~ Süden ist das Wetter angenehmer. Werden die Babys ~~von dem~~ Storch gebracht?	Im Süden ist das Wetter angenehmer. Werden die Babys vom Storch gebracht?

Sie arbeitet im Büro.

Sie arbeitet in dem Büro, das gerade renoviert wurde.

Sie geht zu dem Arzt, der sie schon behandelt hat.

Bei folgenden Präpositionen ist Verschmelzung recht geläufig.

	Formenbestand
m/ n, dat	am, beim, im, vom, zum, hinterm, überm, unterm
m, akk	hintern, übern, untern
n, akk	ans, aufs, durchs, fürs, hinters, ins, vors
f, dat	zur

In der Umgangssprache finden sich wesentlich mehr Verschmelzungsformen. Sie kommen mehr und mehr ins Schriftliche:

vors, hinterm, hinters, übers, unterm, unters, ums

Ganz sprechsprachlich (und mit Apostroph!) wären:

auf 'nem, auf 'ner, auf 'nen, auf 'ne, auf 'n, mit'ner, mit'nem

Verschmolzen wird im Einzelnen:

- bei **nominalisierten Infinitiven**:
  beim Essen sein, zum Tanzen gehen, Spaß am Lernen haben, im Sprechen begriffen sein, am Rauchen sein, beim Arbeiten essen, vom Schwimmen kommen, ins Stocken geraten, ans Kochen denken, sich aufs Ausruhen freuen

- bei **nominalisierten Adjektiven**:
  ins Reine schreiben, zum Erhabenen streben

- bei **Abstrakta und Stoffbezeichnungen**:
  im Vertrauen sagen, zur Treue neigen, im Wasser, ins Wasser, vom Alkohol

- bei **Unikaten und Eigennamen**:
  zum Mond fliegen, zur Sonne blicken, im Schwarzwald wandern, ins Fichtelgebirge reisen, am Rhein radeln, ans Schwarze Meer fahren, beim Papst feiern

- bei **Datums- und Zeitangaben**:
  am zwölften Juli, im April, in der Nacht vom 6. auf den 7. Mai, zum Sonntag

- bei **Klassenbezeichnungen**:
  die Entwicklung vom Einzeller zum Säugetier, die Entwicklung zur Wespe, die Zellteilung beim Menschen, die Ausbildung zum Künstler, der Erwerb der Sprachfähigkeit

- bei **festen Wendungen, Funktionsverbfügungen und Idiomen**:
  im Gegensatz zu, im Verlaufe von, zum Ausdruck bringen, zur Entfaltung kommen, zum Narren machen, ans Werk gehen, beim Wort nehmen, übers Herz bringen, ums Leben kommen, zur Warnung dienen, aufs Land fahren, hinters Licht führen, übers Knie brechen, vom Regen in die Traufe kommen, Hand aufs Herz, bis aufs Messer, jemanden übers Ohr hauen

41 Wie sind Präpositionen zu verwenden?

Präpositionen grenzen sich in ihren Bedeutungen gegeneinander ab. Es gibt systematische Zuordnungen, aber kein klar geschnittenes System. Denn jede Präposition hat eine Vielfalt von Verwendungen. Die gleiche Präposition kann also verschiedene inhaltliche Verhältnisse ausdrücken und außerdem kann das gleiche Verhältnis durch verschiedene Präpositionen ausgedrückt sein.
Viele Pärchen haben gegensätzliche Bedeutung:
　links vom Haus vs. rechts vom Haus
　in die Stadt vs. aus der Stadt
　innerhalb des Feldes vs. außerhalb des Feldes
　diesseits der Berge vs. jenseits der Berge
　westlich von Rom vs. östlich von Rom
　mit Kraft vs. ohne Kraft
　hinter dem/ das Haus vs. vor dem/ das Haus
　über der/ die Kiste vs. unter der/ die Kiste
Weil Präpositionen typische Verbindungswörter sind, entfalten sie ihre Bedeutung erst im Kontext. Man muss beachten, welche Bedeutung das Nomen hat und ob die Präposition selbst ihre normale Bedeutung hat.

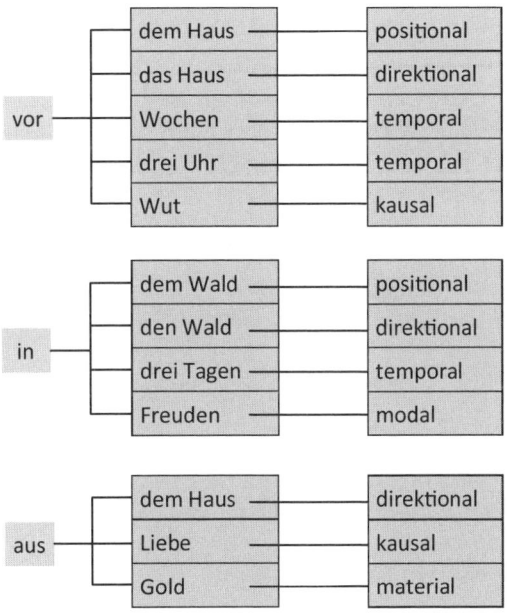

Typische Präpositionen bezeichnen räumliche Verhältnisse. Eine erste
Gruppe sind die positionalen. Sie antworten auf die Frage *wo?* und besagen, dass ein Gegenstand x sich an einer Stelle oder innerhalb eines Rau-
mes befindet:

bei	bei meinen Freunden, beim Hafen
in	in Augsburg, in der Schule, in dieser Unfallklinik
an	am Anfang, an der Mauer, am anderen Ende der Stadt
auf	auf der Brücke, auf dem Turm,
zu	zu Regensburg, zu Hause

Generell geben **lokale Präpositionen** eine Position oder Richtung zu
einer räumlichen Bezugsstelle an. Die Bezugsstelle kann mehrdimensio-
nal gedacht sein, eindimensional oder diffus.

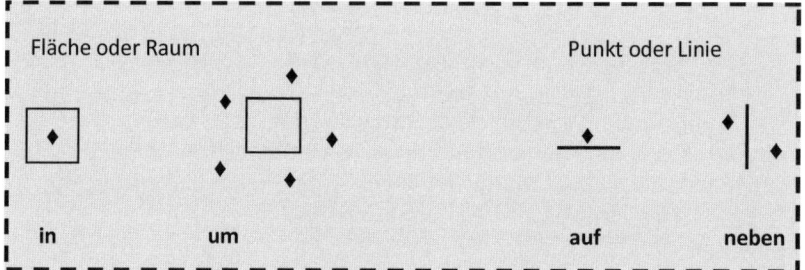

Bei diffusen Bezugsstellen spielt die Ausdehnung keine Rolle, sie sind
aber trotzdem ausgerichtet.

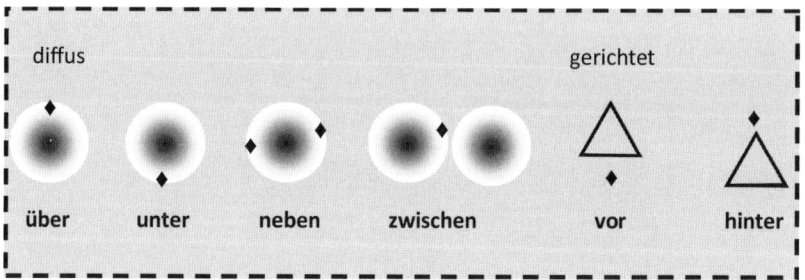

Weil *zwischen* nach seiner Bedeutung mindestens zwei Bezugspunkte
braucht, kann es nur pluralische oder gereihte Nominalphrasen regieren:
    Zwischen den Bäumen stand ein Haus.
    Zwischen dem Wald und dem Dorf verlief eine Straße.

Direktionale Präpositionen antworten auf die Fragen *wohin?* oder *woher?* und besagen, dass ein Gegenstand sich bewegt in Bezug auf einen andern. Einige Präpositionen werden positional wie auch direktional verwendet. Der Unterschied wird dann durch den regierten Kasus markiert.

an	an die Wand, an die Pforte
auf	auf das Dach, auf den Weg
bis	bis Mailand, bis zur Schillerstraße
in	in die Stadt, ins Kino
nach	nach Hause, nach Italien
von	von Landsberg, von meiner Tante
zu	zu mir, zu meinen Kameraden

Die Bedeutung direktionaler Präpositionen grob veranschaulicht.

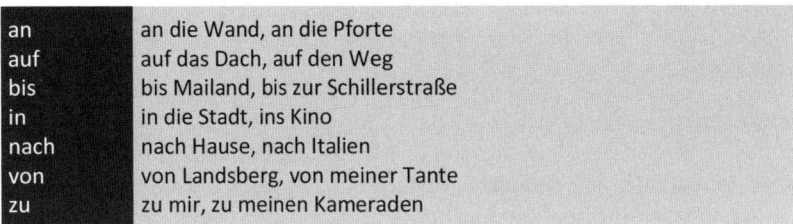

Bei diesen Verwendungen bezeichnet die regierte Nominalphrase eine diffuse Bezugsstelle, deren Ausdehnung keine Rolle spielt.

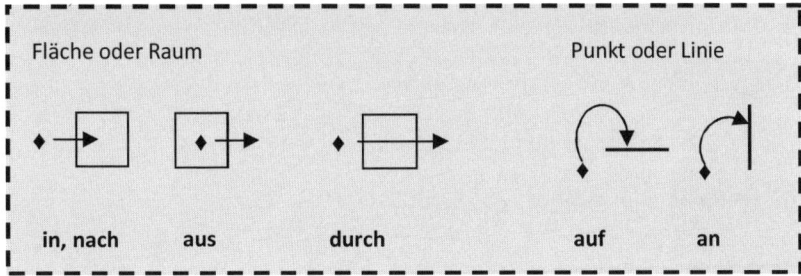

Vor Orts- und Ländernamen ohne Artikel kann das direktionale *in* nicht stehen. Hier heißt es *nach*:

Ich wohne in der Stadt/ in Rostock/ in der Türkei.

Ich fahre in die Stadt/ nach Rostock/ nach Italien.

Temporale Verwendungen von **Präpositionen** ruhen auf Metaphorik: Zeit wie Raum. Echte temporale Präpositionen gibt es nur wenige.

seit	seit vielen Jahren, seit seiner Geburt
während	während der Nacht, während des Essens
binnen	binnen einer Woche, binnen eines Jahres
zeit	zeit seines Lebens

Die meisten als temporal geführten Präpositionen sind aus räumlichen entstanden oder sind im Grunde räumliche. Wir sehen Zeit immer räumlich ausgedehnt, sprechen von Zeitraum, von kurzer Zeit usw. Darum lassen sich die meisten lokalen Präpositionen auch temporal verwenden. Ob sie lokal oder temporal zu verstehen sind, entnehmen wir dem Kontext. Besonders bei Nomen mit zeitlicher Bedeutung verstehen wir die Präposition temporal.

ab	ab Sonntag, ab dieser Woche, ab Februar
an	an meinem Geburtstag, am 14. Mai, an Ostern
auf	auf die Minute, auf den Abend
bis	bis nächsten Freitag, bis morgen, bis Weihnachten
in	in jenen Tagen, in dieser Stunde, in zehn Tagen
von	von gestern, von letzter Woche, von heute an
zu	zu dieser Stunde, zur verabredeten Zeit

Seit steht nur mit Verben, die ein andauerndes (duratives) Geschehen bezeichnen. Ein in sich abgeschlossenes Geschehen darf also nicht mit *seit* verbunden werden:

Wir wohnen da seit drei Jahren.

Wir sind am 1. Januar weggezogen (nicht: seit dem 1. Januar).

Ich weiß das seit jener Zeit.

Ich erfuhr es zu jener Zeit.

Hier bin ich seit letzter Woche.

Da war ich in der letzten Woche.

Es regnet seit Weihnachten.

Es regnete an Weihnachten.

Während bezeichnet nur die Gleichzeitigkeit, nicht die Zeitdauer:

Beethoven komponierte während seines ganzen Lebens.

Ich warte seit einer halben Stunde auf den Bus (nicht: während einer halben Stunde).

Seid ihr schon wieder am Lernen? **Seit** wieviel Stunden denn?

Kausale Präpositionen haben abstrakte Bedeutung, sie bezeichnen Ursachen und Motive. Wie sie jeweils zu verstehen sind, entnehmen wir dem Kontext.

Bezeichnung der natürlichen Ursache

wegen	wegen des schlechten Wetters (gab es Überschwemmungen)
vor	vor Schmerzen, vor lauter Angst, vor Sehnsucht, vor Hunger
aufgrund	aufgrund des trockenen Sommers (fiel die Ernte schlecht aus), aufgrund dieser Tatsache, aufgrund der Tollwutgefahr

Bezeichnung menschlicher Absichten, Motive und Intentionen

aus	aus Liebe, aus Sorge, aus Sehnsucht, aus Eifersucht, aus Stolz
wegen	wegen seiner Liebe
zu	zum Spaß, zur Erholung, zur Kur, zum Urlaub Machen, zum Spielen
zwecks	zwecks Einsicht in die Bücher, zwecks Begutachtung

Bezeichnung einer helfenden oder rechtfertigenden Instanz

dank	dank Gottes Hilfe, dank seiner Fähigkeiten
kraft	kraft Gesetzes, kraft ihres Amtes, kraft seiner Befehlsgewalt
laut	laut Gesetz, laut Aussage des Zeugen

Aufgrund sollte nicht mit *durch* und *nach* verwechselt werden. Es bezeichnet den Grund eines Vorgangs, nicht das Mittel:
Aufgrund der neuesten Erkenntnisse essen wir keine Innereien mehr.
Durch seine Vermittlung bekam ich die Stelle (weniger passend aufgrund seiner Vermittlung).
Dank sollte man nur mit positiver Einschätzung verwenden, sonst wirkt es ironisch:
Dank seiner Fehler, dank des Unfalls.

Modale Präpositionen bilden eine gemischte Gruppe. Sie bezeichnen abstrakte Beziehungen, die näheren Umstände und Bedingungen, Grad und Maß. Bisweilen schimmert die lokale Grundbedeutung durch.

Bezeichnung der Art und Weise

auf	auf diese Weise, auf deutsch
in	in großer Hast, in aller Seelenruhe
mit	mit größter Sorgfalt, mit großer Geschwindigkeit
ungeachtet	ungeachtet der Tatsache, dass ...

Bezeichnung des Mittels

durch	durch Feuer, durch einen Autounfall, durch Argumente
mit	mit einem Hammer, mit seiner Cleverness, mit Geld
mittels	mittels eines Werkzeugs, mittels Bestechung
vermöge	vermöge seines Reichtums, vermöge seines Rufs

Bezeichnung des Grades

für	für seine Verhältnisse, für ihr Vermögen
mit	mit Bravour, mit großem Erfolg, mit Schmackes
über	über alle Maßen, über dem Durchschnitt
unter	unter aller Kanone, unter seinem Niveau, unter aller Sau

Bezeichnung des Maßes

abzüglich	abzüglich aller Unkosten
außer	außer seinem Geld, außer seiner Gesundheit
bis auf	bis auf den letzten Heller, bis auf seine Fehler

Für einen Gegensatz

entgegen	entgegen unserer Meinung, entgegen der Vorhersage
zuwider	dem Verbote zuwider, der Anordnung zuwider
statt	statt eines Buches, statt Freude
trotz	trotz der tiefen Wunde, trotz meiner Armut
unbeschadet	unbeschadet seiner Gesundheit

Für eine Bedingung

bei	bei schönem Wetter, bei Regen
unter	unter diesen Bedingungen, unter Annahme von, unter Umständen

Für einen Bezug

betreffs	betreffs dieser Angelegenheit
bezüglich	bezüglich des Verfahrens, bezüglich Ihres Gehalts
gemäß	gemäß dieser Ansicht, seiner Herkunft gemäß
zufolge	seiner Version zufolge, dem Gerichtsurteil zufolge

Für eine Folge

auf hin	auf meinen Einwand hin, auf die Sendung hin
infolge	infolge des Streiks, infolge des Regens

42 Wohin und woher? Bei mir oder zu dir?

Die direktionalen Präpositionen stehen oft im Kontext von Verben und
Verbfügungen der Bewegung:
Sie geht heute in die Stadt einkaufen.
Viele Zuhörer schlendern nach draußen.
Sie eilen zu den Geschäften.
Ich werde mich gleich mal auf die Socken machen nach Bonn.

Ich gehe	
... aufs Postamt	... in die Stadt
... bis zum nächsten Dorf	... aufs Land
... hinters Haus	... zur Großmutter
... in die Schule	... unter die Leute
... nach Paris	... zum Bahnhof
... unter die Leute	... in den Bahnhof
... vors Haus	... nach Hause
... zu meiner Großmutter	... nach Frankreich
... zwischen die Beete	... in die Schweiz
Ich komme	
... aus der Schule	... vom Land
... aus dem nächsten Dorf	... von der Großmutter
... aus Paris	... von zu Hause
Ich fahre	
... nach China	... in den Sudan
... nach Mumbai	... ins Elsass
... in die Slowakei	... in die Alpen
... in die Vereinigten Staaten	... ins Engadin

Die passende Präposition wird gewählt nach der Kategorie des Nomens.
Wichtig ist auch die Frage nach dem Wohin und Woher.

Personenbezeichnungen	Gebäudebezeichnungen
Wir gehen	
... zur Großmutter	... zum Supermarkt
... zum Bäcker	... zur Sparkasse
... zu Herrn Müller	... ins Institut
... zu Tante Martha	... in die Sparkasse
	... ins Museum

43 Wie werden Adjektive dekliniert?

Das attributive Adjektiv hat unterschiedliche Deklinationsformen:
- nach den drei Genera (variables Genus),
- nach den vier Kasus,
- nach den zwei Numeri.

Es gibt für jedes Adjektiv zwei Deklinationen: die schwache Deklination und die starke Deklination. Die schwache Adjektivdeklination hat fast dieselben Endungen wie Nomen der n-Deklination. Sie unterscheidet die Formen kaum, zum Beispiel lauten im Plural alle Formen gleich.

Schwache Deklination

m, f, n	sg		pl	
nom	der	Mann	die	Männer
	die gute	Frau	die guten	Frauen
	das	Kind	die	Kinder
gen	des	Mannes	der	Männer
	der guten	Frau	der guten	Frauen
	des	Kindes	der	Kinder
dat	der	Mann	den	Männern
	die guten	Frau	den guten	Frauen
	das	Kind	den	Kindern
akk	den guten	Mann	die	Männer
	die gute	Frau	die guten	Frauen
	das gute	Kind	die	Kinder

Starke Deklination

m, f, n	sg		pl	
nom	der	Mann	die	Männer
	die gute	Frau	die guten	Frauen
	das	Kind	die	Kinder
gen	des	Mannes	der	Männer
	der guten	Frau	der guten	Frauen
	des	Kindes	der	Kinder
dat	der	Mann	den	Männern
	die guten	Frau	den guten	Frauen
	das	Kind	den	Kindern
akk	den guten	Mann	die	Männer
	die gute	Frau	die guten	Frauen
	das gute	Kind	die	Kinder

Attributive Adjektive werden schwach dekliniert nach einem deklinierten Artikelwort, stark, wenn kein stark deklinierter Artikel vorangeht. Mehrere Adjektive vor einem Nomen werden parallel dekliniert.

schwach	stark
die langen, blonden Haare	ein heißer, starker, süßer Kaffee
alle starken, deutschen Adjektive	auf heißem, weißem Sandstrand
	Weisungen strenger, alter Großväter

Ein Adjektiv, das ein anderes modifiziert, wird nicht dekliniert. Beziehen sich aber beide auf das Nomen, werden die Adjektive parallel dekliniert.

modifizierend	parallel
ein scheußlich kalter Wind	ein scheußlicher, kalter Wind
ein gähnend langweiliger Mensch	ein gähnender, langweiliger Mensch

Die beiden Konstruktionsarten haben unterschiedliche Bedeutung. In *scheußlich kalt* wird *kalt* durch *scheußlich* näher bestimmt, in *scheußlicher, kalter Wind* wird vom Wind gesagt, dass er scheußlich ist.
Ordnungszahlwörter werden wie andere attributive Adjektive dekliniert:
das erste/ zweite/ dritte Mal, der ersten/ zweiten/ dritten Art, am dreiundzwanzigsten Mai
Grundzahlwörter werden normalerweise nicht dekliniert:
nach dreiundzwanzig Tagen und drei misslungenen Versuchen
Zur Verdeutlichung des Kasus können die Zahlwörter *zwei* und *drei* dekliniert werden, besonders um den Genitiv deutlich zu markieren:
wegen zweier Fehler, das Treffen zweier Giganten
die Fußballschuhe dreier Spieler, beim Besuch dreier Verwandter

Einige Adjektive sind formenscheu. Sie werden nicht dekliniert und lassen sich auch nicht steigern:
ein lila Kleid, eine prima Wurst; er war nicht schuld
Hierzu gehören besonders einige entlehnte Farbadjektive:
rosa, orange, beige, bleu, creme, oliv
Umgangssprachlich werden solche Adjektive aber öfter doch dekliniert:
ein beiger Rock, ein rosanes Kleid, ein oranges/ orangenes Blüschen,
ein fitter Sportler, ein kaputte Uhr
In der Schriftsprache gibt es Auswege:
ein lilafarbenes Röckchen, eine olivgrüne Uhr, heller orange

44 Wie werden nominalisierte Adjektive dekliniert?

Als Nomen verwendete Adjektive werden groß geschrieben.
> In der Liga hoffen die Kleinen, den Großen ein Bein zu stellen.

Ein Nomen ist jeweils ausgelassen und wird mitverstanden.
> Coco Chanel schuf das kleine Schwarze. (Kleid)
> Ein Deutscher tut so etwas angeblich nicht. (Mensch)
> Meine Verwandte ist ständig auf Reisen. (Frau)
> Am liebsten möchte ich ein Helles. (Bier)
> Der Verletzte atmete nur noch schwach. (Mensch)
> Die Nächste bitte. (Kundin)
> ein Halbstarker (Junge), die Fünfte (Symphonie), Gehacktes (Fleisch)

Die Neutra werden als Massenomen verstanden:
> das Schöne, das Gute und das Wahre, etwas Schönes, alles Gute

Nominalisierte Adjektive werden wie Nomen von einem Artikel oder einem Attribut begleitet. Sie bilden normale Nominalphrasen.
> definiter Artikel: der Kleine, die Diagonale, das Dunkle
> indefiniter Artikel: ein Großer, eine Charmante, ein Helles
> Demonstrativartikel: jener Abgeordnete, diese Unbekannte
> Attribut: dieser arme Kranke, mein armer Kranker

Nominalisierte Adjektive werden adjektivisch dekliniert. Insbesondere variieren starke und schwache Deklination:
> der Kleine → ein Kleiner
> des Kleinen → eines Kleinen
> dem Kleinen → einem Kleinen
> den Kleinen → einen Kleinen

Auch werden sie adjektivtypisch gesteigert:
> Sie wollte immer die Spontanste, Feschste und Frechste, Charmanteste und Attraktivste sein.
> Der Klügere gibt nach.

Zudem bleibt das Genus nominalisierter Adjektive variabel: Es gibt jeweils maskuline, feminine und neutrale Formen.
> Und da machen die Schöne und der Schöne gemeinsame Sache.
> Die Nacht hat den Vorteil, dass sie das Hässliche verhüllt und das Schöne noch schöner erscheinen lässt.
> der/ die Angestellte, der/ die Auszubildende, der/ die Abgeordnete

45 Wie steigert man Adjektive?

Adjektive werden in der Komparation gesteigert. Neben der Grundform gibt es Steigerungs- oder Vergleichsformen.
1. Positiv: *schnell, der schnelle Läufer*
2. Komparativ: *schneller, der schnellere Läufer*
3. Superlativ: *am schnellsten, der schnellste Läufer*
Holz ist schwer. → Stein ist schwerer als Holz. → Stahl ist schwerer als Stein.
Die nicht-attributive Form wird mit *am* + *-sten* gebildet.
Stahl ist am schwersten.
Der Komparativ wird regelmäßig gebildet mit der Endung *-er*, der Superlativ mit *-(e)st*. In manchen einsilbigen Adjektiven wird zusätzlich der Stammvokal umgelautet.

Positiv	Komparativ	Superlativ
dick	dicker	dickst-/ am dicksten
alt	älter	ältest-/ am ältesten
grob	gröber	gröbst-/ am gröbsten
jung	jünger	jüngst-/ am jüngsten

Einige frequente Adjektive haben unregelmäßige Vergleichsformen.

Positiv	Komparativ	Superlativ
gut	besser	am besten
viel	mehr	am meisten
hoch	höher	am höchsten
nahe	näher	am nächsten

Bei Adjektiven auf *-el* fällt im Komparativ das *e* aus (Doppel-Schwa-Regel):
    dunkel → dunkler → am dunkelsten
    eitel → eitler → am eitelsten
    heikel → heikler → am heikelsten
Das *e* fällt auch weg bei *-er*, wenn der Endung ein Diphthong vorausgeht:
    teuer → teurer → teuerste   sauer → saurer → sauerste
Die übrigen Adjektive auf *-er* und die auf *-en* haben Doppelformen:
    bescheiden → bescheidener/ bescheidner → bescheidenste
    trocken → trockener/ trockner → trockenste

Adjektive, die attributiv verwendbar sind, können grundsätzlich gesteigert werden. Partizipien werden nur gesteigert, wenn sie schon als Adjektiv eingebürgert sind: *das bewährteste Mittel.*
Zusammengesetzte Adjektive können wie normale Adjektive im zweiten Teil gesteigert werden:

>   altmodisch – altmodischer – altmodischst
>   langweilig – langweiliger – langweiligst
>   glaubwürdig – glaubwürdiger – glaubwürdigst

Bei zusammengesetzten Partizipien wird der erste oder der zweite Teil gesteigert. Das gilt aber nur für etablierte:

>   weitreichendere Maßnahmen vs. weiterreichende Maßnahmen
>   die besserbezahlte Stelle

Zusammengesetzte Adjektive mit einem gesteigerten Teil sollte man nicht steigern:

>   bestmöglich, erstklassig, größtmöglich, meistbietend
>   ~~bestbewährtest, bestmöglichst, erstklassigst~~

Eine Reihe von attributiven Adjektiven sind schon nach ihrer Bedeutung oder nach ihrer Form gesteigert:

>   optimal, maximal, extrem, zentral, absolut, ideal, total
>   einzig, letzt, ganz, völlig, hauptsächlich, ausschließlich

Wenig Sinn macht die Steigerung bei:

>   hölzern, golden, eisern; kinderlos, einwandfrei, unverheiratet, leer, voll; endgültig, viereckig, schriftlich, chemisch, grün, schwarz, weiß, blau; rosa, prima, orange, schuld (nur prädikativ gebraucht); liegend, stehend, gelegen, bietend; stumm, tot, nackt; steinreich, schneeweiß, nagelneu, grundfalsch, uralt

Aber auch in diesen Fällen kann Steigerung sinnvoll sein:

>   Sie haben mein vollstes Vertrauen.
>   Fred ist noch hölzerner als sein Vater.
>   So ist es im wahrsten Sinne des Wortes.

Beim Vergleichen mit dem Komparativ wird *als* verwendet:

>   Der eine ist bekannter als der andre.
>   Stahl ist härter als Holz.
>   anders als, niemand als, keiner als, nichts als, umgekehrt als, auf andre Weise als

Umgangssprachlich wird hier häufig *wie* verwendet:

>   Der ist viel dicker wie ich.
>   Ich mache es umgekehrt wie du.

46 Was sind Begleiter, was Ersetzer?

Artikel und Pronomen werden in klassischen Grammatiken teils semantisch, teils grammatisch definiert. Rein grammatisch sind zwei Kategorien zu unterscheiden.

- Artikelwörter sind Begleiter von Nomen. Sie eröffnen die Nominalphrase.
- Ersetzer sind Pronomen, die selbst den Kern einer Nominalphrase
bilden.

Die Grafik zeigt die zugehörigen Kategorien, links die Begleiter.

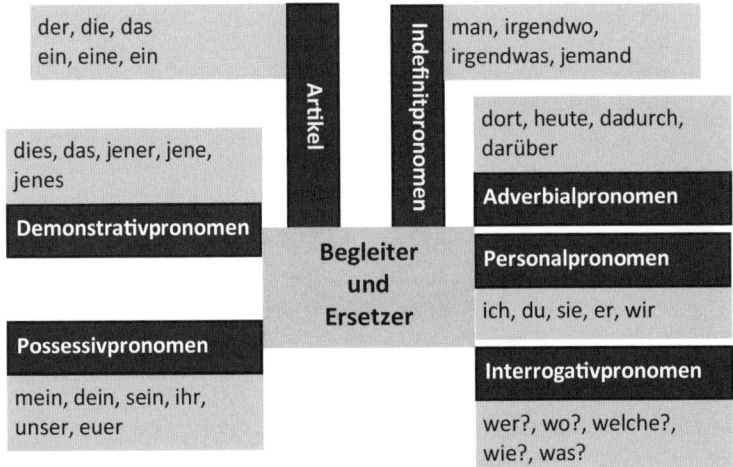

Artikelwörter besetzen die Position vor dem Nomen. Sie variieren nach
ihrer Bedeutung.

$$\left.\begin{array}{l} \text{Ein} \\ \text{Unser} \\ \text{Dieses} \\ \text{Kein} \\ \text{Welches} \end{array}\right\}\ \text{Smartphone ist eine feine Sache.}$$

Artikelwörter verdeutlichen die oft undeutliche Nomendeklination. So
erkennt man Genus, Kasus, Numerus oft besser am Artikelwort.

Genusanzeiger: die Leiter ↔ der Leiter

Kasusanzeiger: die Autos ↔ der Autos

Numerusanzeiger: das Mädchen ↔ die Mädchen

Artikelwörter bereiten das Nomen für die konkrete Verwendung vor. Sie sagen etwas über die Bekanntheit, die Anzahl, die Zugehörigkeit, die Bestimmtheit von Gegenständen, die mit dem Nomen benannt werden. Die typischen Artikelwörter sind der definite Artikel *der, die, das* und der indefinite Artikel *ein, eine, ein.*

Jedes Wackeln, dieses Grün, mein Ich

Artikelwörter werden dekliniert nach Genus, nach Kasus, nach Numerus. Typisches Beispiel ist das Demonstrativpronomen *dieser*. Seine Deklination entspricht der starken Adjektivdeklination.

	Singular			Plural
	maskulin	neutrum	feminin	
Nominativ	dies**er** Mann	dies**es** Kind	dies**e** Frau	dies**e** Frauen
Akkusativ	dies**en** Mann	dies**es** Kind	dies**e** Frau	dies**e** Männer
Dativ	dies**em** Mann	dies**em** Kind	dies**er** Frau	dies**en** Kindern
Genitiv	dies**es** Mannes	dies**es** Kindes	dies**er** Frau	dies**er** Frauen

Die einzelnen Formen sind nicht eindeutig. So lauten Nominativ und Akkusativ oft gleich; im Plural ist das Genus nicht unterschieden. Erst alle grammatischen Kennzeichen der Nominalphrase zusammen schaffen einigermaßen klare Verhältnisse.

Der definite Artikel hat verschiedene Formen mit den typischen Artikel-Endungen. Diese Endungen sind mit dem Stamm verschmolzen.

	Singular			Plural
	maskulin	neutrum	feminin	
Nominativ	der Mann	das Kind	die Frau	die Frauen
Akkusativ	den Mann	das Kind	die Frau	die Männer
Dativ	dem Mann	dem Kind	der Frau	den Kindern
Genitiv	des Mannes	des Kindes	der Frau	der Frauen

Der indefinite Artikel hat im Singular endungslose Formen.

	Singular			Plural
	maskulin	neutrum	feminin	
Nominativ	ein Mann	ein Kind	eine Frau	- - Frauen
Akkusativ	einen Mann	ein Kind	eine Frau	- - Männer
Dativ	einem Mann	einem Kind	einer Frau	- - Kindern
Genitiv	eines Mannes	eines Kindes	einer Frau	- - Frauen

Das gleiche gilt für weitere Begleiter.

	Singular			Plural
	maskulin	neutrum	feminin	
Nominativ	ein Mann kein sein	ein Kind kein mein	eine Frau keine deine	- - Männer keine Kinder ihre Frauen
Akkusativ	einen Mann keinen seinen	ein Kind kein sein	eine Frau keine seine	- - Männer keine Kinder deine Frauen
Dativ	einem Mann keinem seinem	einem Kind keinem ihrem	einer Frau keiner meiner	- - Männern keinen Kindern jenen Frauen
Genitiv	eines Mannes keines meines	eines Kindes keines seines	einer Frau keiner deiner	(- - Männer) meiner Kinder aller Frauen

Eine Besonderheit dieser Artikeldeklination ist zu beachten:
Ist das Nomen weggelassen, kommt die normale Artikel-Endung wieder zum Vorschein:

Sie haben ein Kind. Wir haben auch eines.

Die Demonstrativpronomen *derjenige, diejenige, dasjenige* und *derselbe, dieselbe, dasselbe* sind zusammengesetzt. Sie werden auch zusammenge-schrieben, bestehen im Grund aber aus Artikel + Adjektiv und werden entsprechend auch an zwei Stellen dekliniert:

desjenigen, demjenigen, derselben, denselben

47 Wie gebraucht man den definiten Artikel?

Der definite Artikel wird für bestimmte, vom Adressaten identifizierbare Gegenstände verwendet. Er kennzeichnet einen Gegenstand, der bekannt ist, in der Sprechsituation vorhanden oder im Text eingeführt wird. Er kann der Wiederaufnahme durch verwandte Nomen bezeichnet werden.

> Es war einmal ein König. Eines Tages ging **der** König ...
> Gestern ereignete sich ein Unfall. An dem Unfall waren ein Personenauto und eine Straßenbahn beteiligt. **Der PKW** ...
> An dem Unfall war ein PKW beteiligt. **Das Auto** wurde beschädigt.
> An dem Unfall war ein PKW beteiligt. **Der Renault** wurde beschädigt.

> **Der Gegenstand wird durch Attribute identifizierbar.**
>
> Goethe ist der bedeutendste Dichter der deutschen Klassik.
> Gib mir doch bitte mal den Schlüssel zum Tresor.
> Gib mir doch bitte mal den Schlüssel, der auf dem Tisch liegt.

> **Der Gegenstand existiert in unserer Welt nur einmal.**
>
> die Sonne, die Erde, der Himmel, das Universum, der Äquator, der Nordpol
> der Schwarzwald, die Zugspitze, der Genfer See, der Rhein, die Elbe
> der Dresdner Zwinger, der Kölner Dom, die Chinesische Mauer
> der Deutsche Bundestag, die UNO, der Papst, die Mona Lisa
> die Menschheit, die Weltbevölkerung, das Mittelalter, die Renaissance
> die Völkerschlacht bei Leipzig, der Dreißigjährige Krieg, der Islam, das Christentum

> **Der Gegenstand kommt in einem gesetzten Bezugsrahmen oder in der unmittelbaren Umgebung der Gesprächspartner nur einmal vor.**
>
> Monika wäscht sich das Gesicht.
> Sei vorsichtig, sonst wirfst du die Vase um.
> Hans geht in die Küche. (In Wohnungen gibt es gewöhnlich nur eine Küche)
> Ich habe in der Schule nach dem Hausmeister gefragt.
> Gestern waren wir auf einer Hochzeit. Die Braut soll früher in einem Nachtclub gearbeitet haben. (Auf Hochzeiten gibt es gewöhnlich nur eine Braut.)

Der definite Artikel kann verallgemeinern. Er kennzeichnet dann nicht einen einzelnen Gegenstand der Gattung, sondern die ganze Gattung.

Der Löwe frisst kaum Gras, der Löwe ist ein Raubtier.

Der Mensch ist sterblich.

Die Tanne ist ein Nadelbaum. (Die Tannen sind Nadelbäume.)

Der Gegenstand bezeichnet den Gegenstandstyp im Singular.

in der Nacht/ am Tag, ins Theater/ ins Konzert gehen

bei der Bahn/ Post/ Zeitung arbeiten

die Realschule/ das Gymnasium/ die Universität besuchen

aufs Land/ an die See fahren, auf den Sportplatz/ ins Bett gehen

mit der Straßenbahn/ dem Bus/ dem Taxi/ dem Rad fahren

etwas in der Zeitung lesen/ im Radio hören

Der bestimmte Artikel steht in bestimmten Konstruktionen.

Im 20 Jahrhundert, im Juni des Jahres 1995

Am (kommenden/ vergangenen) Montag, des Morgens, des Abends, des Nachts

In der Nacht, am Tag, am Montag, den 13. Februar

Es war der 9. November 1918, er ist am 9. November 1938 geboren

Die Zwiebeln kosten 80 Euro die hundert Kilo.

Wir sind 110 Kilometer die Stunde gefahren.

Das Warten macht mich ganz nervös.

zum Stehen kommen, ins Wanken geraten, zur Anwendung bringen

den Tod finden, der Klärung bedürfen, etwas/ jemandem den Vorzug geben

Einige Phraseologismen enthalten Verschmelzungen von Präposition und bestimmtem Artikel.

im Dunkeln tappen, ans Licht kommen

mit dem Feuer spielen, auf der Hand liegen

die Kastanien aus dem Feuer holen, die Katze aus dem Sack lassen,

die Augen vor etwas verschließen, die Karten offen auf den Tisch legen,

den Kopf verlieren, die Nerven verlieren

sich etwas in den Kopf setzen, sich an den Kopf fassen

jmd. etwas ans Herz legen, den Stier bei den Hörnern packen,

jmd. an der Nase herumführen, jmd. im Wege stehen/ beim Wort nehmen

die erste Geige spielen, im siebten Himmel sein, die Dinge beim Namen nennen

48 Wie gebraucht man den indefiniten Artikel?

Die Verwendung des indefiniten Artikels bedeutet, dass es sich um genau einen Gegenstand handelt. *Ein* war ja ein Zahlwort. Deshalb gibt es hier keinen Plural. Grundvoraussetzung ist, dass es mehrere Gegenstände dieser Art gibt.

Will man von mehreren Gegenständen unbestimmt sprechen, so lässt man einfach das Artikelwort weg:

ein Fahrrad → Fahrräder, eine Tüte → Tüten

> Der indefinite Artikel kennzeichnet einen Gegenstand, der noch unbekannt ist oder gerade im Text eingeführt werden soll.
> Im Plural steht unter gleichen Bedingungen kein Artikel (oder *einige, etliche, mehrere, ein paar*)

Es war einmal eine Prinzessin. Sie war wunderschön.
Am vergangenen Montag kam es in der Bahnhofstraße zu einem Verkehrsunfall.
An dem Unfall waren ein Pkw und eine Straßenbahn beteiligt.
Am vergangenen Montag kam es in der Bahnhofstraße zu (mehreren) Verkehrsunfällen.
An den Unfällen waren (etliche) Pkws und auch eine Straßenbahn beteiligt.

> Der Gegenstand kann für Sprecher und Hörer unbestimmt sein. Vielleicht ist er nicht vorhanden oder existiert (noch) nicht.
> Im Plural steht kein Artikel.

Ein junger Mann hat nach Ihnen gefragt. Ich weiß aber nicht, wer er ist und was er wollte.
Vielleicht gehe ich nachher noch in eine Kneipe und trinke ein Bier.
Ein unbekannter Bankräuber hat gestern die Filiale der Dresdner Bank überfallen.
Gibt es hier in der Nähe eine Telefonzelle?
Gibt es hier Sehenswürdigkeiten?

> Der indefinite Artikel signalisiert, dass die Identifizierung des Gegenstands momentan nicht relevant ist.

Gestern war ich noch kurz in einer Kneipe und habe ein Bier getrunken. Danach bin ich aber gleich nach Hause.

Der indefinite Artikel kann auch verallgemeinern. Die Äußerung trifft auf jeden einzelnen der Gegenstände einer Gattung zu.
Vor allem in klischeehaften Verallgemeinerungen und wenn Eigennamen als Appellativa gebraucht werden. Aber auch in Klassifizierungen.

Ein Junge weint nicht.
Ein Vater muss auch streng sein können.
Die/ eine Tanne ist ein Nadelbaum.
Dieses Wort ist ein Substantiv.
Sie ist eine ausgezeichnete Köchin.
Mein neuer Wagen ist ein Diesel. Er verbraucht ziemlich wenig.
Magst du eine Havanna? Oder rauchst du nicht mehr?

Der indefinite Artikel in Qualifizierungen ohne oder mit Attribut bewirkt eine emotionale Komponente.

Donnerwetter, hat der ein Tempo drauf!
Mensch, hat der (aber) einen Hunger!
Was für ein Bier!
Mannomann, ist das eine Stadt!

Konstruktionsabhängige Verwendungen des indefiniten Artikels

War Walther ein größerer Dichter als Grass? (vor Adjektiv im Komparativ)
Er sprach mit einer Schnelligkeit, dass man ihm kaum folgen konnte.
einen Besuch abstatten
einen Beitrag zu etwas leisten
eine Vorliebe für etwas haben
aus einer Mücke einen Elefanten machen
eine gute Nase für etwas haben
Hunger haben wie ein Wolf
arm sein wie eine Kirchenmaus
Früh übt sich, was ein Meister werden will.
Da beißt keine Maus einen Faden ab.

49 Wann steht kein Artikel?

1. Kein Artikel steht, wenn man von mehreren Gegenständen unbestimmt sprechen will. Die Nomen stehen im Plural.

Wir schenken ihr Blumen.   Das sind Kollegen von mir.
Häuser kosten heutzutage viel Geld.
Generisch:
Quadrate sind Vierecke.   Wale sind Säugetiere.

2. Kein Artikel steht bei einigen Abstrakta und bei Stoffnamen.

Ostern verbringen wir im Harz, Weihnachten bleiben wir zu Hause.
Javier lernt Deutsch. Aber: Er übersetzt aus dem Polnischen ins Deutsche.
Stefan hat in Mathematik schon wieder eine Fünf.
Er möchte unbedingt Medizin studieren.
Der Mensch braucht Nahrung, Kleidung und Unterkunft.

Der fehlende Artikel kann hier durch *etwas, viel, wenig* ersetzt werden.
Auch exakte Mengen- und Maßangaben sind möglich: *200g Käse*
Aber individualisiert, wenn man ein Bestimmtes meint:
  Das Salz hier ist feucht.   Die Milch ist sauer.
  Das Brot schmeckt gut
  Auf dem Fußboden lagen irgendwelche Zeitungen.

3. Kein Artikel steht meistens bei Eigennamen, sowohl bei geographischen Namen wie bei Personennamen.

Afrika, Amerika, Asien, Australien, Europa
Bolivien, Dänemark, Frankreich, Finnland, Griechenland, Holland, Israel,
Italien, Kuba, Mauritius, Österreich, Portugal, Schweden, Vietnam, Zypern,
Alaska, Sibirien, Oberbayern, Borneo, Korsika, Kreta, Rügen, Helgoland,
Leipzig, Schwerin, Rio de Janeiro, Rom, Rommershausen
Personennamen
Peter wohnt in Leipzig
Darüber hat sich schon Goethe geäußert
Da kommt Monika Müller.   Wo ist Gisela?
Frau Müller, Kollegin Müller, Frau Kollegin Müller
Dr. Meier, Herr / Frau Dr. Meier
Oberstudienrätin Meier, Oberst von Wolzogen

4. Der Artikel fehlt in bestimmten Konstruktionen, Funktionsverfügungen und festen Wendungen.

Er ist Schlosser.   Mein Bruder wird Lehrer.
Peter hat blaue Augen.   Monika hat schöne weiße Zähne.
Fußball/ Schach/ Skat spielen
Englisch lernen, sprechen, verstehen
etwas unter Beweis stellen, etwas zur Kenntnis nehmen
über etwas Bescheid wissen, Einfluss nehmen auf jemanden
Stellung zu etwas nehmen, Zweifel an etwas haben/ hegen
in Not geraten, etwas zu Ende bringen/ führen

5. Kein Artikel steht in vielen Zeitangaben und modalen Angaben.

bis (kommenden) Dienstag, Anfang nächster Woche, Ende dieses Jahres
um acht Uhr, so gegen sechs
bei Tagesanbruch, bei Tag, bei Nacht, bei Abfahrt des Zuges
gegen Mittag, gegen Morgen, gegen Ende des Jahres
nach Mitternacht/ Feierabend/ Tisch/ Weihnachten
auf Erdölbasis/ Kredit/ Rechnung/ Staatskosten
in Öl malen, in Druckschrift schreiben
mit Hut/ Krawatte/ Brille
mit lauter Stimme, mit hoher Geschwindigkeit

6. In manchen Textsorten (SMS, Telegramme, Formulare, Tabellen, Schlagzeilen und Ähnliches) fehlen Artikel, um Kürze zu erreichen.

Konferenz verschoben. Neuer Termin folgt.
Hatte komischen Traum. Erbitte Anruf.
Name: Müller   Vorname: Herbert
Wohnort: Heidelberg   Straße: Kastanienallee 13

Hallöchen! Ferien voll coolecht schade, dass sie bald wieder zu Ende! Sz hdgdl Deine Susi
KLEINER SÜßER SCHMUSETIGER SCHAU GANZ LIEB ZU MIR HERÜBER GIB HEUT AUF MICH DOLLE ACHT WÜNSCH DIR EINE GUTE NACHT!
hab prüfung bestanden!!! wiso 81, integ. 71 und Kernq. 84!!! michi

50 Wann steht ein Artikel bei Eigennamen?

1. Manche Eigennamen, manche geographischen Namen und Namen der meisten Feiertage haben festen Artikel.

der Iran, der Irak, der Kongo, der Libanon
die Schweiz, die Ukraine, die Bundesrepublik Deutschland
Plural: die Kapverden, die Niederlande, die USA
das Elsass, das Rheinland, das Vogtland, das Wallis
der Ostersonntag, der Heilige Abend, der Karfreitag

2. Der indefinite Artikel steht bei Eigennamen,

- wenn sie wie Appellativa (Gattungsnamen) gebraucht werden.

Kannst du eine Sonne malen?
Seidlers besitzen einen zwölfbändigen Brockhaus.
In der Galerie ist ein echter Rubens zu sehen.
Meiers haben jetzt auch einen Mercedes.

- wenn sie für mehrere Gegenstände stehen können und einer von ihnen nicht identifiziert oder genannt werden soll.

In Leipzig gibt es auch eine Talstraße.
Bei uns arbeitet auch eine Maria Hölldobler.

- wenn sie durch ein Attribut oder einen Nebensatz das Merkmal „nicht-identifiziert" erhalten.

In dieser Spielzeit wird ein erstklassiger Faust gegeben
Durch den Roman hat er ein anderes Prag kennengelernt.

- wenn sie partiell exemplarisch gebraucht werden.

Nicht jeder schreibt wie ein Goethe.
Sie benimmt sich wie eine Xantippe.

- wenn man seine Unkenntnis über den Träger eines Namens hervorheben will.

Da hat eine (gewisse) Monika nach dir gefragt.
Arbeitet bei Ihnen ein (gewisser) Max Hohlbein?

51 Wie dekliniert man Personalpronomen?

Personalpronomen werden nach den vier Kasus dekliniert.

Deklination der Personalpronomen

Numerus Kasus	Singular			Plural
1. Person				
Nominativ	ich			wir
Akkusativ	mich			uns
Dativ	mir			uns
Genitiv	meiner (selten)			unser (selten)
2. Person				
Nominativ	du			ihr
Akkusativ	dich			euch
Dativ	dir			euch
Genitiv	deiner (selten)			euer (selten)
3. Person				
Genus	maskulin	neutrum	feminin	
Nominativ	er	es	sie	sie
Akkusativ	ihn	es	sie	sie
Dativ	ihm	ihm	ihr	ihnen
Genitiv	seiner (selten)	seiner (selten)	ihrer (selten)	ihrer (selten)

Das Paradigma zeigt folgende Besonderheiten:
- Es gibt für Singular und Plural eigene Wörter.
- Bei einigen lauten Kasus gleich, besonders Akkusativ und Dativ.

Nach Präpositionen werden manche Formen bisweilen vermieden. Der Akkusativ *es* wird ersetzt, die Genitivformen sind generell selten. Attributiv können auch die Personalpronomen Ersatz leisten.

Ich gehe ins Wasser. Gehst du auch in ~~es/~~ hinein?
Ich tu das nicht wegen ~~deiner.~~ → Ich tu das nicht deintetwegen.
Die Ansichten Rainers/ ~~ihrer~~ → Rainers/ ihre Ansichten

52 Was sind genussensible Pronomen?

Ein Thema der Sexismusdiskussion sind die Personalpronomen *er, sie, es*.
Im Prinzip sind sie rückbezüglich: Sie richten sich im Genus nach einem
Nomen, das sie aufnehmen:
　　Lies bitte den Text hier. Er könnte dir weiterhelfen.
Aber kontextlos oder in größerer Entfernung zum Bezugsnomen werden
sie oft sexusspezifisch verstanden.

Rein genusssensibel sind Relativpronomen und Possessivpronomen.
Relativpronomen sind hervorgehoben in diesen Beispielen:
　　Hier siehst du die kleine Katze, **die** wir so gern haben.
　　Der Tempel, **dessen** Ausgrabung solches Aufsehen erregt hat, wird
　　fürs Publikum geöffnet.
　　Verlierer, **welche** die Niederlage wegstecken, werden zu Siegern.
Relativpronomen leiten einen Relativsatz ein und haben immer ein Be-
zugswort im Matrixsatz. Im Bezug kann man Fehler machen.
　　Keiner kennt alle, die/ welche ihn kennen.

abweichend	korrekt
die Sahne, ~~dessen~~ Haltbarkeit …	die Sahne, deren Haltbarkeit …
das Haus, ~~deren~~ Alter …	das Haus, dessen Alter …

Das Relativpronomen kann im Relativsatz Satzglied oder Attribut sein:
　　Siehst du das Haus, das (Subjekt) da drüben steht?
　　Es ist das Haus, dessen (Attribut) Dach wir erneuern.

In Dialekten gibt es *wo* als Relativpronomen für alle Formen von *der/
die/ das*. Schriftsprachlich ist dies ein grober Schnitzer:
　　Der Schlüssel, wo du gefunden hast, passt nicht.

Possessivpronomen werden dekliniert nach Genus, Kasus, Numerus.
Sie haben einen inhaltlichen Bezug; sie variieren je nach Genus des vo-
rangehenden Personalpronomens oder Nomens:
　　Ich habe die Prüfung abgelegt. **Meine** Note kann sich sehen lassen.
　　Du hast die Prüfung abgelegt. **Deine** Note kann sich sehen lassen.
　　Wir haben die Prüfung abgelegt. **Unsere** Note lässt sich sehen.
　　Ihr habt die Prüfung abgelegt. **Eure** Note kann sich sehen lassen.
　　Der Komet war noch zu sehen. Jetzt verliert sich **seine** Spur.
　　Die junge Dame wurde gestern gesehen. Nun verliert sich **ihre** Spur.
　　Das Tier wurde gestern noch gesehen. Jetzt verliert sich **seine** Spur.

53 Welche Funktionswörter sind mehrdeutig?

Funktionswörter nehmen grammatische Funktionen wahr. Viele haben mehrere Funktionen. Für das Verständnis sind sie zu unterscheiden.

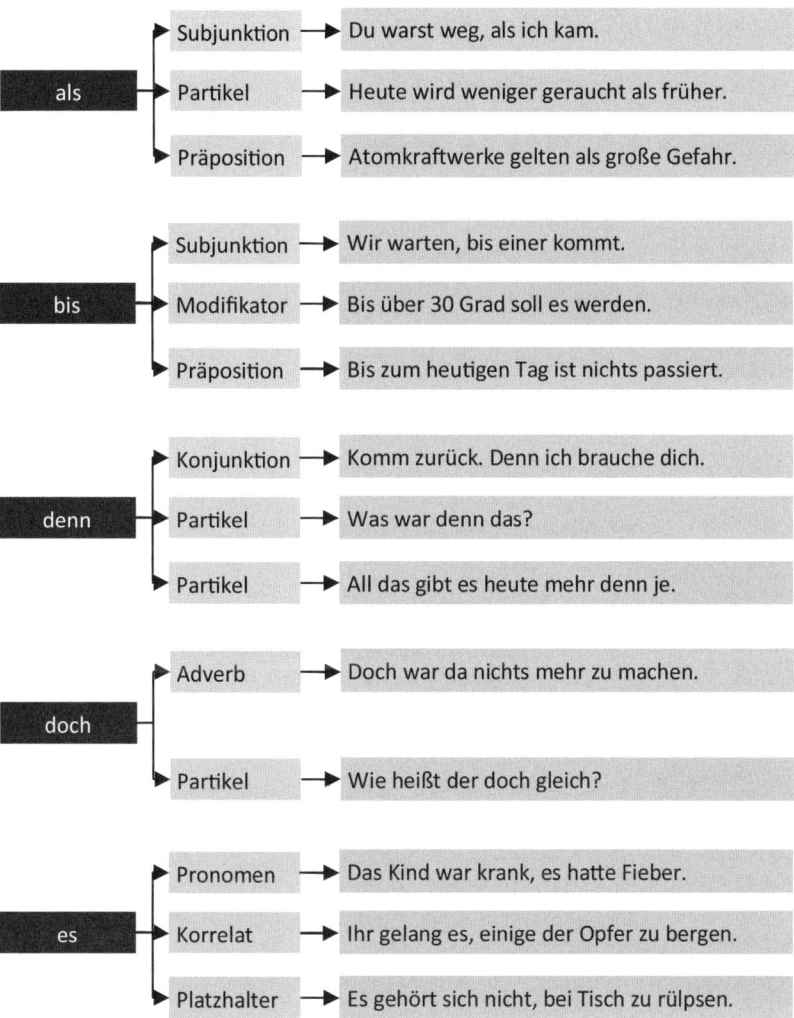

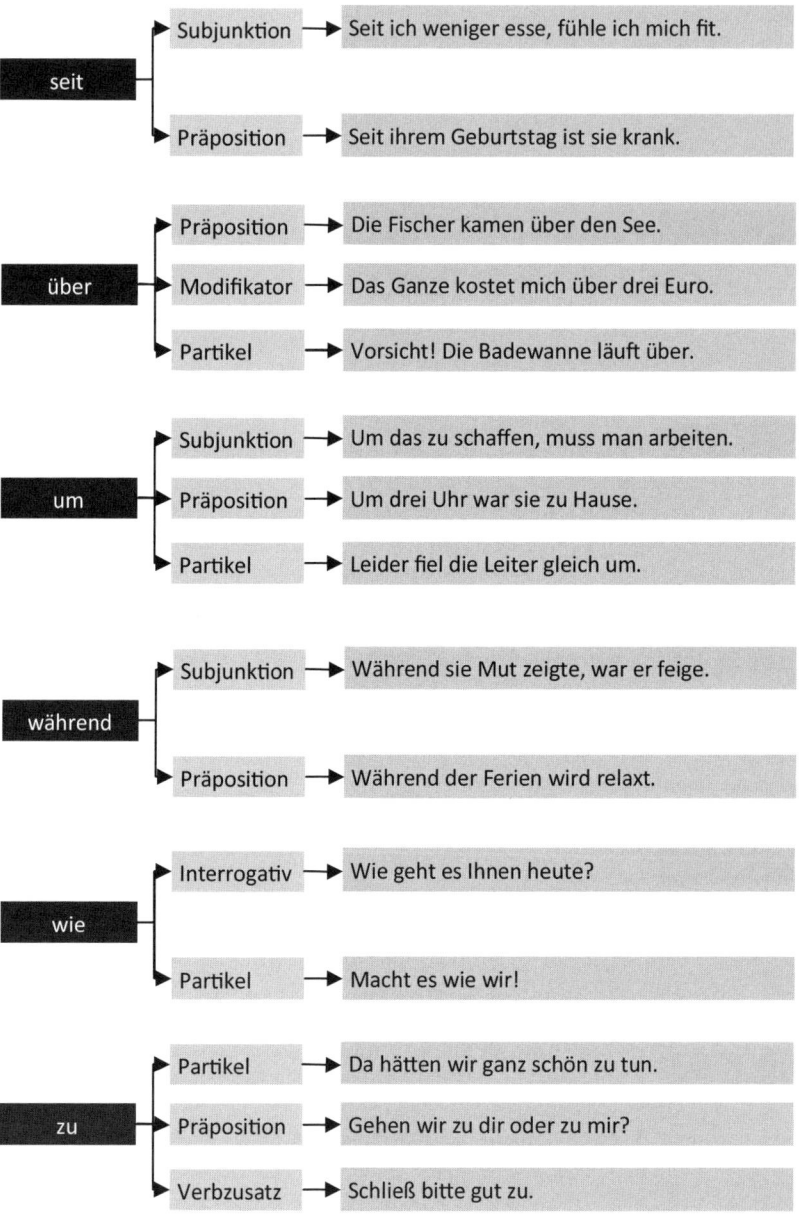

| seit | Subjunktion | Seit ich weniger esse, fühle ich mich fit. |
| | Präposition | Seit ihrem Geburtstag ist sie krank. |

über	Präposition	Die Fischer kamen über den See.
	Modifikator	Das Ganze kostet mich über drei Euro.
	Partikel	Vorsicht! Die Badewanne läuft über.

um	Subjunktion	Um das zu schaffen, muss man arbeiten.
	Präposition	Um drei Uhr war sie zu Hause.
	Partikel	Leider fiel die Leiter gleich um.

| während | Subjunktion | Während sie Mut zeigte, war er feige. |
| | Präposition | Während der Ferien wird relaxt. |

| wie | Interrogativ | Wie geht es Ihnen heute? |
| | Partikel | Macht es wie wir! |

zu	Partikel	Da hätten wir ganz schön zu tun.
	Präposition	Gehen wir zu dir oder zu mir?
	Verbzusatz	Schließ bitte gut zu.

Zu den Wortgruppen

54 Wie sind Verbalphrasen aufgebaut?

Eine Verbalphrase hat ein konjugiertes Verb als Kern und unterschiedliche abhängige Teile.

Habt ihr schon den Kölner Dom **gesehen**?
Wir **möchten** jetzt gern **fernsehen**.
Das **scheint** recht gut zu **funktionieren**.
Was **stellst** du alles **in Frage**?
Derartiges **kommt** dauernd **zur Anwendung**.
Wir **bleiben gesund**.

Nach der Flexionsform des Kernverbs werden finite und infinite Verbalphrasen unterschieden.

Finit sind [ist gesprungen], [sollte gehen], sie haben ein finites Verb als Kern.

Infinit sind [gesprungen sein], [bleiben wollen], sie haben ein infinites Verb als Kern.

In Verbalphrasen mit mehreren verbalen Teilen regieren die Kernverben unterschiedliche Verbformen:

- Partizipialphrasen sind Verbalphrasen, in denen das Kernverb ein Partizip II regiert.

[hat gesehen], [wurde gesehen], [kommst gelaufen]

Kernverben dieser Phrasen sind: die Hilfsverben *haben, sein, werden, bekommen*. Auch *kommen, gehören* können Partizipien regieren.

- Infinitivphrasen sind Verbalphrasen, in denen das Kernverb einen Infinitiv regiert.

[wird sehen], [können sehen], [sehen lassen]

Kernverben dieser Phrase sind: das Hilfsverb *werden*, die Modalverben *müssen, sollen, können, dürfen, mögen*, die Wahrnehmungsverben *sehen, hören, spüren, riechen*, die Verben *helfen, lernen, lehren*.

- zu-Phrasen sind Verbalphrasen, in denen das Kernverb einen Infinitiv mit *zu* regiert.

[ist zu sehen], [habe zu tun], [scheint zu schlafen]

Kernverben dieser Phrase sind: *sein, haben, scheinen, beginnen, drohen, versprechen*.

55 Wie stehen die Verben in komplexen Verbalphrasen?

Verbalphrasen müssen nicht aus zwei Gliedern bestehen, sie können komplexer sein. Komplexe Verbalphrasen sind stufenweise von rechts nach links aufgebaut. Schritt für Schritt wird auf der rechten Seite ein neues regierendes Verb hinzugefügt.

sehen	akzeptieren
sehen lassen	akzeptieren wollen
sehen lassen wollen	akzeptieren gewollt haben
gesehen	akzeptieren
gesehen haben	akzeptiert werden
gesehen gehabt haben	akzeptiert worden sein

Diese Stellung ist in Nebensätzen erhalten:

Wundert es, dass der Vorschlag so schnell akzeptiert worden ist?

Kant sagt nicht, dass ein Gesetz faktisch von jedem Einzelnen akzeptiert worden sein muss, sondern nur, dass es von allen Bürger akzeptiert werden kann.

In Hauptsätzen wird das finite Verb aus seiner Grundstellung nach vorn bewegt:

Unser Vorschlag ist schnell akzeptiert worden.

Das Gesetz könnte von jedem Einzelnen akzeptiert worden sein.

Jeder Bürger hätte das Gesetz akzeptiert haben können.

Bei den Modalverben und den Verben *brauchen, heißen, sehen, lassen,* oft auch bei *hören, helfen, fühlen* steht nicht das Partizip II mit dem Hilfsverb haben, sondern der Ersatzinfinitiv:

Ich habe natürlich kommen wollen. (nicht: *gewollt*)

Eva hat sich nicht sehen lassen. (nicht: *gelassen*)

In diesen Fällen steht das Kernverb *haben* am Anfang der Verbalphrase, nicht am Ende:

Wir waren traurig, weil Eva sich nicht hat sehen lassen.

Als Vollverben wählt man bei diesen Verben aber meistens das Partizip, wenngleich das normativ strittig ist.

weniger üblich	korrekt?
~~Ich habe ihn nicht mögen.~~	Ich habe ihn nicht gemocht.
~~Ich habe das nicht tun wollen.~~	Ich habe das nicht tun gewollt.

56 Was machen wir mit komplexen Verbalphrasen?

Viele grammatischen Formen werden nicht durch Flexion gebildet. Das gilt besonders für Formen im Verbalbereich. An ihrer Stelle gibt es synthetische Formen. Diese Verbalphrasen nehmen unterschiedliche Funktionen wahr.

Die **Tempusbildung** ist voll grammatikalisiert. Das bedeutet: Man kann auf komplexe Verbalphrasen noch ein Hilfsverb draufsetzen. So entsteht etwa aus dem Perfekt stufenweise das Futur II:

... weil ich [sehe].	Dies [ist zu sehen].
... weil ich [gesehen habe].	Dies [ist zu sehen gewesen].
... weil ich [gesehen haben werde].	Dies [wird zu sehen gewesen sein].

Ebenso entstehen zusammengesetzte Tempora zu Modalphrasen:
gehen können → gehen gekonnt haben
konnte gehen → hat gehen gekonnt/ können
kann kommen → wird kommen können

Zeitliche Bedeutungszüge gibt es bei Verben, die zu-Phrasen regieren.

Beispiel	
Die Mauern drohen einzustürzen.	Zukunft
Das verspricht ein schönes Fest zu werden.	Zukunft
Jetzt beginnt es zu donnern.	Beginn

Das **Passiv** wird durch komplexe Verbalphrasen ausgedrückt.

... weil ich [sehe].	Dies [wird gesehen].
... weil ich [gesehen werde].	Dies [soll gesehen werden].
... weil ich [gesehen worden bin].	Dies [wird gesehen worden sein].

Weniger grammatikalisiert und nicht nach traditionellen grammatischen Kategorien einzuordnen sind **Funktionsverbgefüge**. Dennoch dienen sie dem Ausdruck grammatischer Merkmale.

Beispiel	
Der Stein kommt ins Rollen.	inchoativ
Das Gesetz kommt generell zur Anwendung.	Passiv
Bringen Sie erst das Wasser zum Kochen.	transitiv

57 Wie wird das Passiv gebildet und verwendet?

Eine Passivphrase besteht aus einem Partizip II mit regierendem Passivverb. Das Passiv bewirkt eine Veränderung der grammatischen Anschlüsse. Die Passivphrase hat regelmäßig andere Anschlüsse als das Grundverb. Im Passiv wird das Subjekt heruntergestuft, das Akkusativobjekt oder Dativobjekt wird zum neuen Subjekt.

Entsprechend den drei Passivverben gibt es drei Passivarten:

- werden-Passiv
  Das Passiv wird auf dreierlei Arten gebildet.
- sein-Passiv
  Die Demonstranten waren von Polizisten umringt.
- bekommen-Passiv
  Zu Weihnachten bekommen wir allerhand geschenkt.

Das **werden-Passiv** ist die zentrale und häufigste Passivart. Es hat seinen Kernbereich bei transitiven Verben.

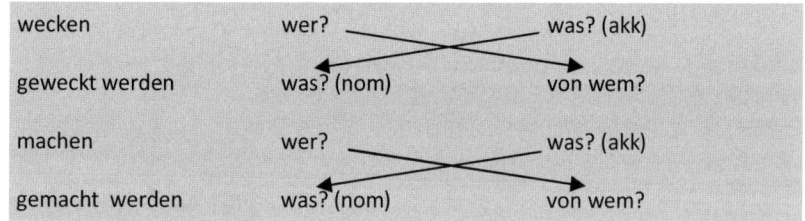

Bei Verben mit doppeltem identifizierenden Akkusativ werden beide in den Nominativ gesetzt:

Alle haben den Spieler einen Trottel genannt.
Der Spieler wurde (von allen) ein Trottel genannt.

Nicht alle Verben können ein werden-Passiv bilden:

- Verben des Besitzes und des Besitzwechsels:
  ~~Die meisten Häuser werden von Ausländern besessen.~~
  ~~Von wem wurde das bekommen?~~
- Verben ohne Handelnden
  ~~Wie viel wurde denn von dir der Geburt gewogen?~~
  ~~Überall wird jetzt geblüht.~~
- reflexive Verben
  ~~Von mir wird sich immer wieder gewundert.~~
  ~~Ich war ziemlich geschämt.~~

Als strenge Aufforderung kommt öfter ein unpersönliches Passiv vor:
　Jetzt wird sich sofort entschuldigt!
Verben in festen oder übertragenen Verbindungen: *die Besinnung verlieren, Ruhe bewahren, die Lust verlieren* werden selten passiviert.

Das werden-Passiv kommt überwiegend ohne Agensangabe vor. Der Handelnde, der im Aktivsatz als Subjekt realisiert ist, wird im Passiv weggelassen. Gründe dafür können sein:
- Die Identität des Handelnden ist klar:
  Die deutsche Staatsangehörigkeit darf nicht entzogen werden.
  Kein Deutscher darf an das Ausland ausgeliefert werden.
- Der Handelnde geht aus dem weiteren Zusammenhang hervor:
  Zuerst widmeten wir uns der Wäsche. Dann wurde gebügelt.
  Endlich laufen die Mannschaften ein. Und schon wird gespielt.
- Der Handelnde bleibt allgemein:
  Die Kartoffeln werden geschält, die Schalen aufgehoben. Danach werden die Erbsen gepuhlt.
- Der Handelnde ist irrelevant:
  Im Wasserwerk wird das Wasser zubereitet.
  Mit dem Programm können große Dateien editiert werden.
- Der Handelnde ist dem Sprecher unbekannt:
  Die Tür wurde aufgebrochen, eine größere Anzahl von Schmuckstücken wurde entwendet.
  Im 3D-Druck wurden jetzt auch Waffen gedruckt.
- Der Sprecher will den Handelnden verschweigen:
  Viele Beschäftigte wurden freigestellt.

Im unpersönlichen Passiv wird das Subjekt als expletives *es* realisiert. Es füllt die Erstposition und verschwindet, wenn sie anders gefüllt ist:
　Es wurden ständig feinste Details angezeigt.
　Ständig wurden feinste Details angezeigt.
　Feinste Details wurden ständig angezeigt.
　Es wird in der Regel gleich zu Anfang durchgezählt.
　Gleich zu Anfang wird in der Regel durchgezählt.
Ein unpersönliches Passiv kann auch gebildet werden von intransitiven Verben, die im Perfekt *sein* verlangen wie *gehen, bleiben*:
　Jetzt wird marschiert.
　Hier wird geblieben!
　Es wird aufgegessen!

Das **sein-Passiv** bezeichnet eher einen Zustand. Deshalb werden beide Arten auch als Vorgangspassiv und Zustandspassiv unterschieden.

Vorgangspassiv	Zustandspassiv
Das Auto wurde von ihm geschrottet.	Das Auto ist geschrottet.
Jetzt wird der Wagen repariert.	Dann ist der Wagen repariert.
Die Kandidaten werden benannt.	Die Kandidaten sind benannt.
Heute wird das Restaurant geschlossen.	Heute ist das Restaurant geschlossen.

Die Formulierungen sagen nicht das Gleiche.

Das sein-Passiv bezeichnet das Ergebnis des Vorgangs oder der Handlung. Darum ist es oft auch als Perfekt-Form des werden-Passivs zu verstehen, wobei allerdings das Partizip II *worden* ausgelassen ist:

Der Krug ist zerbrochen (worden).

Die Kartoffeln waren geschält (worden).

Wie beim werden-Passiv denken wir meist einen Täter im Hintergrund.

Er war rasiert.	Jemand rasierte ihn./ Er rasierte sich.
Sie war richtig geschockt.	Jemand/ etwas schockte sie.
Bist du schon angezogen?	Hast du dich angezogen?
Alles ist verändert.	Jemand veränderte alles./ Alles veränderte sich.

Das sein-Passiv ist täterferner als das werden-Passiv. Darum geht es auch nicht immer auf ein Vorgangspassiv zurück:

Mittelalterliche Burgen waren von dicken Mauern umgeben.

Dieses Zustandspassiv könnte eher zurückgehen auf:

Dicke Mauern umgaben die Burgen.

Wer Deutsch als Fremdsprache lernt, hat öfter Probleme mit den beiden Passivarten. Man kann allerdings auch zweifeln, was gemeint ist. Manche Formulierungen können auch witzig werden.

abweichend?	besser?
Das Rheintal ~~ist~~ ein Paradies genannt.	Das Rheintal wird ein Paradies genannt.
Nach einem Bad wurde er wieder erfrischt.	Nach einem Bad ist er wieder erfrischt.
Arbeit ist hier als kreativ verstanden.	Arbeit wird hier als kreativ verstanden.
Ich gehe dahin, wo ich schnell bedient bin.	Ich gehe dahin, wo ich schnell bedient werde.

58 bekommen-Passiv? Was ist denn das?

Das **bekommen-Passiv** (auch Dativpassiv genannt) wird mit einer Form von *bekommen, erhalten,* auch *kriegen* + Partizip II gebildet:
 Ich bekomme selten geschrieben.
 Du kriegst gleich ein Eis gekauft.
Wie beim üblichen Passiv ist das Aktivsubjekt ausgespart, ein Objekt des Aktivs wird zum Subjekt erhoben. Aber das Passivsubjekt entstammt nicht – wie beim häufigeren und üblicheren werden-Passiv – einem Akkusativobjekt, sondern einem Dativobjekt. Es nennt den Empfänger.

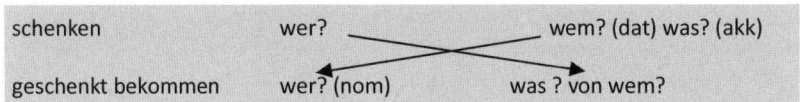

Darum ist dieses Passiv besonders üblich bei Verben des Gebens, Nehmens, Mitteilens wie *befehlen, beibringen, borgen, bringen, entziehen, erzählen, genehmigen, raten, unterstellen* usw.
Bekommen und *kriegen* sind weitgehend bedeutungsentleert und nehmen wie ein Hilfsverb grammatische Funktion wahr. Deshalb sind sie in vielen Sätzen austauschbar und vertragen sich mit vielen Verben.
 Die Schüler erhielten Tonbänder mit Geschichten vorgespielt.
 Kauder hatte von ihnen den Spitznamen angehängt bekommen.
 Dann kriegen die Eltern das Sorgerecht entzogen.
 Er bekam den Führerschein entzogen.
Dennoch mag ein Stilwert eine Rolle spielen. So gilt das Dativpassiv mit *kriegen* eher als umgangssprachlich, mit *erhalten* gehört es eher zum gehobenen Stil:
 Kommen Sie zu uns, hier kriegen Sie immer geholfen.
 Die Ärmste kriegt dauernd geschimpft oder Strafarbeiten.
 Wer sich da nicht schickt, kriegt gleich in die Fresse geschlagen.
 Ich erhielt von meinem Vater eine luxuriöse Wohnung gestellt.
 Die Siegerin erhielt die Goldmedaille umgehängt.
erhalten wird immer noch vorwiegend mit Verben kombiniert, die seiner Grundbedeutung nicht widersprechen: *schenken, zuschicken, zusenden, überreichen.*
Vorsicht ist geboten bei Verben, die ein Wegnehmen bezeichnen. Da kann manchmal die Grundbedeutung von *bekommen* wieder aufleben. Ebenso könnte das bekommen-Passiv vermieden werden bei Verben wie *absagen, danken, dreinreden, verzeihen.*

59 Welche passivähnlichen Ausdrucksweisen gibt es?

Passivische Ausdrucksweisen sind besonders angebracht, wenn die Handelnden nicht genannt werden sollen. Hierzu gibt es ein Palette von Formulierungsmöglichkeiten.

Reflexiv gebrauchte Verben	statt
Die Tür öffnet sich mit Spezialschlüssel.	kann geöffnet werden
Das versteht sich doch von selbst.	wird verstanden

Unpersönliche Ausdrücke mit *man*	statt
Man verwendet dieses Medikament immer häufiger.	wird verwendet

Funktionsverbgefüge	statt
Das neue Gesetz kommt ab sofort zur Anwendung.	wird angewendet

sein + *zu* + Infinitiv (modale Bedeutung)	statt
Eine leichte Besserung ist zu beobachten.	kann beobachtet werden
Die Gesetze sind zu beachten.	müssen beachtet werden

sich lassen + Infinitiv (modale Bedeutung)	statt
Das neue Hemd lässt sich gut bügeln.	kann gut gebügelt werden
Welche Tönung lässt sich wieder komplett auswaschen?	kann ausgewaschen werden

Adjektivkomposita	statt
Die chemische Reaktion ist erkennbar.	kann erkannt werden
Die Kunstwerke sind bemerkenswert.	sollten bemerkt werden
Die Ware ist lagerungsfähig.	kann gelagert werden
Die Regeln sind schwer verständlich.	können schwer verstanden werden

60 Was hat es mit den Streckformen auf sich?

Der Terminus „Streckformen" ist stilistisch wertend gedacht. Streckformen sind Verbalphrasen, die nicht nur verbale Teile enthalten, aber an Stelle von einfachen Verben stehen. Zwar ist ihr Kern ein Verb, aber daneben enthalten sie noch verbale Inhalte in nominaler Form:

Wer kann [Hilfe leisten]? Wer soll [Auskunft geben]?
Wir müssen dies [in Rechnung stellen].

Das Kernverb hat recht allgemeine Bedeutung und kann nur zusammen mit dem nominalen Teil richtig verstanden werden. Es gibt zwei Arten von Streckformen: feste Wendungen wie *recht haben, Beistand leisten, zunichte machen, imstande sein* und sogenannte Funktionsverbgefüge.

Feste Wendungen mit Akkusativ

Da kann man kaum Schritt halten.
Diese Mannschaft wird keine Rolle spielen.
Es wurde gleich Anzeige erstattet.
Gehorsam leisten, Abschied nehmen, Stellung nehmen, Bericht erstatten, Dank sagen, Einhalt gebieten, Folge leisten, Hilfe leisten, Nutzen bringen, Sorge tragen

Feste Wendungen mit Präposition

Das Rote Kreuz kam sofort zu Hilfe.
Stellt eure Bereitschaft unter Beweis.
Das Auto geht in Serie.
beiseite legen, zum Vorwurf machen, in Angst versetzen, zunichte machen

Funktionsverb + Akkusativ

Sie nahmen keine Notiz von allem.
Wer soll hier Anklage erheben.
Die Epidemie nahm ihren Ausgang in Java.

Funktionsverb + Präposition

Sie brachten ihr Bedauern zum Ausdruck.
Das Wasser kommt jetzt zum Kochen.
Der ganze Verkehr geriet ins Stocken.

61 Was leisten Streckformen?

Streckformen haben oft eine selbständige Bedeutung, die das einfache Verb nicht hat. Funktionsverbgefüge erbringen vor allem zwei grammatische Leistungen:

- Sie verändern die Valenz gegenüber dem einfachen Verb.
- Sie verändern die Aktionsart gegenüber dem einfachen Verb (Beginn vs. Verlauf).

Beginn/ zweiwertig

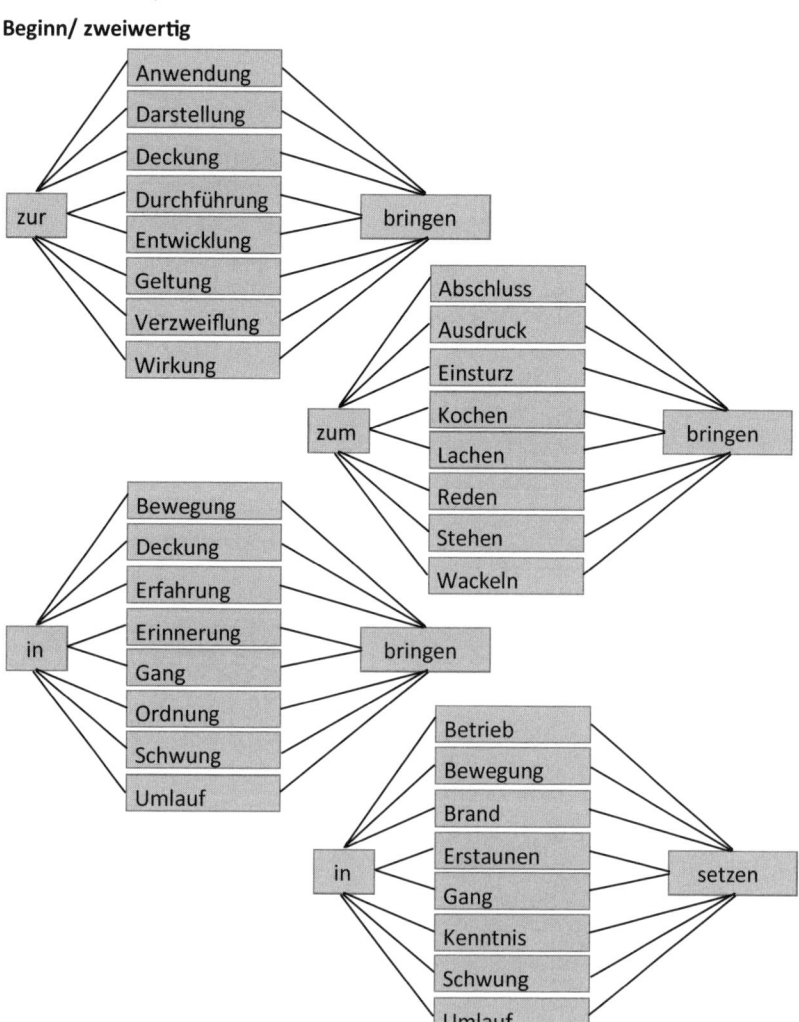

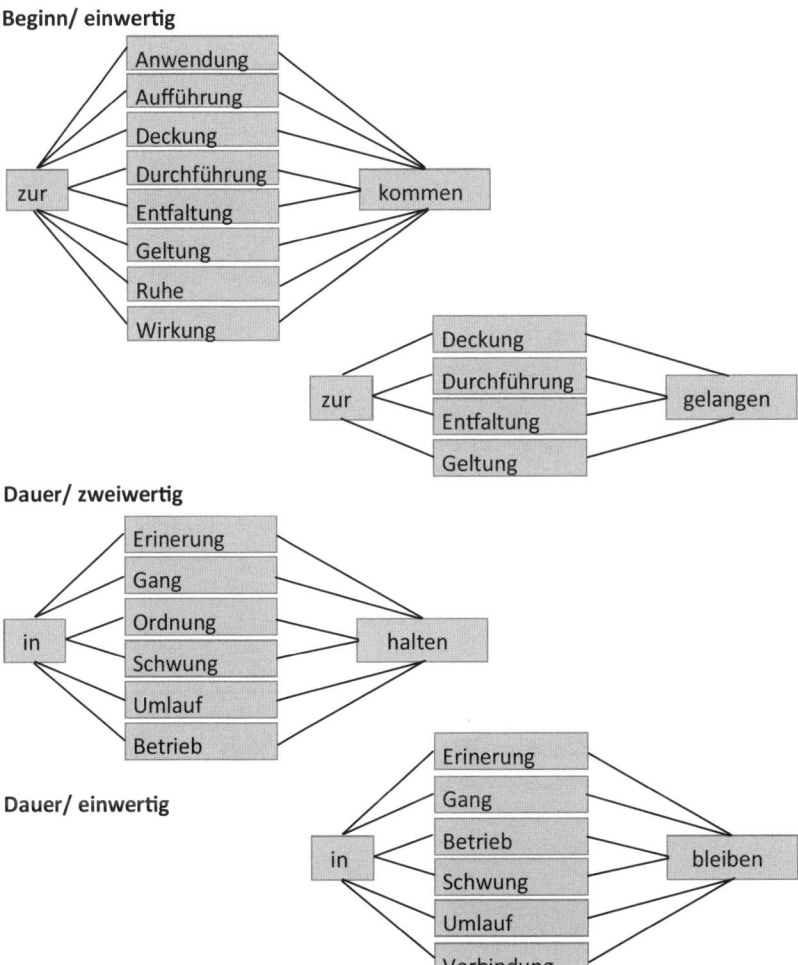

Beginn/ einwertig

Dauer/ zweiwertig

Dauer/ einwertig

Oft existiert kein einfaches Verb oder es hat eine andere Bedeutung.

Stellung nehmen, Gewalt antun, Schritt halten, Maßnahmen treffen, Einspruch erheben, Rechenschaft ablegen, eine Rolle spielen

Streckform	Verb mit anderer Bedeutung
Widerspruch einlegen (bei Gericht)	widersprechen
Kenntnis haben, seinen Abschied nehmen	kennen, sich verabschieden

62 Wie sind komplexe Nominalphrasen gebaut?

Nominalphrasen haben ein Nomen (oder Pronomen) als Kern. Um den
Kern herum werden sie ausgebaut oder erweitert. Es gibt den Linksaus-
bau und den Rechtsausbau. In der Grundstufe sieht das so aus:

| Artikel | Adjektiv | **Nomen** | Genitivattribut | Präpositionalattribut |

Die Grundstufe ist erweiterbar durch fakultative Appositionen, deren
Position variabel ist. Die Pfeile markieren Stellen für Appositionen.

Ich mag das grüne Kleid deiner Mama, ein wunderbares Kleid.
Ich mag das grüne Kleid deiner Mama aus jenen Jahren, ein wunderbares Kleid.
Wir alle aus der Mannschaft – Spieler wie Trainer – erklären uns soli-
darisch.

Alle Positionen bis auf das Nomen können unbesetzt bleiben. Beim Artikel geht das aber nur in besonderen Fällen und mit besonderer Bedeutung. Damit ergibt sich eine immense Menge von Kombinationen.

Ich mag das Kleid.
Ich mag das grüne Kleid.
Ich mag das grüne Kleid der Dietrich.
Ich mag das grüne Kleid der Dietrich aus jenen Jahren.
Ich mag das Kleid deiner Mama.
Ich mag das grüne Kleid aus jenen Jahren.
Ich mag das grüne Kleid aus den zwanziger Jahren des letzten Jahr-
hunderts.
Wer fürchtet sich vor dicken Spinnen?
Wer fürchtet sich vor Spinnen aus dem Keller?
Wer fürchtet sich vor Spinnen dieser Art?
Wer fürchtet sich vor großen Spinnen dieser Art?
Wer fürchtet sich vor den dicken Spinnen?
Wer fürchtet sich vor diesen Spinnen aus dem Keller?
Wer fürchtet sich vor manchen Spinnen dieser Art?
Wer fürchtet sich vor den kleinen Spinnen dieser Art?

In einer ersten Ausbaustufe sind Positionen durch Nebensätze oder satzwertige Infinitive besetzbar.

Artikel	Adjektiv	**Nomen**	Inhaltssatz	Relativsatz

... die Aussage, dass nichts passiert sei/ nichts sei passiert
... die Frage der Lehrerin, ob alle gelernt haben
... der Wunsch der Kinder, dies zu tun
... die Annahme, alles sei erfunden, die dieser Tage geäußert wurde

Die zweite Ausbaustufe eröffnet im Prinzip unendliche Möglichkeiten, die
aus Gründen der Verständlichkeit nicht bis zum Letzten genutzt werden.
Schwierig zu verstehen können schon Adjektiverweiterungen werden.
  Alle aus der neuen Anstalt in Celle entsprungenen Häftlinge sind
  wieder in Gewahrsam.

Sehr viel mehr Möglichkeiten eröffnen sich auf der rechten Seite durch
mehrfache Schachtelungen in Stufen. Stufungen entstehen, weil Nominalphrasen selbst wieder Nominalphrasen enthalten können.
  Die Befürchtung, dass Reisen in das Gebiet dieser Staaten mit den
  vielen Aufständischen der Region Gefahren für Leib und Leben der
  Reisenden mit sich bringen, erwies sich nach langen Recherchen der
  Reiseveranstalter aus dem Osten Deutschlands, aber auch aus anderen Ländern und Regionen gottseidank als völlig unbegründet.

Der Umgang mit Nominlphrasen und ihre grammatische Einpassung
können schon mal zu Schwierigkeiten führen:
  Der Brandschaden ist vermutlich durch achtloses Wegwerfen eines
  Straßenpassanten entstanden.
  Ich bin katholisch und verheiratet mit einem Kind.
  Meine Mama kauft nur die Eier vom freilaufenden Bauern.
  Nach kurzer Wartezeit bekamen wir die Vorspeise mit 2 Kellnern
  serviert.
  Seit zehn Jahren wohne ich in Chemnitz, wo ich in einer Metzgerei
  als erster Gehilfe zum Ausweiden, Zerteilen und Bedienen der Kun-
  den tätig bin.
  Als Luther die Bannbulle vom Papst mit seiner Exkommunizierung
  erhält, verbrennt er sie zusammen mit seinen Studenten.

63 Wie viel Linkserweiterung der Nominalphrase?

Bei Linkserweiterungen der Nominalphrase geht es um drei Verfahren:
* Modifikation und Graduierung:
  Der [wunderbar leuchtende rote] Punkt ...
* Reihung:
  Ihre [wunderschönen, grünen] Augen ...
* Stufung und Erweiterung:
  Die [heute für jeden Einzelnen erreichbaren] Güter ...
Alle drei Möglichkeiten können miteinander kombiniert werden:
  Die [äußerst wichtigen, heute für jeden erreichbaren] Güter ...
  Diese [[teilweise] parabolisch] gestalteten Einzelsegmente ...

Bei der **Reihung** werden Positionen mehrfach besetzt. Die Füllungen werden koordiniert, oft mit gleichordnenden Konjunktionen verbunden. Reihungen sind prinzipiell offen, man könnte sie unendlich fortsetzen.

Links vom Nomen können Artikel und Adjektive gereiht werden. Mehrfache Reihungen sind beim Artikel aber weniger üblich als beim Adjektiv.
  Dieses, unser Land gilt es zu schützen. – Wovor denn?
  Die und andere alte Versionen sind uns erhalten.
  Dieser oder jener Fan mag sich auch hierüber Gedanken machen.
  Alle oder wenigsten einige sollten ständig anwesend sein.
  Das habe ich von irgend so einem online-Forum.
  Ich mag das alte, grüne Kleid.
  Ich mag das alte, zerschlissene, grüne Kleid.
  Ich mag das alte, zerschlissene, ausgebleichte, grüne Kleid.

Gestufte Erweiterungen gibt es beim Adjektiv. Sie sind als komprimierte Aussagen anzusehen, in denen das Adjektiv oder das Partizip Prädikatfunktion hat. Sie werden durch deren Valenz und durch mögliche Satzformen allgemein strukturiert.
  Die [dem Begriff der Diktatur] entsprechende Vorstellung ...
  Die [im wesentlichen] [durch Personalunion] verknüpften Firmen ...
  Indiz einer [bis dahin nicht] gekannten Freiheit ...
In diesen Formulierungen stecken Aussagen tieferer Stufe:
  Die Vorstellung entspricht der totalitären Diktatur.
  Die Firmen sind im wesentlichen durch Personalunion verknüpft.
  Die Freiheit kannte man bis dahin nicht.

Die untergeordneten Erweiterungen haben natürlich keine Satzglied-funktion, sie stehen in der Stufung tiefer. Dennoch entsprechen sie in Form und Reihenfolge genau den Satzgliedern des einfachen Satzes. Im Grundsatz können alle möglichen Positionen des einfachen Satzes besetzt sein. In der Stufung entstehen typische Abfolgen:

Hier zerfließt die [dem Begriff der Diktatur] entsprechende Vorstel-lung ...   Artikel   Artikel

Eine [auf den Ausgangspunkt] zurückgehende Perspektive ...
Artikel   Präposition   Artikel

In dem [in dieser Enzyklopädie] enthaltenen Beitrag ...
Präposition   Artikel   Präposition   Artikel

Häufig hat allerdings eine der Nominalphrasen keinen Artikel – wohl aus stilistischen Gründen, um die als holprig empfundene Anhäufung der Artikel zu vermeiden:

Ein loses Bündel von [im Wesentlichen nur durch das Mittel der Per-sonalunion verknüpften] Organisationen ...

Die satzwertigen Adjektivphrasen gelten als Erscheinung eines eher bü-rokratischen Stils. Sie sind nicht ganz leicht zu verstehen. Einerseits können an der Übergangsstelle manchmal Zuordnungsprobleme entste-hen, zum Beipiel, weil nicht klar ist, zu welcher grammatischen Einheit ein Artikel oder eine Präposition gehört. Darüber hinaus ist die Schachte-lung der Aussagen ein Verstehenhindernis.

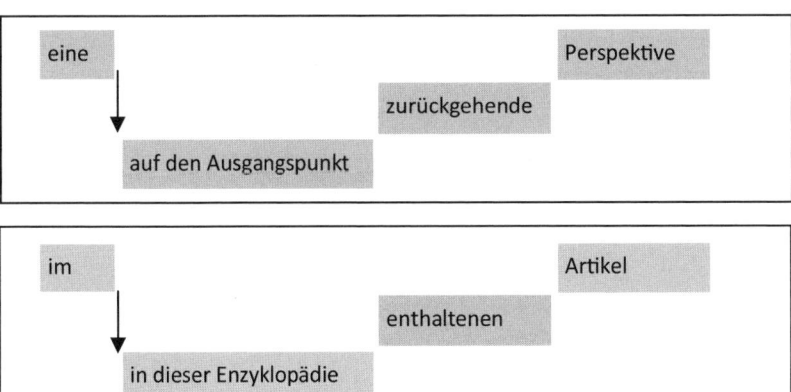

64 Wie viel Rechtserweiterung der Nominalphrase?

Als Rechtserweiterung fungieren nominale Attribute. Sie unterscheiden sich nach ihrem grammatischen Anschluss:
- Genitivattribut:
  Die Anschaffung [einer neuen Maschine] gestaltete sich schwierig.
  In Erwägung [dessen] wurde alles minutiös geplant.
- Präpositionalattribut:
  Dann besuchen sie die Hütte [auf dem Berg].
  Die Wanderung [von gestern] war schon vergessen.
- Apposition:
  Dann kommt mein Vater, [ein ausgezeichneter Spieler].
  Mein Vater [als Mensch] blieb uns verschlossen.

Inhaltlich erfüllen die Attribute verschiedene Funktionen. Die Funktion ergibt sich aus dem Zusammenwirken der Präposition und der Bedeutung der Nomen. Häufig und typisch sind folgende Funktionen.

Genitivattribut

Beispiel	Funktion
alle Mitglieder des Vereins	Zugehörigkeit
das Haus dieser Familie	Besitz
der Begriff der Toleranz	Erklärung
der Besuch der Dame (die Dame besucht jemanden)	Subjekt
die Untersuchung der Oma (jemand untersucht die Oma)	Objekt

Die Funktion muss nicht eindeutig zu erkennen sein. Besonders die Unterscheidung des objektiven und subjektiven Genitivs bleibt oft vage.

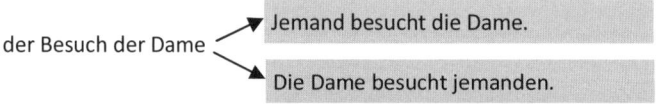

der Besuch der Dame — Jemand besucht die Dame. / Die Dame besucht jemanden.

Beispiel	Funktion
der Kuss vom kleinen Friederich	Handelnder
meine letzte SMS an dich/ für deinen Bruder	Empfänger
Eine ganz normale Tat aus Eifersucht?	Motiv
die immense Verschmutzung durch Abfälle	Ursache
Aufschließen mit Schlüssel geht nicht mehr.	Instrument
ein tiefer Graben zwischen uns	Ort
Endspiel am kommenden Wochenende	Zeit

Die Präposition in Präpositionalattributen kann ein bedeutungsentleer-
ter Anschluss sein.
Das war der erste Sieg über die Supermannschaft.
Es war eine bleibende Erinnerung an frühere Zeiten.

Präpositionalattribute können deutlicher sein als Genitivattribute.
Deshalb zieht man sie diesen öfter vor,
• wenn der inhaltliche Bezug verdeutlicht werden soll:

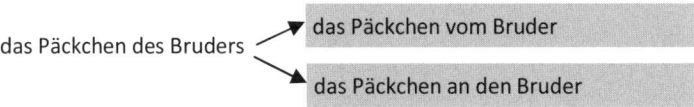

das Päckchen des Bruders

das Päckchen vom Bruder

das Päckchen an den Bruder

• wenn der Anschluss verdeutlicht werden soll:
das Aussterben von Vögeln
Der artikellose Genitiv ist unmöglich: *das Aussterben Vögel*. Etwas anderes bedeutet aber *das Aussterben der Vögel*.

Wenn Genitivattribute und Präpositionalattribute gemeinsam vorkommen, können sie auf der gleichen Stufe stehen.

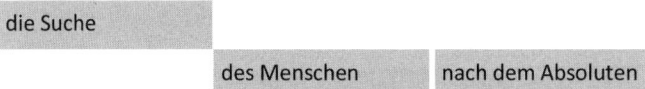

die Suche

des Menschen   nach dem Absoluten

das Vertrauen [der Firma] [zu ihren Angestellten]
die Ähnlichkeit [der Tochter] [mit ihrem Vater]
der Dank [des Trainers] [an die Mannschaft]

Wenn Genitivattribute und Präpositionalattribute gemeinsam vorkommen, können sie tiefer gestaffelt sein.

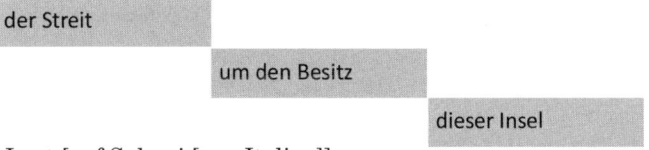

der Streit

um den Besitz

dieser Insel

Lust [auf Salami [aus Italien]]
der Bericht [über den Bankrott [der Zeitung]]
der hohe Preis [für den Krieg [vor der Tür]]
eine Dienstreise [im Sinne [dieses Abschnitts]]
die Dauer [der Tätigkeit [an der regelmäßigen Arbeitsstätte]]

65 Wie viele Beifügungen verträgt ein Nomen?

Wie viele Beifügungen möglich sind, ist eine Frage der Verständlichkeit und in gewissem Sinn damit auch eine stilistische Frage.
Grundsatz für Schreiber sollte sein: Möglichst wenig.

Die nominalen Attribute haben in der Regel ihren Platz rechts vom Kernwort. Ihre übliche Reihenfolge ist: Genitivattribut vor Präpositionalattribut vor Apposition. Als nähere Bestimmungen dienen sie vor allem der Genauigkeit. Zu beachten sind drei Funktionen:

- Einschränkung. Die Attribute beschränken den Bereich in Frage kommender Gegenstände, indem sie mehr Merkmale nennen. Dadurch wird man den gemeinten Gegenstand leichter identifizieren können:
  ... der Brief meiner Schwester an mich aus Frankreich
- Einordnung. Die Attribute dienen vor allem der Untergliederung eines Bereichs. Das ist oft die Voraussetzung, um zu verstehen, welcher Gegenstand gemeint ist:
  ... Wein in Flaschen/ in Fässern/ in Kartons usw.
  ... das Problem der Umweltverschmutzung
- Erläuterung. Die Attribute geben zusätzliche, erklärende Hinweise:
  ... mein neuer Freund, ein wirklich guter Freund, ...

Grammatisch könnten Zahl und Länge der Erweiterungen ins Unendliche gehen. Aber man stößt an die Grenzen der Verständlichkeit:
  Ihr Antrag auf Einleitung eines Verfahrens zur Erteilung der Erlaubnis zum Führen eines Kraftfahrzeuges auf öffentlichen Straßen ...
  In Fortführung der Durchsetzung der Minimierung der Aufgaben des AfNS und infolge des Wegfalls der zur Bearbeitung verschiedener Personen führenden Bedingungen ...

 Die von-Phrasen als Genitiversatz wirken öfter stilistisch unbeholfen.

Beispiel	Reformulierung
der Brief von Petra	Petras Brief
rechts von der Straße	rechts der Straße
das Auto von meinem Vater	das Auto meines Vaters
Mutter von drei Kindern	Mutter dreier Kinder
der Brief von ihr	ihr Brief
die Meldung von einem Boten	die Meldung eines Boten

66 Welche Kongruenzen bestehen in Nominalphrasen?

In der Kongruenz variieren Einheiten (meist Flexive) an verschiedenen Positionen in Abstimmung. Die Kongruenz in der Nominalphrase betrifft vor allem den Vorbereich. Das Nomen bestimmt die Flexive von Artikelwort (DF) und Adjektiv (AF). Kongruenz hat in drei Dimensionen statt.

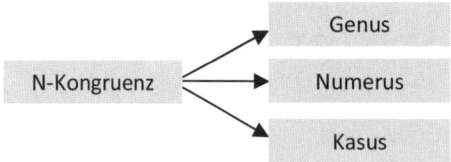

- Das Genus der Nominalphrase wird bestimmt durch das feste Genus des Nomens.
- Der Numerus wird semantisch gewählt.
- Der Kasus wird bestimmt durch die Rolle im Satz.

der ganze Satz	anderes hochwertiges Material
die ganzen Sätze	mit anderem hochwertigen Material
alle ganzen Sätze	trotz folgender guter Vorschläge
seine ganzen Sätze	wegen vieler kleiner Kinder
in einem ganzen Satz	
in ganzem Satz	

Allgemeiner kann man die Kongruenz so darstellen:

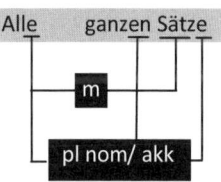 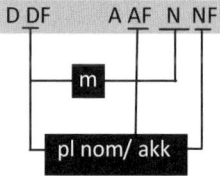

Es gibt die Tendenz, Flexion nur an einer Stelle deutlich zu markieren:
Er brüstete sich seines gepflegten Deutsch.
Ich habe noch immer den Klang deines Wenn und Aber im Ohr.
Sie melden einen Anstieg des amerikanischen Dollar.
In Paaren kann die Genitivendung nur einmal erscheinen:
Trotz Sturm und Regens
In artikellosen Nominalphrasen wird öfter nicht dekliniert:
Das Verhältnis zwischen Arzt und Patient war gut.
Bei Massenomen ohne Artikel kann die Deklination auch unterbleiben:
wegen Lärm, wegen Zucker, wegen Husten

67 Adjektiv stark oder schwach?

Adjektive in der Nominalphrase können stark oder schwach flektiert sein. Grundregel: Jede Nominalphrase soll wenigstens einmal die deutliche starke Deklinationsendung enthalten.

1. Artikelwort starke Endung → Adjektiv schwache Endung
   keines großen Lichts, dieser von uns allen akzeptierte Plan
2. Artikelwort ohne Endung → Adjektiv starke Endung
   ein kleiner Junge, kein großes Licht, sein mit Namen bedrucktes Papier

Sonderfall: Kein Artikelwort vorhanden:
   kleiner Jungen (Genitiv Plural), ins Dorf entlaufene Hunde

3. Artikelwort nicht dekliniert → Adjektiv starke Endung
   welch großes Licht, manch ein entlaufener Hund

Artikel	stark	Adjektiv	schwach	Nomen
d-	er	gut-	e	Mensch
ein-	e	gut-	e	Gattin
all-	e	gut-	en	Eheleute
beid-	e	glücklich-	en	Gewinner

Artikel	–	Adjektiv	stark	Nomen
ein	–	gut-	er	Mensch
welch	–	toll-	e	Reise
manch	–	glücklich-	es	Ereignis
zehn	–	gut-	e	Frauen

–	–	Adjektiv	stark	Nomen
–	–	gut-	er	Mensch
–	–	gut-	e	Geschäfte
–	–	gut-	es	Essen
–	–	glücklich-	e	Eheleute

Zweifelsfälle mit Genitiv-s des Nomens

aufgrund welchen Gesetzes	aufgrund welches Gesetzes
am Ersten jeden Monats	am Ersten jedes Monats
guten Mutes	gutes Mutes (älter)
leichten Herzens	leichtes Herzens (älter)

68 Wie locker sind Appositionen?

Appositionen sind eher freie Zusätze. Sie stehen in der Nominalphrase rechts vom Kernnomen und haben einen veränderlichen Kasus, der prinzipiell mit dem Kasus des Kernnomens kongruiert. Dadurch wird ihr Bezug zum Nomen verdeutlicht:

Man erkennt diesen Herrn, einen alten Adligen, kaum wieder.

Der Herr, ein alter Adliger, steht vor uns.

Wir unterscheiden drei grammatische Spielarten der Apposition:

- Unverbundene Apposition

Klose, der einzige Stürmer, war kaltgestellt.

Die Apposition ist hier durch die Kasusgleichheit (und Kommas) gekennzeichnet. Man kann sie als verkürzten Satz ansehen:

Klose – er war der einzige Stürmer – war kaltgestellt.

- Verbundene Apposition

Die Spieler [als beste Kenner] sollten auch gefragt werden.

Ich [als Fußballfachmann] müsste es eigentlich wissen.

Verbundene Appositionen sind mit *als* oder *wie* eingeleitet:

Mir [als einzigem Fachmann] musste das passieren.

Menschen [wie du und ich] sehen alle Spiele an.

- Enge Apposition

im Monat [April], eine Menge [Leute], der Fall [Günter Grass], der Schlips des Grafen [Guttenberg]

Das appositionelle Nomen ist artikellos und kann meistens nicht dekliniert werden.

Der Bezug der Apposition ist ohne Kongruenz nicht immer klar. Die Kongruenz verdeutlicht den Bezug:

Der Bruder seines Lehrers, ein Fachmann auf diesem Gebiet, ...

Der Bruder seines Lehrers, eines Fachmanns auf diesem Gebiet, ...

Er wurde von seinem Bruder als großem Fachmann vorgeschlagen.

Er wurde von seinem Bruder als großer Fachmann vorgeschlagen.

Appositionen zu Pronomen werden als enge Appositionen empfunden:

du kleiner Dicker, mich kleinen Dicken

du treuer Freund, dir treuem Freund, für euch junge Frauen

Sie sind nicht durch Kommas abgetrennt, gehorchen aber der Kongruenzregel.

69 Wie ist die Kongruenz der Apposition geregelt?

Der Bezug der Apposition zum Kernnomen wird durch Kongruenz gezeigt. Appositionen ändern ihren Kasus mit dem Kernwort.
Hier gibt es Unsicherheiten und normative Vorschläge. Eine gewisse Tendenz besteht darin, den Dativ als eine Art Einheitskasus zur Kennzeichnung des appositionellen Verhältnisses zu wählen:

> Wir gedenken heute der Firmengründung, einem Ereignis, das die Welt bewegte.
> Während des Endspiels, einem jährlich wiederkehrenden Event, bleiben Kioske geschlossen.

Konkurrierende grammatische Konstruktionen sind stärker parenthetisch. So klingen nominativische Einschübe wie Zusätze:

> Die Pfeife gehört Herrn Ramos, einer der beiden Schiedsrichter.
> Dies entnehmen wir dem Spielbericht des Oberschiedsrichters, eine gestandene Frau in diesem Feld.

Unsicherheiten gibt es bei Datumsangaben:

Kongruierend	Häufig
am Sonntag, dem 15. Mai	am Sonntag, den 15. Mai

Tritt der Wochentag ohne Präposition unmittelbar vor der Datumsangabe im Akkusativ auf, kann der Akksuativ beim Kernnomen deutlich sein. Sonst bleibt möglicherweise unklar, welcher Kasus vorliegt:

> Nächsten Sonntag, den 13. Mai 2015 wird der Chef des Betriebs verabschiedet.
> Wir kommen Montag, den 30. April.

Enge Appositionen zu Mengen- und Maßangaben (*Gramm, Pfund, Prozent, Paar, Liter, Meter*) ändern ihren Kasus mit dem Kernwort:

Ein Glas kaltes Wasser	Mit einem Glas kaltem Wasser
Über zwei Kilo neue Kartoffeln	Mit über zwei Kilo neuen Kartoffeln

Keine Deklination ist korrekt im Genitiv, beim Dativ aber problematisch:

Der Kauf eines Korbs frische Eier	Sie kamen mit einem Korb frische Eier.

Es sollten aber nicht beide Nomen dekliniert werden:

Der Wert eines Blatt Papiers	~~Wegen eines Liters Weins~~

Titel, Verwandtschaftsbezeichnungen, Berufsbezeichnungen sind enge Appositionen. Wenn der Titel mit Artikel steht, wird der Eigenname nicht dekliniert. Artikellos wird der Eigenname dekliniert:

Die Dienstreisen des Direktors Müller	[Direktor Müllers] Dienstreisen
Die Pläne des Architekten Bruchhaus	[Architekt Karl Bruchhausens] Pläne

Die Anrede *Herr* wird immer dekliniert:

Herrn Müllers Wohnung	Herrn Professor Müllers Wohnung
Sie gab Herrn Müller die Wohnung.	

Fräulein bleibt undekliniert in Verbindung mit *Tochter, Schwester* oder wenn ein Artikel vorausgeht. Ohne Artikel wird der Name dekliniert:

Die Prüfung Ihres Fräulein Tochter	Fräulein Maiers Prüfung
Die Prüfung des Fräulein Maier	

Personennamen bestehen aus Vornamen und Nachnamen. Den Vornamen kann man als enge Apposition erfassen. Der Vorname bleibt aber unflektiert und kongruiert nicht mit dem Kernnomen:
Wolfgang Amadeus Mozart hat eine Reihe von Sinfonien komponiert.
Die Sinfonien Wolfgang Amadeus Mozarts.
Die Romane Thomas Manns
Nachgestellte unverbundene Appositionen bei Namen kongruieren:
Nathan der Weise ist berühmt wegen der Ringparabel.
Die Idee Nathans des Weisen
Die Eroberungen Karls des Großen

Einen Sonderfall bilden **appositionelle Adjektive** nach Personalpronomen. Hier gibt es Zweifelsfälle. Die Form *wir Deutschen* wird aber im jetzigen Sprachgebrauch häufiger verwendet.
Wir Deutschen werden Weltmeister.
Wir Deutsche werden Weltmeister.
Dass wir Deutschen dabei sind, ist ein entscheidender Faktor.
Wir Deutsche fürchten Gott und sonst nichts auf der Welt.
Ihr Deutschen seid wirklich sehr groß im Grübeln.
Im Akkusativ ist aber die Form ohne Kasumarkierung häufiger:
Für uns Deutsche ist das alles nicht ganz leicht.

70 Wie sind Präpositionalphrasen gebaut?

In einer Präpositionalphrase regiert eine Präposition eine Nominalphrase. Der Kern der Nominalphrase kann ein Nomen oder ein Pronomen sein.

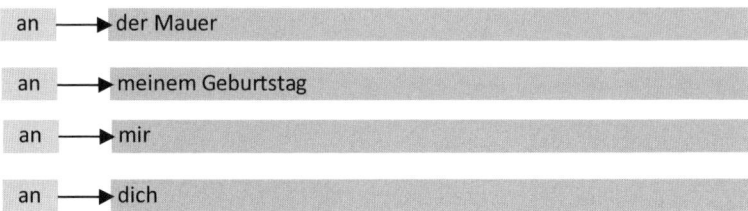

Die Nominalphrase kann unterschiedlich weit ausgebaut sein.

an ⟶ der großen chinesischen Mauer

an ⟶ meinem von allen Freunden geschätzten Geburtstag

Linkserweitert hier:

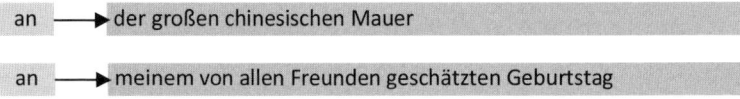

in ⟶ der Manier eines Meisters der guten alten Zeit

in ⟶ den Grenzen Deutschlands von 1989

Rechtserweitert ist eine tiefe Stufung möglich:

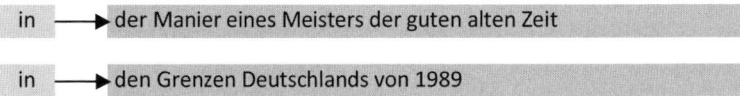

mit ⟶ seinen groben Schuhen vom Vater aus früherer Zeit

vor ⟶ der Zeit des Reiches Deutscher Nation in Mitteleuropa

Neben der Wahl der Präposition kann einem der Bezug der einzelnen Phrasen zu schaffen machen.
Nach 30 Minuten später war der Kaffee kalt.
Die erste Phase bis 1850 von 1920 ist ein reiner Determinismus.
Ich grüße Sie am Herzen und bedanke mich.
Gestern habe ich mich sehr mit Ihrem Brief gefreut.
Ich kenne Ihre Gesellschaft seit 1969 Jahre.
Da machte ich vor Freude in die Luft.
Ich brachte den Greis über die Strasse und dann um die Ecke.
Ich werde Deutschland besuchen und bestimmt an Ihnen vorbeischauen.

71 Stehen Präpositionen vorn?

Der Terminus „Präposition" insinuiert: vorangestellt. Vorangestellte Präpositionen künden dem Leser an, dass eine regierte Phrase folgt. Es gibt
aber auch nachgestellte Präpositionen. Dies sind in erster Linie solche,
die einen deutlichen Kasus regieren. Hier lässt die deutliche Form der
Nominalphrase erwarten, dass eine regierende Einheit folgt.
  Neueren Schätzungen zufolge werden in Deutschland jährlich mehr
als 70 Liter Wein getrunken.
  Unbestätigten Berichten aus Berlin zufolge plant die Regierung nun
eine Reform.

wegen des Verdachts der Untreue	des Verdachts der Untreue wegen
wegen der Liebe und der Treue	der Liebe und der Treue wegen
dicht entlang der Grenze	dicht der Grenze entlang
gegenüber der eigenen Bevölkerung	der eigenen Bevölkerung gegenüber
	der Anweisung zuwider
	seinen Kindern zuliebe
	der Einfachheit halber abgekürzt

Bei manchen Präpositionen ist Nachstellung fast normal, andere kennen
beide Stellungsmöglichkeiten, manchmal mit leichter semantischer Differenzierung. Die Präposition *nach* steht in lokaler und temporaler Bedeutung vor der Nominalphrase. Sie kann nur in modaler Bedeutung nachgestellt werden:
  nach meinem Abitur vs. meiner Meinung nach

Einige Präpositionen regieren bei Voranstellung Genitiv oder Dativ, bei
Nachstellung aber nur den Dativ.

vor + Genitiv/ Dativ	nach + Dativ
zufolge seines Briefes	seinem Brief zufolge
entlang des Flusses/ entlang dem Fluss	dem Fluss entlang

Bei den seltenen zweiteiligen Präpositionen steht ein Teil vor, ein Teil
hinter der Nominalphrase.

um des lieben Friedens willen	von Amts wegen
Tut eine Sache um ihrer selbst willen!	

72 Wie funktionieren Präpositionalphrasen?

Präpositionalphrasen nehmen im Satz dreierlei Funktionen wahr. Sie fungieren:

- als Präpositionalobjekt. Diese Objekte sind durch die festen Anschlüsse von Verben bestimmt:
  Ich erinnere mich [an das alte Heidelberg].
  Ich erinnere mich [daran].
  Die Regierung bekennt sich zu diesen Maßnahmen.
- als Adverbial. Hierbei handelt es sich um freie Satzglieder, die bestimmte semantische Rollen einnehmen (Zeit, Ort, Art und Weise):
  An Ostern bleiben wir meist daheim.
  Dort feiern wir gemeinsam.
  Sie sehen vor lauter Bäumen den Wald nicht.
- als Attribut. Sie sind Teil von Nominalphrasen und stehen im Satz eine Stufe tiefer:
  Ich wohne in dem Haus [an der Brücke].
  Du wohnst in dem Haus [daneben].
  Das Bekenntnis zu den Maßnahmen kommt nicht unerwartet.

Außerdem sind Präpositionalphrasen häufig in Streckformen:
  Sie sind seit drei Monaten in Verzug.
  Anschließend nahmen wir die Knochen in Bearbeitung.
  Mit diesem System haben wir alles unter Kontrolle.

Die grammatische Einpassung der Präpositionalobjekte ist durch die festen Anschlüsse erwartbar und meist klar. Für Adverbiale und Präpositionalattribute indes ist sie öfter unsicher. Dem verdanken wir immer wieder schöne Stilblüten.

Die Polizei hatte die Bilder am Tatort aufgenommen, unmittelbar nachdem der weltberühmte Sportler mit den Unterschenkelprothesen seine Freundin erschossen hatte.
Die Reporterin hat an mehreren Orten verstorbene Senioren fotografiert.
Kann ich das Kleid im Schaufenster anprobieren? – Wenn es Ihnen nichts ausmacht, Madame.
Im Schlaf soll eine 67-Jährige mit einem Fliesenschneider auf ihren Ehemann eingeschlagen und ihn schließlich erstochen haben.

73 Welche Verben verlangen welche Präposition?

Präpositionen werden in vielfältiger Weise verwendet. Ihre Verwendungsweisen kann man sich in einer Palette von mehr oder weniger lokaler Bedeutung, über abstrakte Beziehungen hin zu übertragenen Verwendungen denken.

Fast ohne Eigenbedeutung werden sie in festen Anschlüssen an Verben und Adjektive verwendet. Aber auch da kann die Grundbedeutung durchschimmern. In Gruppierungen sind die Anschlüsse leichter lernbar.

schicken	schreiben	
denken	glauben, zweifeln	
leiden	sterben, es liegt	
appellieren	sich wenden, adressieren, sich rächen	
erinnern	sich entsinnen, sich freuen	
erkennen	sehen, bemerken	
gewöhnen	anpassen, sich halten	**an**

vertrauen	bauen, zählen, sich verlassen	
antworten	reagieren, erwidern, zurückgehen	
hoffen	warten, spekulieren, abzielen	
achten	aufpassen, es kommt an, ausrichten	
vorbereiten	vertrösten	
konzentrieren	beschränken, spezialisieren	
prüfen	untersuchen, kontrollieren	**auf**

werden	entstehen, resultieren	
bestehen		
machen	herstellen, schließen	**aus**

werben	sorgen, eintreten, arbeiten	
danken	bezahlen, büßen, haften	
sich interessieren	sich entscheiden, sich einsetzen	
loben	belohnen, sich bedanken	**für**

bestehen	zerfallen	
übereinstimmen	kongruieren	
teilen	verwandeln, überführen	
sich fügen	sich schicken	**in**

anfangen	aufhören, fortsetzen, zögern	
angeben	prahlen, reinfallen	
beschäftigen	befassen, sich abmühen	
trösten	beruhigen, sich begnügen	
verbinden	kombinieren, sich einigen	
vergleichen	verwechseln, identifizieren	**mit**

streben	verlangen, hungern, rufen	
sehen	schauen, suchen, fragen, forschen	
schmecken	stinken, riechen, duften	**nach**

sprechen	reden, schreiben, erzählen	
lachen	weinen, klagen, spotten	
nachdenken	staunen, grübeln	
herrschen	gebieten, entscheiden, verfügen	
sich freuen	sich wundern, sich aufregen, erschrecken	
informieren	sich unterhalten, sich beklagen, wissen	**über**

es geht	es dreht sich, es handelt sich, sich streiten	
bitten	angehen, flehen, betteln, nachsuchen	
trauern	bangen, sich sorgen, zittern	
kämpfen	sich bemühen, sich kümmern, wetten	**um**

reden	schreiben, träumen, erzählen	
absehen	ablassen, abstrahieren	
erzählen	benachrichtigen, überzeugen	
befreien	trennen, sich lossagen, abbringen	**von**

scheuen	zurückschrecken, weichen	
sich fürchten	es graust mich, es ekelt mich	
warnen	retten, schützen, retten, bewahren	**vor**

werden	zerfallen, zerbröckeln	
das führt	neigen, es kommt	
ansetzen	antreten, ausholen	
passen	gehören, dienen	
s. entschließen	sich aufraffen, sich überwinden	
zwingen	auffordern, bringen	
verurteilen	verdammen	**zu**

74 Welche Adjektive verlangen welche Präposition?

Für manche Adjektive gibt es feste präpositionale Anschlüssen. Die Grundbedeutung der Präposition kann öfter durchschimmern. In Gruppierungen sind sie leichter lernbar.

interessiert	reich, schuld	**an**
neugierig gespannt böse	begierig, hungrig, scharf ärgerlich, gefasst, neugierig stolz, eifersüchtig	**auf**
typisch gut	geeignet, reif schädlich, schlecht, günstig	**für**
einig gemeinsam	einverstanden, zufrieden vertraut, identisch	**mit**
froh	erstaunt, ärgerlich, traurig	**über**
verschieden abhängig entzückt	entfernt, fern frei angetan	**von**
bereit	fähig, berechtigt	**zu**

75 Welche Nomen verlangen welche Präposition?

Einige Nomen haben feste präpositionale Anschlüsse.

Beispiele in Gruppen zum Memorieren

Anteil Bedarf Frage Interesse Kritik Mangel Spaß	Anspruch Blick Einfluss Hass Recht Untersuchung Verdacht	Folge Konsequenz Konglomerat Mischung Synthese
an	**auf**	**aus**

Bedingung		Ähnlichkeit		Frage	
Begründung		Begegnung		Forderung	
Beispiel		Kontakt		Wunsch	
Beweis					
Ersatz					
Grund					
Voraussetzung	**für**		**mit**		**nach**

Entscheidung		Anlass		Abstand	
Überblick		Einleitung		Differenz	
Übersicht		Einstellung		Entfernung	
		Gegensatz		Gegensatz	
		Gelegenheit		Relation	
		Pflicht		Unterschied	
	über	Relation	**zu**	Widerspruch	**zwischen**

Der Anschluss kann sich vererben. Meist übernehmen abgeleitete Nomen und Adjektive die Anschlüsse von den Verben.

Verb	Nomen	Adjektiv
teilnehmen an	Teilnahme an	
denken an	Gedanke an	
reagieren auf	Reaktion auf	
sich entscheiden für	Entscheidung für	entscheidend für
sich einigen mit ... über	Einigung mit ... über	einig mit ... über
mitleiden mit	Mitleid mit	
rufen nach	Ruf nach	
sich informieren über	Information über	
kämpfen um	Kampf um	
träumen von	Traum von	
warnen vor	Warnung vor	
verfallen zu	Zerfall zu	
sich sorgen um	Sorge um	besorgt um
	Verwandschaft mit	verwandt mit
	Reichtum an	reich an
	Bereitschaft zu	bereit zu

Aber: sich interessieren für, interessiert an, Interesse an/ für

Zum Satz

76 Wie sind Sätze gegliedert?

Ausgebaute Sätze gliedern sich auf der obersten Stufe in mehrere grammatische Einheiten. (Die seltenen Genitivobjekte vernachlässigen wir.)

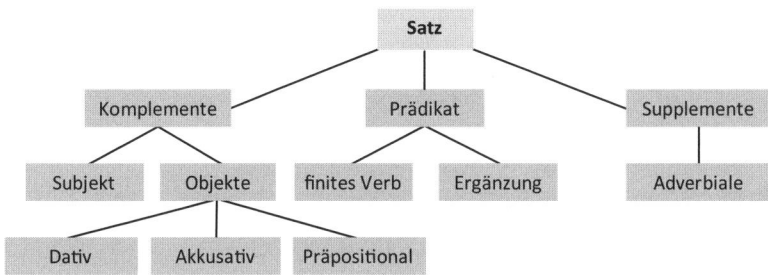

Diese Satzglieder bilden das Grundgerüst des Satzes. Zusätzlich können frei rangierende Partikeln eingepasst werden.

Die Unversität	erinnert	am Sonntag	uns alle	an ihren Gründungstag.
Subjekt	Prädikat	Adverbial	Akkusativobjekt	Präpositionalobjekt

> Die Universität **aber** erinnert am Sonntag uns alle an ihren Gründungstag.

Satzglieder werden mit Phrasen besetzt, die gegliedert und gestuft sein können. So kann man unüberschaubar komplexe Sätze bilden.
Für die einzelnen Satzglieder gibt es jeweils spezielle Fragen, mit denen in der Schule Kinder sie erfragen lernen.

wer?	was?	wo?
Die meisten Leute vermuten	Verschwörungen	hinter den Kulissen.

ziehen	— wer? —	was? —	wohin?
entfernen	— wer? —	wen? —	wovon?
erinnern	— wer? —	wen? —	woran?

77 Was gliedert den Satz im Detail?

Das Verb eines Satzes bestimmt weitgehend den Satzbau. Es fordert bestimmte Komplemente in einem bestimmten Kasus und in bestimmter Anzahl. Dadurch ergibt sich seine Valenz.
Die **Valenz der Verben** bestimmt darum auch, welche Satzmuster es im Deutschen gibt.
Jedes Verb verlangt ein Subjekt. Nur ein Subjekt und keine weitere Ergänzung haben einstellige Verben. Manche einstelligen Verben sind unpersönlich. Eng unpersönliche lassen nur ein unpersönliches *es* als Subjekt zu, ein zweiter Typ erlaubt nur Subjekte der 3. Person.

  Nur selten hat es geregnet.
  Draußen blitzte und donnerte es die ganze Zeit.
  Ein kleines Malheur ist geschehen.
  Sowas kommt vor.
  Solche Sachen passieren.

Häufige Verben mit Subjekt
Nur ein Subjekt und kein weiteres Komplement haben folgende Verben:
arbeiten – baden – duschen – funktionieren – husten – jubeln – klappen – klatschen – schlafen – schweigen – schwitzen – sterben – trainieren
  Plötzlich brannte der Wohnwagen.
  Dein Essen schmeckt mir immer besser.

Häufige Verben mit Subjekt + Akkusativ
essen – finden – fühlen – hören – kennen – küssen – lernen – lesen – lieben – machen – malen – nehmen – planen – probieren – rufen – sagen – schenken – schicken – sehen – singen – suchen – teilen – tragen – treffen – trinken – tun – zeichnen – belehren – beachten
  Nun singen wir ein neues Lied.
  Kannst du das perfekte Dreieck zeichnen?
  Pit hat den Schlüssel gesucht und gefunden.

Häufige Verben mit Subjekt + Dativ
fehlen – trauen
  Mir fehlt etwas Geld.
Es gibt auch unpersönliche Verben mit Dativ.
  Wie geht es Ihnen? – Mir geht es gar nicht gut!
  Ihm gelingt wirklich alles.

Häufige Verben mit Subjekt + Akkusativ + Akkusativ

nennen – fragen – lehren

Sie nannte ihn nur Mäuschen.

Wir hätten ihn gern mehr Grammatik gelehrt.

Was haben Sie mich gefragt?

Häufige Verben mit Subjekt + Dativ + Akkusativ

bringen – geben – glauben – helfen – kaufen – zeigen

Geben Sie mir bitte eine Auskunft.

Wer den Unzuverlässigen etwas glaubt, ist verloren.

Helfen Sie mir bitte, den Wagen zu schieben.

Häufige Verben mit Subjekt + Akkusativ + Präpositionalobjekt

erinnern – vergleichen – zwingen

Die Situation zwingt uns alle zum Nachdenken.

Man kann doch nicht im Ernst Äpfel mit Birnen vergleichen.

Türschützer warnen die Bevölkerung jetzt vor tollwütigen Hunden in der näheren Umgebung.

Häufige Verben mit Subjekt + Dativ + Präpositionalobjekt

danken – helfen – gratulieren – antworten

Dieser Schüler antwortet dem Lehrer auf all seine Fragen.

Wie danken Ihnen für Ihre Hilfe.

Jemandem zur silbernen Hochzeit gratulieren gilt als die reine Freude.

Häufige Verben mit Subjekt + Präpositionalobjekt + Präpositionalobjekt

sprechen – verhandeln

Sie spricht mit ihrem Freund über ihre Reise nach Trier.

Neuerdings verhandeln die Kriegsparteien wieder miteinander über einen Waffenstillstand.

Ein besonderer Fall sind die reflexiven Verben. Sie haben ein Reflexivpronomen als Akkusativobjekt oder als Dativobjekt.

Sie unterhält sich mit ihrem Freund über ihre Reise nach Trier.

Ihr Freund wundert sich über das Alter der Stadt.

Volker bedankt sich für die willkommene Hilfe.

78 Welche Arten von Sätzen gibt es?

Gegliederte Sätze haben mehr oder weniger direkt etwas mit Wahrheit zu tun:
- Mit ihnen kann direkt behauptet werden, dass etwas wahr ist:
  Du kamst heute um zwei Uhr.
- Mit ihnen kann gefragt werden, ob etwas wahr ist:
  Kommst du heute um zwei Uhr?
- Mit ihnen kann verlangt werden, dass etwas wahr gemacht wird:
  Komm heute um zwei Uhr!

Den möglichen drei Wahrheitsbezügen sind jeweils unterschiedliche sprachliche Handlungen zugeordnet, die man mit unterschiedlichen Satzarten ausführen kann.
- **Aussage**: behaupten, mitteilen, erzählen, berichten, zustimmen, informieren, antworten; verneinen, bestreiten, abstreiten, widersprechen
- **Frage**: fragen, erfragen, ermitteln, ausfragen, sich erkundigen
- **Verlangen**: befehlen, bitten, fordern, auffordern, gebieten; verbieten, untersagen

Grammatisch werden die drei Satzarten bestimmt durch die Stellung des finiten Verbs.
- Im **Aussagesatz** (auch Behauptungssatz, Erzählsatz, Deklarativsatz genannt) steht das finite Verb an zweiter Position:
  Das Wetter ist heute sehr schlecht.
  Aussagesätze werden meistens mit fallender Intonation gesprochen.
- Im **Fragesatz** (auch Interrogativsatz genannt) steht das finite Verb an erster Position:
  Bleibst du noch etwas da? (Entscheidungsfrage)
  Wer war gestern beim Spiel? (Ergänzungsfrage)
  Die Ergänzungsfrage enthält ein Fragewort (w-Wort). Das Fragewort markiert eine offene Stelle, der Sprecher möchte dafür eine Füllung, so dass der Antwortsatz wahr ist. Eine Ergänzungsfrage wird oft mit fallender Intonation gesprochen.
- Im **Befehlssatz** (auch Aufforderungssatz, Wunschsatz, oder Imperativsatz genannt) steht das finite Verb an erster Position:
  Bleib noch etwas hier!
Im Befehlssatz wird das Subjekt *du* ausgelassen.

79 Welche Satzmuster gibt es?

Satzstrukturen sind zu erfassen in Satzmustern. Satzmuster sind Schemata, die wir in unserem Gedächtnis gespeichert haben. Jede Sprache hat ihre eigenen Satzmuster. Die Kenntnis der Satzmuster lässt uns eine planvolle Gliederung entwerfen, in die wir die übrigen Satzglieder einpassen können.

Am häufigsten sind die Satzmuster 2 und 3.

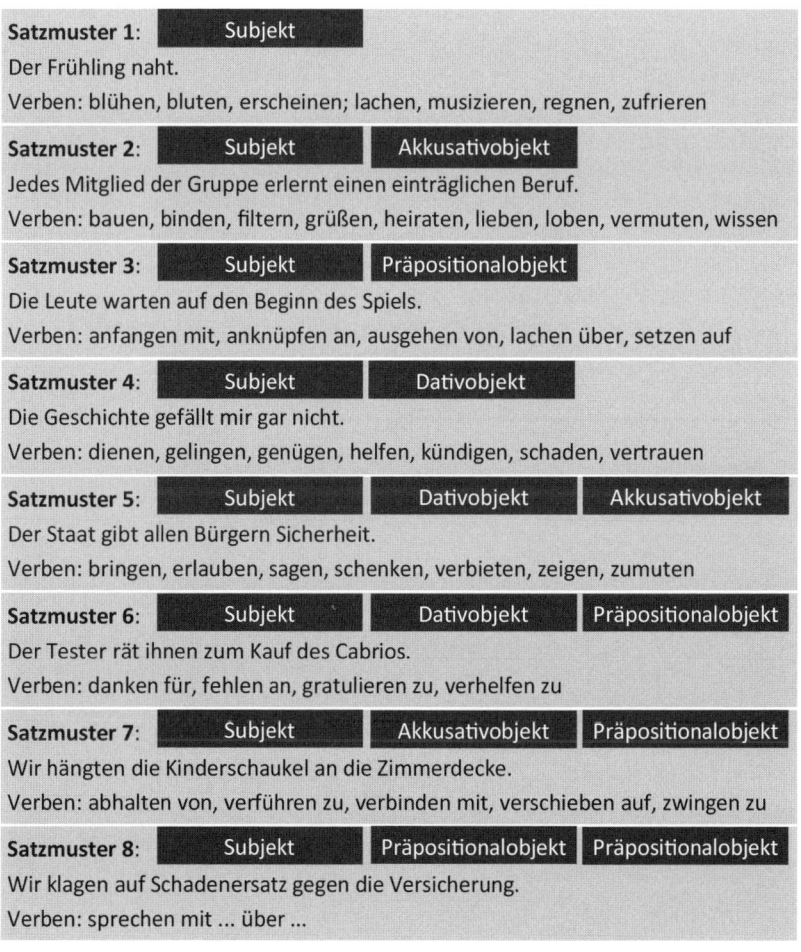

Satzmuster 1: Subjekt

Der Frühling naht.

Verben: blühen, bluten, erscheinen; lachen, musizieren, regnen, zufrieren

Satzmuster 2: Subjekt Akkusativobjekt

Jedes Mitglied der Gruppe erlernt einen einträglichen Beruf.

Verben: bauen, binden, filtern, grüßen, heiraten, lieben, loben, vermuten, wissen

Satzmuster 3: Subjekt Präpositionalobjekt

Die Leute warten auf den Beginn des Spiels.

Verben: anfangen mit, anknüpfen an, ausgehen von, lachen über, setzen auf

Satzmuster 4: Subjekt Dativobjekt

Die Geschichte gefällt mir gar nicht.

Verben: dienen, gelingen, genügen, helfen, kündigen, schaden, vertrauen

Satzmuster 5: Subjekt Dativobjekt Akkusativobjekt

Der Staat gibt allen Bürgern Sicherheit.

Verben: bringen, erlauben, sagen, schenken, verbieten, zeigen, zumuten

Satzmuster 6: Subjekt Dativobjekt Präpositionalobjekt

Der Tester rät ihnen zum Kauf des Cabrios.

Verben: danken für, fehlen an, gratulieren zu, verhelfen zu

Satzmuster 7: Subjekt Akkusativobjekt Präpositionalobjekt

Wir hängten die Kinderschaukel an die Zimmerdecke.

Verben: abhalten von, verführen zu, verbinden mit, verschieben auf, zwingen zu

Satzmuster 8: Subjekt Präpositionalobjekt Präpositionalobjekt

Wir klagen auf Schadenersatz gegen die Versicherung.

Verben: sprechen mit ... über ...

80 Was hat Valenz mit Bedeutung zu tun?

Verbvalenz und Satzmuster wirken sich aus auf die Bedeutung. Darum
gibt es viele Verben mit Mehrfachvalenz und mehreren Bedeutungen.

geben
- (unpersönlich) vorhanden sein: *Es gibt einen Gott.*
- (unpersönlich) entstehen: *Es gibt ein Gewitter.*
- aushändigen, bieten: *Ich gebe dir einen Bleistift.*

schaffen
- bewältigen, vollbringen: *Er hat alle Prüfungen geschafft.*
- irgendwohin bringen: *Schaff das Gerümpel aus dem Haus!*

gründen
- ins Leben rufen: *Franz von Assisi hat den Orden gegründet.*
- auf etwas aufbauen: *Er gründete seine Hoffnung auf Erna.*

verbinden
- mit einem Verband versehen: *Ich verbinde deine Wunde.*
- zusammenbringen: *Der Gang verbindet Flur mit dem Klo.*

vorstellen
- nach vorn stellen: *Ich stelle die Pflanze weiter vor.*
- bekannt machen: *Darf ich dir meine Frau vorstellen?*

verlassen
- sich von einem Ort entfernen: *Ich verlasse das Lokal.*
- Erwartungen in jemanden setzen: *Ich verlasse mich auf dich.*

ergeben
- als Resultat haben: *Die Untersuchung ergab keinen Beweis.*
- sich zeigen: *Dies ergibt sich aus dem Sachverhalt.*

erbauen
- ein Bauwerk errichten: *Hat das wirklich der Papst erbaut?*
- in gute Stimmung versetzen: *Die Predigt erbaute ihn.*
- sich erfreuen: *Ich habe mich an der schönen Predigt erbaut.*

81 Wie stimmen Subjekt und Prädikat überein?

Die Kongruenz im Numerus unterliegt nicht ganz einfachen Regeln.
Alle Nominalphrasen zählen als 3. Person (Singular oder Plural), alle untergeordneten Sätze als 3. Person (Singular).

Grundregel 1:
Subjekt im Singular → Verb im Singular
  Neben die Beobachtung trat das Experiment.

Grundregel 2:
Subjekt im Plural → Verb im Plural
  Die Eigenschaften der Atome sind zum großen Teil bekannt.

Zusatzregel 3:
Subjekt koordiniert mit *und* → Verb im Plural
  Genetik und Evolutionstheorie entwickelten sich schnell.
  Solche Auffassungen und wechselseitige Ansichten führten zu Diskussionen.
Analog bei einer Koordination mit *sowohl ... als auch*:
  Sowohl Spanien als auch wir müssen den Rohstoff einführen.

Zusatzregel 4:
Subjekt aus einer Koordination mit *oder,* Nominalphrasen im Singular → Verb im Singular
  War Haeckel oder Darwin der Begründer der Evolutionsforschung?
Analog bei einer Koordination mit *nicht nur ... sondern auch*:
  Nicht nur Darwin, sondern auch Haeckel hat der Evolutionsforschung Erkenntnisse gebracht.

Zusatzregel 5:
Das Subjekt bezeichnet eine Menge im Singular → Verb oft im Plural
  Eine Menge davon sind misslungen.
Ebenso: eine Masse / Reihe / Vielzahl / Anzahl usw.

Zusatzregel 6:
Subjekt besteht aus einer Nominalphrase im Singular mit interner *und*-Koordination → Verb im Singular
  Das 18. und 19. Jahrhundert brachte die Naturwissenschaften.

82 Welche Typen von Fragen kann man unterscheiden?

Fragen unterscheiden sich nach ihrer inhaltlichen Leistung und nach der grammatischen Form, auch nach der Form der Antwort:

- Geschlossene Fragen sind oder-Fragen, auch ja-oder-nein Fragen. Sie lassen dem Gefragten nicht viel Wahl. Er sollte sich für „ja" oder „nein" entscheiden oder für eine gegebene Alternative:
  Sind Sie hier geboren? – Ja.
  Haben Sie die deutsche oder die türkische Staatsangehörigkeit? – Die türkische.

Die Antwort ist genau, der Frager erfährt aber wenig.

Solche **Entscheidungfragen** enthalten kein Fragewort. Sie sind als Fragen gekennzeichnet durch die Erststellung des finiten Verbs und durch die Intonation: Die Stimme wird am Ende gehoben.

- Offene Fragen lassen dem Gefragten eine größere Wahl. Er kann in einer offenen Position seine Wahl treffen oder auch weiterführen:
  Wie alt sind Sie? – Ich bin 30 (Jahre alt).
  Wo sind Sie geboren? – Ich bin in Frankfurt geboren.
  Was sind Sie von Beruf? – Ich arbeite als Mechanikerin.
  Was machen Sie in ihrer Freizeit? – Ich spiele oft Gitarre.
  Wie halten Sie sich fit? – Ich spiele sehr gern Tennis.

Der Frager bekommt auf diese Weise viel Information.

Solche **w-Fragen** enthalten ein Fragewort, an dessen Stelle der Antwortende die gewünschte Information gibt.

Die beiden Grundfrageformen werden kommunikativ variabel eingesetzt. Dadurch kommen weitere Fragetypen zustande.

- Rhetorische Fragen sollen eigentlich gar nicht beantwortet werden. Der Frager setzt schon eine klar positive Antwort voraus:
  Kann man daran zweifeln? (Natürlich nicht.)
  Was kann man da schon machen? (Gar nichts.)

Bert Brecht: Fragen eines lesenden Arbeiters (adaptiert)
Wer baute das siebentorige Theben?
Haben die Könige die Felsbrocken herbeigeschleppt?
Über wen triumphierten die Cäsaren?
Der junge Alexander eroberte Indien.
Er allein?
Cäsar schlug die Gallier.
Hatte er nicht wenigstens einen Koch bei sich?

- Tendenzfragen sind so formuliert, dass sie eine Antwort nahelegen. Der Frager lässt erkennen, welche Antwort ihm lieber wäre:
  Du kommst doch? – Ja, natürlich.
  Kommst du etwa nicht? – Doch, doch.
  Das sind wohl Fruchtbonbons, die ihr da habt? – Ja klar.
- Vergewisserungsfragen erheischen die Bestätigung, dass etwas Behauptetes oder Vermutetes tatsächlich zutrifft:
  Wir waren schon dran, nicht wahr?
  Die haben ganz gut gespielt, gell?
- Prüffragen sind keine echten Fragen, weil der Frager die Antwort weiß, nur rausbekommen will, ob der Gefragte die Antwort kennt:
  Wieviel ist zwei plus zwei?
  Wer war der erste deutsche Nobelpreisträger?

Die steigende Intonation ist starkes Kennzeichen einer Frage. Sie kann auch normale Aussagesätze zur Entscheidungsfrage machen:
  So schwer darf ein Luftpostpaket nach Singapur sein?
  Der Zug nach Dresden fährt auf diesem Gleis?

Fragen können als Aufforderungen gedacht sein und auch so verstanden werden. Wenn der Partner Grund hat anzunehmen, dass der Fragende die Antwort kennt und weiß, dass der Gefragte dies weiß, liegt dieses Verständnis nahe:
  Könnten Sie das Fenster schließen? – Ja klar.
Hiermit wird auch gespielt:
  Kannst du mir mal 'nen Euro leihen? – Können schon.
Allgemeiner kommunikativ kann man diese Fragetypen unterscheiden.

Entscheidungsfrage	B soll entscheiden, ob er eine Proposition für wahr hält.
Alternativfrage	B soll entscheiden, welche von (zwei) vorgeführten Propositionen er für wahr hält.
Ergänzungsfrage	Die w-Stelle einer offenen Proposition soll von B gefüllt werden.
Bestätigungsfrage	B soll entscheiden, ob er eine vorgeschlagene Proposition für wahr hält.
Prüffrage	B soll zeigen, dass er die Frage beantworten kann.
Suggestivfrage	B soll der insinuierten Proposition zustimmen.
Rhetorische Frage	B soll dem A beipflichten zu einer evident für wahr gehaltenen Proposition.

83 Wozu braucht man Adverbiale?

Adverbiale sind – bis auf wenige Ausnahmen – Präpositionalphrasen:

Was geschah [an jenem Morgen]?

Bei uns scheint heute die Sonne.

Die Sonne scheint nicht überall.

Als Adverbiale stehen auch freie Akkusative und freie Genitive. Oft sind sie temporal:

Diesen Monat komme ich nicht.

Dieser Tage war ich in Italien.

Adverbiale sind nicht valenzbestimmt, sondern als Supplemente im Satz frei hinzufügbar. Ein Satz kann eine Reihe von Adverbialen enthalten:

Damals malte er aus reiner Freude das neue Bild im Keller.

Kommt ihr mit eurer ganzen Familie heute schon wieder aus dem geschäftigen Berlin?

Möchte der Arbeitnehmer sein Arbeitsverhältnis vorzeitig und ohne Nachteile beenden, sollte er unbedingt Kündigungsfristen in aller Genauigkeit und vor allem wohldokumentiert einhalten.

Adverbiale werden semantisch in Gruppen eingeteilt. Die Gruppierung ist bestimmt durch die Bedeutung der Präposition in Verbindung mit der Bedeutung des Nomens. Die traditionellen Gruppen sind nur grob und unscharf. Sie könnten alle genauer und spezifischer ausgefaltet werden.

Lokal	
positional: wo?	Wir schlafen unter der Decke.
direktional: wohin?	Ich krieche unter die Decke.
direktional: woher?	Wir kommen gerade aus Dortmund.
Temporal	
Zeitpunkt: wann?	Es geschah am ersten Ostertag.
	In dieser Woche werden wir wohl nicht kommen.
Zeitraum: wie lange?	Seit Montag regnet es hier bei uns.
	Bis morgen bleibe ich.
Frequenz: wie oft?	An mehreren Tagen fiel der Strom aus.
Kausal	
Ursache: warum?	Durch den Regen entstand großer Schaden.
Motiv: wieso?	All das geschieht nur zur Erheiterung.
Folge	Auf deinen Rat hin blieben wir weg.
Zweck: wozu?	Der Clown stolperte zur allgemeinen Belustigung.
Konzessiv	Sie kamen trotz schlechten Wetters.

Modal	
Art und Weise: wie?	Sie lernen ohne Unterbrechung.
	So redete Adenauer mit seinem rheinischen Akzent.
Umstand: wobei?	Unter diesen Umständen gehe ich.
Bedingung	Bei Regen bleib lieber zu Hause!
	Ruhig investieren kann man bei steigenden Preisen.
Instrument: womit?	Versuch es nochmal, diesmal mit dem Hammer!
Maß: wie viel?	Der Euro stieg um über drei Prozent.

Die Zuordnung zu semantischen Gruppen ist unscharf. Viele Adverbiale sind in diesem Sinn auch offen und nur im Kontext genauer zu deuten.

Mit diesem Versuch wurde das Projekt erfolgreich beendet.

Mit der Zeit kommt Vieles zu einem guten Ende.

Mit etwas Geduld kommt man oft zum Ziel.

In allen Bundesländern mit Ausnahme Bayern.

Adverbiale sind nicht nur durch Präpositionalphrasen besetzt. Auch Adverbien und Pronominaladverbien erfüllen diese Funktion.

Lokal	
positional: wo?	Da drüben kannst du die Flaschen abgeben.
direktional: wohin?	Wie komm ich denn hinüber?
direktional: woher?	Komm doch zu uns herüber.
Temporal	
Zeitpunkt: wann?	Oh Gott, immer soll es früher besser gewesen sein!
Zeitraum: wie lange?	Was nörgelst du ständig/ andauernd?
Frequenz: wie oft?	Mehrmals täglich fiel der Strom aus.
Kausal	
Ursache: warum?	Ursächlich für den Schaden war der Regen.
Motiv: wieso?	Ihr habt ihn wohl unversehens angestoßen?
Folge	Dementsprechend gehorchen die Kinder.
Zweck: wozu?	Gesine geht ganz zielstrebig vor.
Konzessiv	Sie kamen trotzdem über den Fluss.
Modal	
Art und Weise: wie?	Sie starrt mich so aufreizend an.
Umstand: wobei?	Umständehalber bleibt heute geschlossen.
Bedingung	Zufällig war noch etwas Geld in der Kasse.
Instrument: womit?	Lass uns lieber schriftlich verhandeln.
Maß: wie viel?	Mein Versuch war halbwegs gelungen.

84 Wie drückt man Begründungen aus?

Begründen und Argumente vorbringen wird mit Adverbialen geleistet.
Dazu dienen Präpositionalphrasen und Adverbialsätze, meist weil-Sätze
und wenn-Sätze.
Mit einer Begründung will man etwas rechtfertigen, mit einer Argumentation etwas beweisen oder für etwas plädieren, den Partner überzeugen.
Die übliche Form ist ein Adverbialsatz mit *weil*:

Die autofreie City kommt nicht, weil es zum Tod der Geschäfte führt.

Behauptung	Begründung

Hier sind andere grammatische Begründungsformen:

Die autofreie City kommt nicht. Denn es führt zum Tod der Geschäfte.
Wegen drohenden Tods der Geschäfte kommt die autofreie City nicht.
Die autofreie City kommt nicht. Das führt ja zum Tod der Geschäfte.

Will man einen Partner überzeugen, ist es besonders wichtig, dass man
haltbare und plausible Argumente gibt. Eine Begründung ist ein Argument, wenn es eine allgemein gültige oder plausible Regel, eine Stütze
für sie gibt:

Die autofreie City kommt nicht, weil das zum Tod der Geschäfte führt.

Behauptung	Argument

Wenn es zum Tod der Geschäfte führt, kommt die autofreie City nicht.

Stütze

Die Stütze ist ein allgemeiner wenn-dann-Satz, aus dem folgt, dass das
Argument sticht. Stützen sind aber selbst Behauptungen. Ein Argument
ist erst dann schlüssig, wenn die Stütze akzeptiert wird.

Hier beißt sich die Katze in den Schwanz.

Ich esse gern Bonbons.	
Warum?	
Weil ich stark werden will.	Warum?
Warum?	Weil ich mir Bonbons kaufen kann.
Damit ich Geld verdiene.	Warum?
	Weil ich gern Bonbons esse.

Ein Begründungsfehler lässt das Ganze im Kreis laufen. An einer Stelle
wird ein Ziel statt einer Begründung angegeben.
Oft wird auch ein *wollen* oder Ähnliches im Zirkel eingeschmuggelt.

85 Wie drückt man Bedingungen und Folgen aus?

Allgemeine Gesetzmäßigkeiten, Regeln und natürliche Zusammenhänge werden in Bedingungsgefügen (auch Konditionalgefüge genannt) formuliert. Eine Bedingung ist keine Tatsache. Sie bleibt offen, kann eintreffen oder nicht.
Die explizite Form hierfür ist die Verbindung zweier Sätze mit *wenn* oder *falls*.
> Es fließt viel Wärme ab, wenn die Decke zum Dachboden nicht gedämmt ist.
> Es fließt viel Wärme ab, falls die Decke zum Dachboden nicht gedämmt ist.

Die Bedingung kann kürzer und nominal in einer Präpositionalphrase formuliert werden:
> Bei fehlender Dämmung der Decke zum Dachboden fließt viel Wärme ab.

Auch unser Handeln knüpfen wir öfter an Bedingungen:
> Die Berliner Regierung wird nicht weiter verhandeln, wenn Washington unverändert mit Sanktionen droht.

Eine tatsächliche Folge ist oft bedingt durch eine allgemeine wenn-dann-Regel. Aber im Gegensatz zur konditionalen Relation müssen beide Teilaussagen tatsächlich zutreffen. Darum sind allgemeine Bedingungsgefü-

Basis: wenn-dann-Regel

Wenn Washington mit Sanktionen droht, wird die Berliner Regierung nicht weiter verhandeln.

ge oft Voraussetzung für die Folgebeziehung:
Plausibel sind die unterschiedlichen Formen nur, wenn die Basis akzeptiert wird.
> Washington droht mit Sanktionen, sodass die Berliner Regierung nicht weiter verhandeln wird.
> Washington droht mit Sanktionen, also wird die Berliner Regierung nicht weiter verhandeln.
> Washington droht mit Sanktionen, folglich wird die Berliner Regierung nicht weiter verhandeln.
> Infolge der Sanktionen durch Washington wird die Berliner Regierung nicht weiter verhandeln.

Zur Wortstellung

86 Wie stehen die Wörter im Satz?

Für die Stellung der Wörter im Satz gelten drei Grundregeln.

1. Phrasen und Satzglieder bleiben zusammen. Nur selten werden einzelne Wörter aus Phrasen herausgestellt. Darum können die einzelnen Wörter hier nicht aus den Klammern herausgezogen werden.

[Am jenem schönen Sonntag] gingen [mein Bruder und ich] [zum ersten Mal] [ins Schwimmbad].

Wenn man einzelne Teile aus einer Gruppe herauszieht, macht man meistens Fehler.

2. Für die Satzglieder im Satz gibt es eine Basisordnung. Sie gilt für den Fall, dass nichts besonders hervorgehoben oder betont werden soll.

[Vor einiger Zeit] [habe] [ich] [mir] [von dir] [ein Fahrrad] [geliehen].

Zeitangabe	finites Verb	Subjekt	DAT	PRÄP	AKK	Prädikatsteil

3. Feste Abfolgen werden durch die Grammatik festgelegt. Freie Abfolgen haben besondere kommunikative oder stilistische Wirkungen.

Damals gab ich viel Geld aus, weil ich furchtbar viel Bier trank.
Ich gab damals viel Geld aus, weil ich furchtbar viel Bier trank.
Weil ich furchtbar viel Bier trank, gab ich damals viel Geld aus.
Viel Geld gab ich damals aus, weil ich furchtbar viel Bier trank.
Geld gab ich damals viel aus, weil ich furchtbar viel Bier trank.
Aus gab ich damals viel Geld, weil ich furchtbar viel Bier trank.
Damals gab ich, weil ich furchtbar viel Bier trank, viel Geld aus.

Wer seinen Stil verbessern will, kann die Umstellprobe verwenden.

In der **Umstellprobe** wird in einem Satz ein Wort oder ein ganzer Teil des Satzes verschoben. Das Ergebnis wird danach beurteilt, ob es ein grammatisch korrekter Satz ist. Man erkennt so, welche Reihenfolgen überhaupt möglich sind.
Die Umstellprobe ist nützlich, wenn man die beste Wortstellung erproben will. Man verschiebt einen Satzteil an eine andere Stelle im Satz und prüft, ob das Ergebnis deutlicher und stilistisch besser ist, weil es die betonten Teile besser herausstellt, einen besseren Anschluss ans Vorhergehende bietet oder einfach besser klingt.

87 Wo steht die Personalform des Verbs?

Die Stellung des finiten Verbs definiert Satztypen oder Satzarten.

Heute sehen wir das anders.	Zweitstellung	Aussagesatz
Was sehen wir heute anders?	Zweitstellung	Ergänzungsfrage
Sehen wir das heute anders?	Erststellung	Fragesatz (ja-nein-Frage)
Seht das heute anders!	Erststellung	Befehlssatz/ Imperativsatz
Dass wir das heute anders sehen, ...	Endstellung	Nebensatz

ohne Konjunktion (dass, ob ...)

Uneingeleitete Nebensätze haben die Wortstellung von Aussagesätzen:
Sie sagte, er sei kein Kind mehr.
Wir dachten, das Zimmer ist sehr teuer.

Daneben gibt es Sonderfälle.

Heute sehen wir das anders?	Erststellung	Fragesatz (ja-nein-Frage)
Sehen Sie das heute anders!	Erststellung	Befehlssatz/ Imperativsatz
Sehen wir das heute anders, dann ...	Erstellung	Nebensatz

Deutschlerner machen häufig Fehler bei der Nebensatzstellung. Sie wählen dann meist die Hauptsatzstellung.

abweichend	korrekt
Sie sagte ihm, er kein Kind mehr sei.	Sie sagte ihm, er sei kein Kind mehr.
Wir dachten, das Zimmer sehr teuer ist.	Wir dachten, das Zimmer ist sehr teuer.
Sagen sie mir bitte, wieviel kostet ein Kurs.	Sagen sie mir bitte, wieviel ein Kurs kostet.
Als ich war sieben, habe ich Masern gehabt.	Als ich sieben war, habe ich Masern gehabt.
Seit bin ich hier, habe ich so viel gelernt.	Seit ich hier bin, habe ich so viel gelernt.
Das ist alles, was ich will dir erzählen.	Das ist alles, was ich dir erzählen will.
Dein Zimmer ist gut, weil es ist billiger.	Dein Zimmer ist gut, weil es billiger ist.
Wer weiß, ob er sich bewusst der Lage war?	Wer weiß, ob er sich der Lage bewusst war?
Er ging gleich ins Bett, wenn er war müde.	Er ging gleich ins Bett, wenn er müde war.

88 Wie ist der Satz gegliedert?

Im einfachen Satz unterscheidet man drei Felder.

Vorfeld	Mittelfeld	Nachfeld
Das Essen gestern	schmeckte mir gut,	eigentlich sehr gut.

Die Stellung des finiten Verbs (der Personalform) ist entscheidend. Im Aussagesatz steht das finite Verb an zweiter Stelle, also nach dem ersten Satzglied. Konjunktionen zählen nicht als Satzglieder:

Denn das Essen gestern schmeckte mir gut. *verb – 2.?*
Aber ich war leider schnell satt. *verb – 2.!*

Im Vorfeld oder in der Erstposition darf nur ein Satzglied stehen. Da werden von Sprachlernern häufig Fehler gemacht.

abweichend	korrekt
~~Dort natürlich sehen wir die Mauer.~~	Dort sehen wir natürlich die Mauer.
~~Gestern leider bin ich schwer gestürzt.~~	Gestern bin ich leider schwer gestürzt.
~~Aber wirklich jetzt bin ich abgebrannt.~~	Aber jetzt bin ich wirklich abgebrannt.
	Jetzt bin ich aber wirklich abgebrannt.

Ist das Prädikat komplex, steht der zweite Teil am Ende des Mittelfelds.

Vorfeld	Mittelfeld	Nachfeld
Das Essen gestern	sollte mir eigentlich gut geschmeckt haben.	

So entsteht im Mittelfeld die Satzklammer, die als typische Erscheinung des Deutschen gilt. Wenn sie ausgebaut und zu lang wird, können schwer verständliche Konstruktionen entstehen.

Wir Deutschen **haben** diese Satzklammer, die so typisch für das Deutsche wie schwierig für den Ausländer ist, leider bis heute trotz großer Anstrengung nicht **aufgegeben**.
Unsere Oma platzte voll von Neuigkeiten, nachdem sie die ganze Zeit gegessen und getrunken hatte, mit ihrem Witz endlich heraus.
Der Schläger haute dann, für alle ganz unerwartet, in aller Eile endlich ab.

89 Was kann im Vorfeld stehen?

Im Normalfall steht ein und nur ein Satzglied im Vorfeld, oft das Subjekt oder ein Adverbial der Zeit oder des Orts.

[Die Riesen] standen eigentlich immer vorn und verdeckten die Sicht.

[Am Montag] wurde der Einbruch in einer Grunewaldvilla entdeckt.

[In Italien] trinkt man angeblich immer Wein zum Mittagessen.

Auf keinen Fall stehen zwei Adverbiale im Vorfeld. Dies gilt auch dann, wenn es sich um einfache Adverbien handelt.

Hüten Sie sich also vor doppelter Vorfeldbesetzung.

abweichend	korrekt
Am Mittwoch ihr kommt an?	Am Mittwoch kommt ihr an?
Dann er ist nach Haus gegangen.	Dann ist er nach Haus gegangen.
Heute es gibt keinen Unterricht.	Heute gibt es keinen Unterricht.
Hoffentlich Gott steht uns bei.	Hoffentlich steht uns Gott bei.
Zum Trost man kann sagen, es war schwer.	Zum Trost kann man sagen, es war schwer.

Die Konjunktionen *und, denn, aber* zählen nicht als Satzglied.

[Aber] [am Mittwoch] kommt ihr mit dem Auto an.

[Dann] [aber] ist er nach Haus gegangen.

[Denn] [heute und morgen] gibt es keinen Unterricht.

[Doch] [hoffentlich] steht uns Gott bei.

Ein Nebensatz füllt das Vorfeld. Deshalb folgt ihm das finite Verb direkt.

Als er zum Bus kam, war dieser besetzt.

Wenn Sie reisen, wollen Sie auch Sonne.

Wenn es geht, kucke ich am liebsten Sport.

Prädikatsteile im Vorfeld betonen diese stark.

Entdecken konnte man das erst im 19. Jahrhundert.

Bekannt wurde das alles erst später.

Extrem und meistens nur in der gesprochenen Sprache üblich sind Herausstellungen nach vorn. Sie werden durch Komma abgetrennt.

Wirklich, diese Kinder sind leichtsinnig.

Der Peter, der war schon unvorsichtig.

Den Kurs schwänzen, das ist nicht zu empfehlen.

90 Wie ist die Standardstellung im Mittelfeld?

Im Mittelfeld können mehrere Satzglieder nacheinander stehen. Am Beginn steht gewöhnlich das Subjekt oder ein Zeitadverbial, ein Ortsadverbial oder ein anderes Adverbial.

Mit großer Freude haben wir alle im letzten Winter gerodelt.

Am Ende des Mittelfelds stehen das Direktional und der zweite Teil des Prädikats.

Man soll sich nicht von jedem in die Karten gucken lassen.

Die Reise war damals für uns alle sehr angenehm.

	Ordnung im Mittelfeld
Zeit vor Ort	Sie wohnten lange Zeit in einer teuren Wohnung.
Zeit vor Objekten	Ich lernte in meiner frühen Jugend das Einmaleins.
Dativ vor Akkusativ	Wir wollten unserem Sohn ein neues Fahrrad schenken.
Akkusativ vor Genitiv	Man beschuldigt den Angestellten einer Unterschlagung.
Genitiv vor Präpositionalphrase	Sie erinnern sich dieser Zeit mit unguten Gefühlen.
Präpositionalphrase vor Direktional	Sie wollten wegen schlechter Noten nicht mehr in die Schule gehen.

In Zitierformen kann man die Regeln lernerfreundlich zeigen. Sie sind als kontextlose Normalform konzipiert.

	Regeln in Kurzform
LOC < AKK	in Clausthal eine Wohnung mieten
TEMP < DAT	ständig den Eltern danken
DAT < AKK	der Polizei eine Legende auftischen
TEMP < PRÄP	jeden Mittwoch Abend zum Treff einladen
DAT < PRÄP	den Beamten von Ihrer Idee erzählen
AKK < PRÄP	die armen Leute auf ihre Chancen hinweisen
PRÄP < DIR	mit seinen Kindern in die Schule fahren

abweichend?	korrekt
~~Da frage ich nach dem Weg sie.~~	Da frage ich sie nach dem Weg.
~~Gestern bin ich schwer leider gestürzt.~~	Gestern bin ich leider schwer gestürzt.

91 Was kann im Nachfeld stehen?

Man kann bestimmte Satzglieder ausklammern, das heißt nach dem zweiten Teil der Verbalphrase ins Nachfeld stellen.

Präpositionalobjekt	Wir waren ganz stolz [auf unsere Taten]. Wir haben uns gewundert [über viele andere Leute]. Sie waren nicht eingerichtet [auf solche kleinen Unfälle]. Man muss ständig aufpassen [auf Mopeds, die zu sehr auf die Mitte der Fahrspur drängen].
Vergleichsgruppe	Wir haben es genauso gemacht [wie unsere Vorgänger]. Sie waren wagemutiger [als die Spieler von gestern]. Die Sache kam mir größer vor als vermutet. Sie haben genauso gehandelt wie letztes Jahr.
Langes Satzglied	Sie haben es aufgeschrieben [für alle, die nicht dabei waren]. In diesem Punkt hat sich also nichts verändert in China, allem westlichen Wunschdenken vor den Olympischen Sommerspielen in Peking zum Trotz.
Aufzählung	Da kam alles zusammen: Angst, Unlust und Abenteuer. Die Abenteuerlust hat gesorgt für den Einsatz von 100 Polizisten, 10 Fahrzeugen und einem Hubschrauber.
Nebensatz	Sie haben erzählt, dass sie nicht zur Schule gehen wollten. Sie hatten 20 km zurückgelegt, um den Opa zu besuchen. Sie konnten beim Großvater abgeholt werden, der sie strahlend empfing. Einige haben die Frage immer wieder gestellt, ob alles so richtig war. Man soll lieber die Polizei rufen, wenn Gefahr droht.

Extrem sind **Herausstellungen** nach hinten. Sie sind grammatisch kaum eingebunden und klingen öfter wie gesprochene Sprache. Gemeinhin werden sie nicht zum Nachfeld gerechnet:

Sie waren wirklich alle da, [die Spieler des FC Bayern].

Alle wurden gerettet, zum Glück.

Das war ein Erlebnis, in Bamberg!

Wir haben sie endlich erledigt und vergessen, diese leidige Angelegenheit.

92 Wie ist das mit der Verbalklammer geregelt?

In der Verbalklammer werden komplexe Prädikate auseinandergerissen. Dieses Spezifikum des Deutschen macht beim Lesen Schwierigkeiten. Die Verbalkammer entsteht bei unterschiedlichen Verbalphrasen.

Komplexes Prädikat (Perfekt, Plusquamperfekt, Futur I, Futur II und Passiv)
Die beiden hatten ... über 20 Kilometer ... zurückgelegt.

Modalverb + Infinitiv
Die beiden wollten ... über 20 Kilometer ... zurücklegen.

Wahrnehmungsverb + Infinitiv
Niemand sah ... die beiden 20 Kilometer ... zurücklegen.

Verb mit trennbarem Präfix
Die beiden legten ... über 20 Kilometer ... zurück.

sein, werden, bleiben + Prädikativ
Die beiden sind ... nach über 20 Kilometer ... erschöpft.

Funktionsverbgefüge
Kalisalze kommen ... hier mit Erfolg ... zur Anwendung.

Feste Wendung
Die Bevölkerung nahm ... an der Geschichte ... Anteil.

Auch für Lerner bereitet die Verbalklammer Probleme.

abweichend	korrekt
Heute will ich dir schreiben in Deutsch.	Heute will ich dir in Deutsch schreiben.
Können Sie mir erklären diesen Brief?	Können Sie mir diesen Brief erklären?
Darf ich Ihnen bieten Kuchen an?	Darf ich Ihnen Kuchen anbieten?
Wer hatte gegeben den Auftrag?	Wer hatte den Auftrag gegeben?
Sie ist dann gelaufen auf die Straße.	Sie ist dann auf die Straße gelaufen.
Er wird betrachtet als ein Faulenzer.	Er wird als ein Faulenzer betrachtet.

Stilistisch wird Ausklammerung oft als schlecht angesehen, vielleicht auch weil sie nach Sprechsprache klingt.

inkriminiert	besser?
Ich habe ihn abgeholt vor langer Zeit.	Ich habe ihn vor langer Zeit abgeholt.
Alles ist bedeckt mit einem Teppich.	Alles ist mit einem Teppich bedeckt.
Ich muss dir erzählen von der USA-Reise.	Ich muss dir von der USA-Reise erzählen.

93 Welche Stellungsregeln gelten für Pronomen?

Für Pronomen gelten besondere Regeln. Grundsätzlich stehen Pronomen oft früher im Satz als die ausführlichen Nominalphrasen.

Die hier vorgeführten Grundregeln gelten nur, wenn keine besondere Betonung angestrebt ist.

Bei zwei Personalpronomen steht meist der Akkusativ vor dem Dativ.

Sie stellt dich mir vor.	Sie sagt es mir.
Wer stellt mich ihr vor?	Sie sagt es dir/ ihr/ ihm.
Wer stellt sie mir vor?	Sie sagt es uns/ euch/ ihnen.

es und *sich* können klitisch sein und unbetont angehängt werden. *es* steht nicht als Objekt im Vorfeld.

Wer erlaubt's dir?	Sie verbietet es sich.
Wer erlaubt dir's?	Sie erlaubt sich's einfach.

Bei Personalpronomen + Definitpronomen steht meist der Dativ vor dem Akkusativ.

Sie erzählt mir dies.	Sie erzählt mir alles.

Bei Personalpronomen + Indefinitpronomen steht meist der Akkusativ vor dem Dativ.

Sie stellt dich jemandem vor.	Sie erzählt mir irgendetwas.
Sie stellt dich allen vor.	

Das echte Reflexivpronomen *sich* erscheint selten im Vorfeld. Man sollte es möglichst früh im Mittelfeld bringen:

Da haben zwei Menschen sich unter Abertausenden gefunden.
Da haben sich zwei Menschen unter Abertausenden gefunden.

ungeschickt	besser
~~Ich habe keine Zeit, die anderen Nachrichten dir zu erzählen.~~	Ich habe keine Zeit, dir die anderen Nachrichten zu erzählen.
~~Ich möchte gerne wissen, ob Sie das Zimmer mir vermieten?~~	Ich möchte gerne wissen, ob Sie mir das Zimmer vermieten?

94 Wo steht die Negation?

Die Negation *nicht* kann sich auf das Prädikat beziehen und den ganzen Satz verneinen. Sie steht dann vor dem zweiten Prädikatsteil. Das *nicht* steht auch an dieser Stelle, wenn es keinen zweiten Prädikatsteil gibt. Dann schließt die Negation das Mittelfeld.
Beispiele für Satznegation:

Der Schiedsrichter wollte drei Spieler nicht [hinausstellen].
Er stellte sie nicht [hinaus].
Er benachteiligte sie nicht.
Es war klar, dass der Schiedsrichter sie nicht [hinausstellen wollte].
Er beabsichtigte, sie nicht [hinauszustellen].
Er hat nicht beabsichtigt, sie hinauszustellen.
Wir kommen am Freitag nicht.

Wichtig für die Stellung des *nicht* ist, was zum Prädikat zählt.

	Ordnung im Mittelfeld
Prädikatives Adjektiv	Sie sind nicht [unfair gewesen].
Prädikatsnomen	Er ist nicht [Spieler des Monat geworden].
Direktional	Er ist diesmal nicht [in die Mannschaft gekommen].
Nomen des Funktionsverbgefüges	Wir werden das alles nicht [zur Kenntnis nehmen].
Feste Wendung	Warum seid ihr nicht [Ski gelaufen]?
Präpositionalobjekt	Wir wollen unsere Leser nicht [über alle Details informieren].

Die Negation *nicht* kann sich auf eine Phrase beziehen. Dann spricht man von Teilnegation. Sie steht dann meist vor dieser Phrase.

Der Schiri wollte nicht drei Spieler hinausstellen, sondern zwei.
Nicht der Schiri hat drei Spieler hinausgestellt, sondern der Trainer.
Wir kommen nicht am Freitag, sondern am Samstag.

Besondere Betonung	Normalstellung
Leider hat er nicht mein Gepäck gefunden.	Leider hat er mein Gepäck nicht gefunden.
Ich konnte nicht bis 6 Uhr einschlafen.	Ich konnte bis 6 Uhr nicht einschlafen.

95 Was bewirkt die Wortstellung kommunikativ?

Außer festen grammatischen Grundregeln gibt es gewisse Tendenzregeln, die mit kommunikativen Wirkungen verbunden sind.

Je länger ein Satzglied ist, umso leichter kann man es aus der Normalstellung nach hinten bringen.

	Ordnung im Mittelfeld
Kurz vor lang	Ich mag das nicht. Ich mag nicht, dass du mich dauernd störst. Ich gebe dir das. Ich gebe das [dir und den Kindern].

Im Ikonismus richtet sich die Abfolge danach, wie wir den Ablauf wahrnehmen oder nach der Aufmerksamkeit.

	Ordnung im Mittelfeld
Material vor Produkt	Jesus machte [aus Wasser] [Wein]. Auf diese Weise entstand [aus den verschiedenen Zutaten] [ein Kuchen].
Herkunftsort vor Ziel Personen vor Sachen	Er führte sie [aus dem Dunkeln] [ins Helle]. Sie hat [von ihrer Freundin] [das Kleid] geliehen. [Mir] ist [der große Wurf] gelungen.

Man kann Satzglieder aus der Normalstellung nach vorn bringen, um einen Anschluss herzustellen.

	Kohäsion im Text
Bekannt vor neu	Vor mir standen Jan und Jelena. Diese beiden mochte ich besonders gern.

Nominalphrasen mit definitem Artikel stehen oft vor solchen mit indefinitem Artikel.

	Ordnung im Mittelfeld
Definit vor indefinit	Wir wollten dem Polizisten eine Ausrede auftischen. Wir wollten die Sache einem Polizisten darlegen
Personalpronomen vor Nomen	Wir wollten einem Freund ein Buch schenken. Wir wollten es einem Freund schenken.

Mise en relief ?

96 Welche Stilwirkungen kann die Wortstellung haben?

Die Wortstellung richtet sich öfter nach textuellen Gegebenheiten. Damit kann man **stilistische Wirkungen** erreichen. Zur Hervorhebung oder Kontrastierung zieht man ein Satzglied aus der Normalstellung:

Jetzt erfanden sie Methoden zur Bearbeitung von Eisen. Bronze konnten die Menschen schon vorher bearbeiten.

Wir haben von dir noch nichts gehört. Von all den andern haben wir lange Bescheid.

Das Vorfeld eignet sich besonders zur **Hervorhebung**. Eine starke Hervorhebung wirkt emotional.

[Dieses Buch] lese ich noch einmal.	[Stolz] bin ich auf diesen Sieg schon.
[Mir] brauchst du das nicht zu sagen.	[Aufgestanden] ist er, welcher lange schlief.
[Latscht] der doch einfach über mein Rosenbeet!	[Aus Seide] kann ich mir nichts leisten.

Hervorheben kann man durch Links- oder durch Rechtsversetzung.

Der Mann hat aus Eifersucht nach der Hochzeit das Weite gesucht.

Der Briefträger hat das Päckchen mir gegeben.

Durch die Stellung kann man den **Rhythmus verbessern**. So folgen lange Satzglieder oft den kürzeren. Es gibt auch extreme Stellungsvarianten mit besonderen Effekten.

Mögliche Abfolge	Besserer Rhythmus
Sie überließen allen Teilnehmern eines.	Sie überließen eines allen Teilnehmern.
Wir arbeiten mit größter Sorgfalt und fleißig.	Wir arbeiten fleißig und mit größter Sorgfalt.
Sie verkaufte Südfrüchte, Obst und Gemüse.	Sie verkaufte Obst, Gemüse und Südfrüchte.

Nicht betont	Sehr betont
Das war eine Überraschung.	Eine Überraschung war das.
Er hat zwei Hühner gegessen.	Gegessen hat er zwei Hühner.
Gestern habe ich ihn gesehen.	Gesehen habe ich gestern ihn.
Ich möchte ihm die Augen auskratzen.	Die Augen auskratzen möchte ich ihm.

Durch die Stellung kann man Mehrdeutigkeiten vermeiden.

Ludger hat ein Buch von Riesel gekauft.

Ludger hat von Riesel ein Buch gekauft.

Ein Buch von Riesel hat Ludger gekauft.

Zu Satzverbindungen und Text

97 Wie kann man Sätze verbinden?

Sätze können wir als selbständige Einheiten verwenden. Meist äußern wir Folgen von Sätzen, Texte also. Den Übergang vom Satz zum Text schaffen Satzverbindungen. Satzverbindungen sind von zweierlei Art.

In der **Koordination** (Parataxe) werden Sätze fortlaufend unverbunden oder mit Bindewörtern aneinander gereiht.

Unverbunden	Alles ging gut, wir waren froh.
Konjunktion (*und, aber, oder, denn*)	Meine Freundin fährt Ski, aber ich laufe Schlittschuh.
Adverb	Alles ging gut, wir waren also froh. Morgen habe ich Namenstag. Er wird natürlich gefeiert.

Unverbundene Satzkoordinationen lassen uns einen Zusammenhang ergänzen oder vermuten. Das mag einfach und verhältnismäßig klar sein:

Mach dir ein Steak! Du hast doch Hunger.

Schwierig sind eher obskure Zusammenhänge zu ergänzen:

Ich sitze am Fenster. Der Wecker hat geklingelt. Mein Apfelbäumchen blüht. Am 26. habe ich Geburtstag.

Als Schreiber muss man aufpassen, welche Zusammenhänge sich der Leser hinzudenken wird:

Meine Eltern haben fünf Kinder, drei davon erfreuen sich bester Gesundheit; zwei sind verheiratet.

Unser Hund ist sehr nett. Er frisst alles; besonders liebt er kleine Kinder.

In der **Subordination** werden Nebensätze einem Hauptsatz untergeordnet zu Satzgefügen (auch Hypotaxe genannt). Komplementsätze sind grammatisch fest verankert, vor allem durch Valenz:

Wir haben uns schon länger vorgenommen, dass wir gemeinsam in den Winterurlaub fahren.

Adverbialsätze sind als Supplemente freier:

Meine Freundin fährt Ski, während ich Schlittschuh laufe.

98 Was gibt es für Komplementsätze?

Komplementsätze sind bestimmt durch die Valenz des Prädikats im Trägersatz. Sie füllen eine Leerstelle im Satzmuster, stehen als Satzglieder.

Subjekt	Wer das versteht, weiß schon viel.
Akkusativobjekt	Ich weiß, dass es unüberschaubar viele Sätze gibt.
Dativobjekt	Man dankt, wem man sich verpflichtet fühlt.
Genitivobjekt	Sie erinnern sich, wessen sie können.
Präpositionalobjekt	Sie erinnerten ihn, dass er bleiben wollte.

Subjektsätze und Objektsätze können verschiedene Formen haben.
* **Inhaltssätze** sind durch die Subjunktionen *dass* oder *ob* eingeleitet:
  Dass die Eisdecke zersprang, wundert mich nicht.
  Man fragt sich, ob das zu vermeiden wäre.
Sie heißen Inhaltssätze, weil sie einen Sachverhalt ausdrücken, der zum Inhalt einer Überlegung, einer Rede oder einer Bewertung gemacht wird. Inhaltssätze stehen als Subjekt, als Akkusativobjekt oder als Präpositionalobjekt. Ihre Form ändern sie dabei nicht:
  Dass es so kommen musste, erstaunt nicht.
  Ich bedaure, dass es so kommen musste.
  Ich wundere mich (darüber), dass es so kommen musste.
Die Subjunktionen *dass* und *ob* sind reine Bindewörter, sie spielen keine grammatische Rolle im Nebensatz. Allerdings zeigen sie an, ob der Inhaltssatz eher feststellend (*dass*) oder fragend (*ob*) zu verstehen ist.
* **w-Sätze** sind Nebensätze, die durch ein pronominales w-Wort eingeleitet sind:
  Wer das macht, wird bestraft.   Ich verstehe, was ich lese.
w-Sätze können als Subjekt stehen oder als irgendein Objekt:
  Wer will, kommt.   Ich sehe, wen ich sehen will.
  Wir bleiben, wo wir sind.
  Man entsinnt sich, wessen man sich entsinnt.
Die w-Wörter spielen ihre grammatische Rolle im Nebensatz, und zwar muss diese Rolle übereinstimmen mit der Rolle des ganzen Nebensatzes. Sie variieren also im Kasus.

Neben diesen Grundformen können **satzwertige Infinitive** als Subjekt und Objekt stehen und sogar Sätze mit der Form von Hauptsätzen:
  Wir bemühen uns, alles zu berücksichtigen.
  Hier zu bleiben, hat keinen Sinn.   Man sagt, er ist nicht da.

99 Was bewirken wir mit Adverbialsätzen?

Adverbialsätze sind Nebensätze an Stelle von Adverbialen. Typisch sind sie mit unterordnenden Subjunktionen eingeleitet. Die Subjunktion steht immer am Anfang des Nebensatzes. Als Adverbial sind sie nicht notwendig und eher Weiterführungen mit einer gewissen Selbstständigkeit.

Semantisch werden mehrere Arten unterschieden. Dafür ist die einleitende Subjunktion zuständig.

Temporalsätze (*als* ...)	Als sich der Knäuel auflöste, blieb einer liegen.
Kausalsätze (*weil* ...)	Das ist möglich, weil die Kugel aus fester Materie besteht.
Finalsätze (*sodass* ...)	Sprich deutlich, damit du verstanden wirst.
Konditionalsätze (*wenn* ...)	Sie sind keine Dichter, falls sie je welche waren.
Konsekutivsätze (*sodass* ...)	Man stieß sie, sodass sie hinfiel.
Konzessivsätze (*obwohl* ...)	Obgleich er hier lebt, entdeckt er täglich Neues.
Modalsätze (*wie* ...)	Es funktioniert, wie das Video zeigte.

Neben den Grundformen gibt es:
* uneingeleitete Adverbialsätze mit dem finiten Verb in Erststellung:
  Kommt einer von rechts, hat er Vorfahrt.
Diese Satzgefüge sehen aus wie zwei Hauptsätze in Frageform. Der erste ist aber ein Bedingungssatz zum zweiten als Hauptsatz. Deshalb zählt er auch für die Wortstellung: finites Verb an zweiter Position.
* w-Sätze, die durch ein w-Wort eingeleitet sind:
  Wir machen das so, wie wir es immer gemacht haben.

Temporale Adverbialsätze werden durch die Subjunktionen *als, ehe, nachdem* u.a. eingeleitet:
  Als die Uhr zwölf schlug, kamen die Geister.
  Ehe es eins schlug, mussten sie wieder verschwinden.
Der Adverbialsatz formuliert eine relative Zeitangabe für den Hauptsatz. Gewöhnlich folgt die Satzstellung der zeitlichen Reihenfolge. Das genauere zeitliche Verhältnis zwischen Hauptsatz und Nebensatz wird durch die Subjunktion angegeben.
  Nachdem er gegessen hatte, ging er.   Er aß, bevor er ging.
Weiterführende w-Sätze mit temporaler Bedeutung sind eingeleitet durch temporale Adverbialpronomen:
  Er ging, worauf alles harmonisch wurde.
  Ich habe getankt, wonach ich mich sicherer fühle.

Kausale Adverbialsätze werden mit den Subjunktionen *weil, da, zumal* eingeleitet. Sie geben eine Ursache, eine Begründung oder ein Argument für etwas an. Der jeweilige Grund steckt im Adverbialsatz.

Die Tür steht offen, weil du sie nicht zugemacht hast.

Wir schicken Ihnen den Prospekt, weil Sie die Reisen interessieren.

Da die Reise Sie interessiert, schicken wir Ihnen diesen Prospekt.

Ich gehe zu Lesungen, weil es eine intellektuelle Freude ist, weil die Texte eine neue Dimension bekommen.

weil-Sätze sind im Hauptsatz öfter zur Verdeutlichung angekündigt:

Er wirkte vor allem *deshalb* verunsichert, weil alles schon vorher bekannt war.

Mit *da* eingeleitete Adverbialsätze sind meist vorangestellt:

Da alles schon vorher bekannt war, wirkte er verunsichert.

Weiterführende w-Sätze zeigen die kausale Funktion durch die einleitenden w-Wörter wie *weswegen, weshalb*:

Ich hatte Durst, weshalb ich viel Tee trank.

Sie hat den Wecker überhört, weswegen sie zu spät kam.

Hier steckt der Grund aber im Hauptsatz.

In bestimmten Zusammenhängen wird der weil-Satz auch mit Verbzweitstellung verwendet. Hier geht es um persönliche Begründungen:

Ich bin zu spät, weil ich habe meinen Bus verpasst.

Finale Adverbialsätze werden mit den Subjunktionen *damit, dass* eingeleitet:

Mach schnell, damit du den Zug bekommst.

Beeil dich, dass du nicht zu spät kommst.

Die finalen Adverbialsätze nennen den Zweck oder das Motiv einer Handlung. Der jeweilige Zweck steckt dabei im Adverbialsatz.

Gewöhnlich werden die finalen Adverbialsätze nachgestellt.

Florian hat Herrn Beckmann eine Zeitung mitgebracht, damit er sich als Patient nicht langweilt.

Geh du voran, damit wir uns nicht verirren.

Bitte schau vor dich, dass du nicht hinfällst.

Weiterführende w-Sätze zur Angabe des Zwecks können mit *wodurch* eingeleitet werden:

Er schüttelte sich wie wahnsinnig, wodurch er sich zu befreien hoffte.

Final sind auch satzwertige Infinitive, die mit *um* eingeleitet sind:.

Sie taten alles um das Spiel zu gewinnen. (= damit sie das Spiel gewinnen)

Konsekutive Adverbialsätze werden mit den Konjunktionen *sodass* und *dass* eingeleitet:

Es war zu wenig Wasser, sodass die Blumen die Köpfe hängen ließen.

Sie machten einen derartigen Lärm, dass alles zusammenlief.

Die konsekutiven Adverbialsätze geben eine tatsächliche Folge an. Die jeweilige Folge steckt im Adverbialsatz; der Hauptsatz gibt die Ursache oder den Grund an.

In dieser Verwendung kommen auch Infinitivsätze vor:

Der Topf war zu groß um überzulaufen.

Konditionale Adverbialsätze werden durch die Subjunktionen *wenn, falls, sofern* eingeleitet:

Wenn es kalt wird, schneit es.

Sofern es keine Formulare gibt, genügt ein formloser Antrag.

Falls es schneien wird, ziehen wir Winterreifen auf.

Die konditionalen Adverbialsätze geben eine Bedingung an, der Hauptsatz bezeichnet die mögliche Folge.

Irreal heißen Konditionalsätze im Konjunktiv II oder mit würde-Umschreibung:

Wir würden nie gehen, wenn wir nicht müssten.

Wir wären doof, wenn wir aufgäben.

(Wir sind aber nicht doof und wir geben nicht auf.)

Wir hätten schon aufgepasst, wenn wir nicht so müde gewesen wären.

Uneingeleitete Konditionalsätze haben keine Subjunktion und die Form eines Fragesatzes:

Hast du was, bist du was.

Stellt die Kommission fest, dass vorhandene Unterschiede in den Rechts- und Verwaltungsvorschriften der Mitgliedstaaten die Wettbewerbsbedingungen auf dem Gemeinsamen Markt verfälschen und dadurch eine Verzerrung hervorrufen, so tritt sie mit den betreffenden Mitgliedstaaten in Beratungen ein.

Philosphen wissen: Bei einer Ursache muss es einen Grund geben.

Nachdem ich vierzig Jahre gefahren war, schlief ich am Lenkrad ein.

Als er den Verlust bemerkte, war der Fotoapparat weg.

Vor dem Frühstück soll man nicht arbeiten, wenn man aber mal vor dem Frühstück arbeiten muss, soll man wenigstens vorher etwas essen.

Konzessive Adverbialsätze werden mit den Subjunktionen *obwohl, obgleich, wenngleich* eingeleitet:

Obwohl das Glas sprang, brach es nicht.

Unsere Reise war schön, wenngleich sie einige Unannehmlichkeiten brachte.

Die konzessiven Adverbialsätze formulieren eine Tatsache, die normalerweise dagegen spricht, dass der Hauptsatz wahr ist. Der Hauptsatz ist also gegen die normale Erwartung wahr:

Ich esse nichts, obwohl ich Hunger habe.

Wenn man Hunger hat, so ist das ein guter Grund, etwas zu essen. Hier wird also etwas gesagt, was man normalerweise nicht erwarten würde.

 Die Verwendung von *trotzdem* als Subjunktion ist verpönt. Also nicht:

Trotzdem das Geld nicht mehr gültig ist, wird es noch gesammelt.

Auch w-Sätze mit *auch* können konzessive Bedeutung gewinnen:

Welche Gründe du auch anführst, ich bleibe hier.

Modale Adverbialsätze werden mit den Subjunktionen *indem, ohne dass* eingeleitet:

Wir begrüßen uns, indem wir uns anlächeln.

Im Netz surfen, ohne dass der Chef es merkt.

Eva lächelte wie die Mona Lisa, ohne dass sie mit der Wimper zuckte.

Die modalen Adverbialsätze geben die Umstände oder die Art der Ausführung an. Der Umstand steht im Adverbialsatz. Manchmal erscheint der Umstand auch wie eine Ursache:

Ich warf die Maschine an, indem ich den Schalter kippte.

Ich warf die Maschine dadurch an, dass ich den Schalter kippte.

Weiterführende w-Sätze mit modaler Bedeutung werden angeschlossen durch *wobei* und *wie*:

Sie lockerten sich, wobei sie jeden Muskel durchgingen.

Sie lockerten sich, wie sie es gelernt hatten.

Modale Infinitivsätze sind eingeleitet durch *ohne* oder *anstatt*:

Sie verließ mich ohne mit der Wimper zu zucken.

Die Definition des Modalen ist schwierig, ihre Anwendung auch. Öfter werden Vergleichssätze und andere hier angeführt:

Anstatt den PC herunterzufahren, fuhr sie ihn hinunter.

Da fühlte sie sich, wie wenn sie es zum ersten Mal richtig gemacht hätte.

Insofern so viele betroffen sind, sind auch alle betroffen.

100 Treppensätze und Schachtelsätze – zu vermeiden?

Nebensätze werden in Matrixsätze eingebettet. Sie stehen in der grammatischen Hierarchie eine Stufe tiefer. Jeder Nebensatz kann aber selbst wieder Matrixsatz sein, sodass mehrfache Unterordnungen in Form von Treppen entstehen.

Wir fordern,
      dass die Zensur verboten bleibt,
            damit die Demokratie nicht leidet.

Sätze mit mehreren Nebensätzen sind schwerer zu verstehen als einfache Sätze. Aber so lange die Treppen nur abwärts gehen, sind sie durchaus erträglich. Treppauf wird es schon schwieriger, besonders wenn man springen muss, wenn es in Schachtelsätzen treppab treppauf geht.

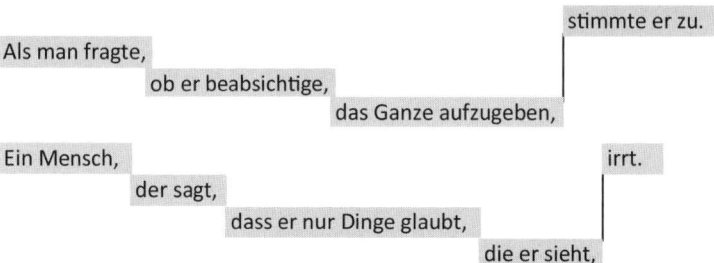

Als man fragte,
    ob er beabsichtige,
        das Ganze aufzugeben,
                    stimmte er zu.

Ein Mensch,
    der sagt,
        dass er nur Dinge glaubt,
            die er sieht,   irrt.

Als Schreiber hat man die Freiheit, Sätze in unterschiedlicher Reihenfolge zu bringen. Die Reihenfolge sollte dem Fluss der Gedanken entsprechen und den Leser nicht verwirren. Schachteln kann man vermeiden:

- Man klammert die Nebensätze aus und hängt sie an:
  Der Lohn, den man bekommt, ist für die Menschen äußerst wichtig.
  Für die Menschen ist der Lohn äußerst wichtig, den sie bekommen.
- Aus Nebensätzen kann man Hauptsätze machen:
  Sicher ist es richtig, wenn man feststellt, dass der Lohn wichtig ist.
  Eine Feststellung ist richtig: Der Lohn ist wichtig.
  Über uns stand eine Wolkendecke, deren einzelne Teile ...
  Über uns stand eine Wolkendecke. Ihre einzelnen Teile ...
- Nebensätze kann man in Phrasen umwandeln:
  Für jeden ist Lohn wichtig, um die eigene Einschätzung zu stärken.
  Für die Selbsteinschätzung ist der Lohn für jeden wichtig.
  der Lohn, den man bekommt, ... → ihr Lohn
  die Felder, die gepflügt waren, ... → die gepflügten Felder

101 Was sollte man bei der Zeitenfolge beachten?

Die Zeit ist relativ. So ist der Ausdruck von Zeit relativ organisiert. Zur temporalen Grundausstattung gehört die Relation zwischen den Tempora der oberen Gruppe 1 und denen der Gruppe 2 der relativen Vorzeitigkeit.

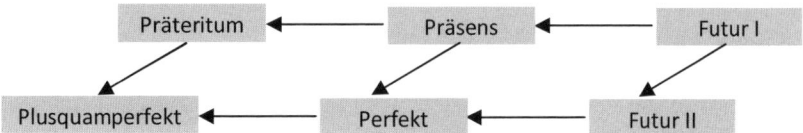

Die Abfolge der Tempora in zusammengesetzten Sätzen (im klassischen Latein consecutio temporum) spielt vor allem in Texten eine Rolle. Wir setzen eine Bezugszeit im Hauptsatz. Zeitliche Abfolgen müssen durch die passenden Tempusformen ausgedrückt sein.

Gleichzeitigkeit zwischen Hauptsatz und Nebensatz wird durch gleiches Tempus ausgedrückt.

Solange du aufräumst, gehe ich einkaufen.

Während er schläft, arbeitet sie.

Während sie geschlafen hat, hat er gearbeitet.

Perfekt und Präteritum werden auch gleichwertig als Vergangenheitstempora gesehen. Ähnlich Präsens und Futur I.

Als es klingelte, hat sie sofort aufgemacht.

Als ich dir den Ring geschenkt habe, lächeltest du nur leicht.

Wenn du rechtzeitig anfängst, wirst du früher fertig werden.

Vorzeitigkeit wird durch ein Tempus der Tempusgruppe 2 im Nebensatz ausgedrückt.

Mach deine Aufgaben, nachdem du gegessen hast.

Ich machte meine Aufgaben, nachdem ich gegessen hatte.

Die Zeitenfolge ist aber wesentlich bestimmt durch die Subjunktion. Bei gleicher Tempusverteilung bewirkt *bevor* **Nachzeitigkeit**.

Sie macht ihre Aufgaben, bevor sie gegessen hat.

Ich machte meine Aufgaben, bevor ich gegessen hatte.

Ich machte meine Aufgaben, bevor ich gegessen habe.

Bei adverbialen Ausdrücken ist wichtig, ob eine externe oder eine textuelle Bezugszeit gesetzt ist.

Externer Fixpunkt	Textueller, relativer Fixpunkt
damals, demnächst, früher, jetzt, später	danach, dann, darauf, davor, vorher, zuerst, zunächst, zuvor

102 Was sind denn infinite Sätze?

Infinite Sätze sind satzartige Konstruktionen, die kein finites Verb enthalten, statt dessen eine infinite Verbform. Sie können ohne finites Verb nicht Tempus und Modus bezeichnen. Außerdem fehlt das Subjekt. Dennoch sind sie den Sätzen eng verwandt. Sie können alle sonstigen Satzglieder und Erweiterungen einschließen.

Man unterscheidet eingeleitete Infinitivsätze und solche ohne Einleitung. Der Infinitiv wird immer begleitet von der Partikel *zu*. Die Infinitivphrase kann komplex sein:

[Ohne Verfassernamen zu zitieren] gehört sich einfach nicht.

Die beiden haben gestanden, [Rauschgift durch Zungenküsse geschmuggelt zu haben].

... dass es uns nie gelingen kann, [die Entstehung des höheren Wesens aus seinen niedrigen Vorfahren zu erklären].

Schwierig zu verstehen sind verstreute Infinitivsätze. Hier können mehrteilige Infinitivphrasen auseinander gerissen sein:

Ich will versuchen, das zu unterlassen.

Das will ich versuchen zu unterlassen.

[All dies] [ziehe] ich [vor] [für mich zu behalten].

Viele Verben verlangen Infinitivsätze als Ergänzung.

Infinitivsätze als Subjekt	Infinitivsätze als akkusativisches Komplement
ärgert, bedeutet, eilt, empfiehlt sich, freut, gefällt, gehört sich, gelingt, heißt, liegt fern	anfangen, befehlen, bestreiten, beteuern, bitten, drohen, empfehlen, erlauben, ermöglichen, fordern, hoffen, probieren, raten, suchen, sich trauen, unternehmen, vergessen, vermögen, versprechen, versuchen, vornehmen, vorschlagen, wünschen

Auch Nomen und andere Ausdrücke fordern Infinitivsätze:

Nur der Mensch hat die Fähigkeit, denken zu können.

Ich habe keine Angst, dich zu verlieren.

Ich habe keine Lust, weiter den Deppen zu spielen.

Ich habe keine Zeit, das alles zu wiederholen.

Die Möglichkeit, jemandem zu helfen, gibt es immer.

Das Problem, dies zu entscheiden, beschäftigt Lisa dauernd.

Dein Ratschlag, die Stadt zu verlassen, war ok.

Auch eine Reihe unpersönlicher Ausdrücke fordern Infinitivsätze.
Es ist für mich sehr angenehm, in der Sonne zu liegen.
Es ist für mich sehr anstrengend, mit dem Rad zu fahren.
Es fällt (mir) leicht/ schwer, dies zu tun.
Es macht richtig Spaß, mit den Kugeln zu spielen.

Das fehlende Subjekt wird regulär je nach Kernverb erschlossen.

Subjekt aus Subjekt	Weitere Verben dieses Typs
Ich verspreche dir, das Beispiel zu erklären. Ich verspreche dir, dass **ich** das Beispiel erkläre. Wir lehnen es ab, weitere Vorleistungen zu erbringen. Wir lehnen es ab, dass **wir** weitere Vorleistungen erbringen.	anbieten, anfangen, aufhören, beabsichtigen, beginnen, beschließen, drohen, erwägen, fortfahren, garantieren, gedenken, geloben, vermeiden, versichern, versprechen, versäumen, vorhaben, vorschlagen, zögern

Subjekt aus dem Dativobjekt	Weitere Verben dieses Typs
Ich befehle dir, das Beispiel zu erklären. Ich befehle dir, dass **du** das Beispiel erklärst. Man erlaubte ihr, diese Methode anzuwenden. Man erlaubte ihr, dass **sie** diese Methode anwendet.	anbieten, auftragen, befehlen, empfehlen, erlauben, ermöglichen, ersparen, gebieten, gestatten, nahelegen, raten, untersagen, verbieten, verwehren, vorschlagen, zumuten, zureden, zutrauen

Subjekt aus dem Akkusativobjekt	Weitere Verben dieses Typs
Ich bitte dich, das Beispiel zu erklären. Ich bitte dich, dass **du** das Beispiel erklärst. Es überredet sie, die Finger davon zu lassen. Es überredet sie, dass **sie** die Finger davon lässt.	anflehen, anstiften, anweisen, auffordern, beauftragen, beschwören, bewegen, bitten, drängen, erinnern, ermahnen, ermutigen, hindern, nötigen, veranlassen, verleiten, verpflichten, zwingen

Außerdem können die eingeleiteten Infinitivsätze auch innerhalb komplexer Nominalphrasen auftreten.
Eine Erlaubnis, ohne einen Antrag zu stellen, gibt es nur in ganz wenigen Ausnahmefällen.

Eingeleitete Infinitivsätze sind mit einer Art Subjunktion eingeleitet. Sie sind grammatisch freie Erweiterungen des einfachen Satzes. Das latente Subjekt wird aus dem Kontext erschlossen:

Dies wurde errechnet, ohne die Bewegung zu beeinflussen.

Dies hat man errechnet, ohne dass **man** die Bewegung beeinflusste.

Uns ist zu wenig bekannt, um genaue Angaben machen zu können.

Wir wissen zu wenig darüber, als dass **wir** genaue Angaben machen könnten.

Gibt es keine Hinweise im Kontext, so wird das latente Subjekt als allgemein verstanden. Wir ergänzen ein man-Subjekt in der Umformulierung:

Um einen hinreichenden Bildkontrast zu erzielen, ist eine ausreichende Wechselwirkung notwendig.

Damit **man** einen hinreichenden Bildkontrast erzielt, ...

Beim Einpassen der Umformulierungen müssen wir die gedankliche Verbindung deutlicher herausholen. Dabei bieten die Einleitungen *um, ohne, (an)statt* gute Hinweise. Jedoch müssen wir sie oft feiner ausdeuten:

Sie übt ihr Gedächtnis täglich, um möglichst wenig zu vergessen.

... damit sie möglichst wenig vergisst.

Besser wäre es, sich um Ihre eigenen Probleme zu kümmern, statt mir Ratschläge zu erteilen.

Besser wäre es, Sie würden sich um ihre eigenen Probleme kümmern, statt dass Sie mir Ratschläge erteilen.

Statt ins Bett zu gehen, spielt Pablo viel lieber Schach.

Pablo spielt viel lieber Schach, anstatt dass er ins Bett gehen würde.

Eine andere Art verkürzter Nebensätze haben als Kern eine Partizipialphrase mit verschiedenen Satzgliedern. **Partizipialkonstruktionen** sind oft in Nebensätze umzuformulieren:

Strenggenommen war das alles Blabla.

Wenn man es streng nimmt, war das alles Blabla.

Wir glauben, dass es, theoretisch gesehen, unlösbar bleibt.

Wir glauben, dass es unlösbar bleibt, wenn man es theoretisch sieht.

Das fehlende Subjekt wird bei infiniten Konstruktionen meistens aus dem ganzen Satz entnommen. Dies bietet ein fruchtbares Feld für allerlei Stilblüten.

Als ich an die Kreuzung kam, erhob sich ein Baum, um meine freie Sicht zu behindern.

Fröhliche Lieder singend, fuhr unser Bus ab.

Bis auf die Grundmauern niedergebrannt, betrachtete der Besitzer sein ehemaliges Heim.

103 Wann braucht man Korrelate?

Nebensätze und infinite Sätze können durch Korrelate angekündigt sein.
Korrelate zeigen, wie die Konstruktion grammatisch einzupassen ist:

Wir haben **es** immer gewusst, dass es so kommt.

Ich ertrage **es** nicht, dass du mich ständig kritisierst.

Deshalb entschied ich mich **dazu**, Germanistik zu studieren.

Man muss **darauf** achten, nicht zu großes Gepäck zu haben.

Sie wurden **dazu** gezwungen, die Straße zu verlassen.

Man wird sich kaum **daran** erinnern, dass die Börsenkurse einmal so hoch waren.

Die Pronomen *darauf, darunter, damit* oder die anaphorischen Pronomen *es, das* fungieren oft als Korrelate. Sie besetzen die entsprechende Satzposition:

* *es, das* als Subjekt oder Akkusativobjekt
* *darüber, damit* für entsprechende Präpositionalphrasen

Korrelate präzisieren die Satzrolle des Nebensatzes:

Wir haben es immer gewusst, dass es so kommt.

Wir waren darauf vorbereitet, dass es so kommt.

Wir waren uns stets dessen bewusst, dass es so kommt.

Für manche Verben sind Korrelate obligatorisch, vor allem zur Unterscheidung von Valenz- und Bedeutungsdubletten:

Wer kümmert sich darum, dass alles läuft?

Wir denken, dass er ging.

Wir denken daran, dass er ging.

Wir denken darüber nach, dass er ging.

Touristen fragen vor allem danach, was es da zu sehen gibt.

Verben mit Infinitivsätzen haben öfter ein präpositionales Korrelat:

Wir verzichten darauf, zu viel zu erklären.

Achten Sie bitte stets darauf, die Linie nicht zu berühren.

Wir beginnen jetzt damit, den Rhythmus zu finden.

Einige bestehen darauf, nicht benachteiligt zu werden.

Stets bitten Sie darum, gefragt zu werden.

Die Instrumente dienen dazu, den Kanal sauber zu halten.

Menschen neigen dazu, sich selbst zu überhöhen.

Wann endlich verzichten wir darauf, Regeln zu pauken?

104 Welche Formen nimmt das Relativpronomen an?

Relativsätze sind die häufigsten Nebensätze überhaupt. Sie sind durch Relativpronomen (*der, die, das, welcher, welche, welches*) eingeleitet. Wie alle Nebensätze haben Relativsätze Endstellung des finiten Verbs.

Das Relativpronomen verweist auf sein Bezugswort. Das Bezugswort bestimmt Genus und Numerus des Relativpronomens (Kongruenz). Der Kasus des Relativpronomens ist hingegen bestimmt durch seine grammatische Rolle im Relativsatz. Weil das Relativpronomen ein Satzglied ist, muss es im Relativsatz unterschiedliche Kasusformen annehmen.

Rolle im Relativsatz	Kongruenz
Subjekt	keiner aus der Mannschaft, der nachdachte, …
	eine Frau, die arbeitet, …
Akkusativobjekt	der Bogen, den ich sehe, …
	die Leute, die man hört, …
Dativobjekt	das Kind, dem ich danke, …
Genitivobjekt	der Himmel, dessen ich gewahr werde, …
Präpositionalobjekt	die Rübe, von der ich esse, …
	die Leute, auf die man zählt, …
Adverbial	die Leute, ohne die man nichts tun kann, …
	die Leute, unter denen man wohnt, …
	die Leute, mit denen man arbeitet, …
	das Bett, in dem ich schlafe, …
	die Leute, für die man arbeitet, …
Prädikativ	der Mensch, der ich bin, …
	die Leute, die ihr seid, …
Attribut	der Junge, dessen kleine Mütze ich gefunden habe, …
	die Frau, deren Ansichten ich teile, …

Das Relativpronomen kann selbst ein Attribut sein. Es heißt *deren* (im Plural und Singular Femininum) und *dessen* (im Singular Maskulinum und Neutrum):

Die Rüben, deren Schale uns nicht schmeckt.
Das Haus, dessen Fassade wir streichen.

Relativpronomen können auch Pronomen als Bezugswörter haben:
Niemand, der verantwortlich handelt, wird verachtet.
Nichts, was passierte, berührte sie.

105 w-Wörter als Relativpronomen: Was passt?

Als Relativpronomen kommt das Indefinitpronomen *was* vor:
- nach Pronomen im Neutrum wie *nichts, etwas, alles, manches, das* und nach Adverbialpronomen wie *darüber, darum, darauf*:
  Alles, was der Mensch so trinkt
  Das, was ich vermute, ...
- Nach nominalisierten Ajektiven im Neutrum:
  Etwas Spannendes, was ich erlebt habe ...
  Das Schönste, was wir haben, ...
  Das Spannendste, was ich erlebt habe, ...

Als Relativpronomen kommt das Indefinitpronomen *wo* vor. Es steht nach Ortsangaben und nach Zeitangaben:
  Die Stelle, wo es passiert ist, ...
  Dort, wo es passiert ist, ...
  Wo immer er fotografieren will, sind Spitzel zur Stelle.
  Wo das Denkmal steht, ist ein schöner Platz.
  An der Stelle, wo der Papierkorb stand, öffnete sich ein Krater.
  Das ist runtergegangen wie Öl in einer Zeit, wo nur gespart wird.
  Jetzt, wo es regnet, ...
  Der Monat, wo/ in dem es gewöhnlich regnet, ...
  Im Moment, wo/ zu dem ich ankam, ...

Nebensätze, die mit w-Wörtern eingeleitet sind, werden öfter auch als Relativsätze bezeichnet:
  Wer Liebe fühlt, zeigt sich als Mann,
  Vorausgesetzt, dass er das kann.
  Wer Wahrheit liebt, der urteilt scharf,
  Vorausgesetzt, dass er das muss.
  (Eugen Roth)

Solche w-Sätze sind nicht Teil von Nominalphrasen und keine Attribute, können aber in Relativsätze umformuliert werden.

[Wer will], kommt.	[Derjenige, der will], kommt.
Ich sehe, [wen ich (sehen) will].	Ich sehe [den, den ich sehen will].

Beachten Sie den Unterschied:
  Wissen Sie, warum sie das getan hat?
  Wissen Sie, worum es geht?
Diese Form gilt für Sachen und Sachverhalte, nicht für Personen:
  Wissen Sie, um wen es geht?

106 Was bedeutet komprimierter Stil?

Im komprimierten Stil streben Schreiber nach Kürze. Es geht um Satzgefüge, in denen die untergeordnete Aussage verkürzt wird durch Umformen und Weglassen. Leser müssen zum Verstehen aus der Verkürzung die Aussage rekonstruieren. Dazu müssen sie das Weggelassene ergänzen und das gedankliche Verhältnis zum Matrixsatz bestimmen.

Der komprimierte Stil ist üblich in der Verwaltungssprache. Er findet sich auch in wissenschaftlichen Texten.

Die wichtigsten Erscheinungen des komprimierten Stils sind:
- Infinite Sätze
- Adjektiverweiterungen
- Nominalisierungen

1. Im infiniten Satz steht das Verb im Infinitiv mit *zu*. Der Infinitiv zeigt nicht: Tempus, Modus und Person. Außerdem fehlen Ergänzungen.

Mechaniker halfen den imaginären Heizöltank gegen Überhitzung zu kühlen.

Wer zwingt die Kinder unnötiger Weise die Fahrbahn zu betreten?

2. In der Adjektiverweiterung erscheint das Verb als Partizip. Es müssen Tempus, Modus und Person erschlossen werden. Auch Ergänzungen können fehlen.

In den [in diesem Artikel genannten] Bereichen hat die Kommission jeden von einem Mitgliedstaat gestellten Antrag zu prüfen, in dem sie ersucht wird, dem Rat einen Vorschlag zu unterbreiten.

Kommt der Staat der [an ihn gerichteten] Empfehlung der Kommission nicht nach, so müssen nicht die anderen ihre innerstaatlichen Vorschriften ändern.

3. In der Nominalisierung erscheint das Verb in Form eines Nomens. Das wird erreicht durch Wortbildung oder durch einen nominalisierten Infinitiv. Ergänzungen können weggelassen sein oder in anderer Form erscheinen.

Die Beachtung dieser Regeln fördert besseres Schreiben.

Das Missachten von Verkehrszeichen ist meistens nicht sinnvoll.

Durch Kommasetzung kann man Mehrdeutigkeit vermeiden:

Wer zwingt die Kinder, unnötiger Weise die Fahrbahn zu betreten?

Wer zwingt die Kinder unnötiger Weise, die Fahrbahn zu betreten?

Für viele komprimierte Formulierungen werden verständlichere angeboten. Das gibt aber nicht das Recht, Komprimierungen zu verpönen. Sie dienen oft der Kürze und können auch verständlich sein.

Langform	Komprimiert
Indem wir auf Ihr Schreiben Bezug nehmen ...	Unter Bezugnahme auf Ihr Schreiben ...
Die Beschwerde, die Sie eingelegt haben, wurde abgelehnt.	Ihre eingelegte Beschwerde wurde abgelehnt.

Komprimierung im Verwaltungsstil kann auch zur Marotte werden und sogar der Komprimierungsidee widersprechen. So zeigen die Formulierungen in der rechten Spalte kürzere und bessere Versionen.

Der Flur ist unter Zuhilfenahme eines Besens zu reinigen.	Der Flur ist mit einem Besen zu reinigen.
Hinsichtlich Ihres Antrags ist noch keine Entscheidung getroffen.	Über Ihren Antrag ist noch nicht entschieden.
Die Erklärung des Einspruchs muss in deutscher Sprache abgefasst sein.	Der Einspruch muss in deutscher Sprache erklärt werden.
Von diesem Zeitpunkt an ist es Ihnen das Führen eines Kraftfahrzeugs jeglicher Art verboten.	Von da an dürfen Sie kein Kraftfahrzeug mehr fahren.
Ihre eingelegte Beschwerde wurde abgelehnt.	Ihre Beschwerde wurde abgelehnt.

Aversion gegen Verwaltung und ihre funktionale Sprache führen auch zu erfundenen Stilblüten. Sie dienen der Vorführung bestimmter Redeweisen und überziehen oft. Sie sollen uns vielleicht auch belehren und vor Redundanz und Geschwollenheit warnen.

Zu meinem Bedauern kann ich dem Antrag leider nicht stattgeben.	Leider kann ich dem Antrag nicht stattgeben.
Um eine unnötige Verlängerung des Fahrverbots zu vermeiden sollten Sie Ihren Führerschein der Behörde schnellstmöglich übergeben.	Wenn Sie vermeiden wollen, dass Ihr Fahrverbot sich verlängert, sollten Sie Ihren Führerschein der Behörde schnellstmöglich übergeben.
Bei allen Zahlungen und Einsprüchen ist zur Bearbeitung die Angabe des Aktenzeichens unerlässlich.	Geben Sie unbedingt Ihr Aktenzeichen an, wenn Sie bezahlen oder Einspruch erheben.

107 Wie graduiert man?

Die Komparation ist die grammatische Weise, Adjektive zu graduieren.

Grundform	Komparativ	Superlativ
kalt, dick	kälter, dünner	kältest-, dünnst-

Nicht vergleichend ist der intensivierende Superlativ (sog. Elativ):
mit besten Wünschen, freundlichst, aufs Herzlichste, mit den besten
Zutaten, mit modernsten Maschinen, mit anmutigsten Bewegungen

Adjektive können mit lexikalischen Mitteln graduiert werden.

ein bisschen heiß → etwas heiß → weniger heiß
ziemlich heiß → verhältnismäßig heiß → sehr heiß → richtig heiß → besonders
heiß → äußerst heiß → extrem heiß → unwahrscheinlich heiß → schrecklich heiß
→ unendlich heiß

Gradadverbien wie *sehr, ziemlich, kaum, fast, beinahe, gar, überaus* dienen der feinen Abstufung und Graduierung.
Man kann die Gradadverbien nach ihrem Grad absteigend ordnen. Allerdings sind solche Skalen nicht trennscharf.

zu → völlig → überaus → ziemlich → etwas → kaum
allzu → gänzlich → sehr → einigermaßen → ein wenig → fast
übermäßig → höchst → gar → recht → eher → wenig

In Wortbildungen werden Adjektive unterschiedlich graduiert:
schwerverständlich, blitzschnell, urkomisch, hyperschlau

Der folgende Satz ist doppeldeutig, *selten* kann als Zeitadverb oder gra-
duierend verstanden werden:
Meine damalige Freundin war selten schön.
Mit Satzadverbien wie *sicherlich, zweifellos, wirklich, vielleicht* wird der
ganze Satz graduiert. Sie erlauben, die Behauptungsstärke und die Gül-
tigkeit der Aussage zu verändern:
Ich komme gewiss.   Ich komme vielleicht.
Nach ihrer Stärke kann man diese Adverbien ordnen:

sicher → gewiss → wahrscheinlich → vermutlich → vielleicht → möglicherweise

108 Wie kann ich etwas negieren?

Der Negationsausdruck *nicht* verkehrt einen Satz in sein Gegenteil. Dies verdeutlicht eine Umformulierung. Verneint das *nicht* den ganzen Satz, liegt eine Satznegation vor:

Sie fahren heute nicht. → Es ist nicht der Fall, dass sie heute fahren.

Das *nicht* kann sich aber auf besondere Teile des Satzes beziehen. Dann ist es eine Teil- oder Sondernegation:

Sie fahren nicht heute (aber sie fahren).

Es gibt weitere grammatische Möglichkeiten zu verneinen.

Negationsausdrücke	
Satzwort	**nein** Nein, da kam keine Langeweile auf.
Adverb	**nie, niemals** Unsere Partei kommt niemals in die Schlagzeilen. Solche Pilzgifte wurden nie in den Speisen gefunden.
Pronomen	**nichts, keiner, kein** Kein peinliches Ausfragen – nur aufmerksame Beobachtungen sind angesagt. Keiner der 22 Konferenzsäle in dem Bunker verfügt auch nur über ein Fenster. Nichts strahlte jedoch so eine Gemütlichkeit und Geborgenheit aus.
Konjunktion	**weder ... noch** Weder Pilzgifte noch Schwermetalle wurden in den Speisen gefunden.
Wortbildung	Die Streitpunkte zwischen Moskau und dem Bündnis waren unlös**bar**. Dabei waren sogar sieben Flüsse der neuen Bundesländer chancen**los**.

Eine Besonderheit ist die Negation mit *kein-*. Es handelt sich in etwa um das Negat des indefiniten Artikels.

Werft keinen/ keine Plastikbecher in die Natur!

Werft Plastikbecher nicht in die Natur!

Die negative Nominalphrase wirkt wie eine Satznegation und ersetzt sie. Die Negation mit *nicht* wäre in diesen Fällen eine Teilnegation:

Werft nicht einen Plastikbecher in die Natur!

109 Wie formuliert man indirekte Rede?

Wiedergabe von Gesagtem zählt zu den Grundauszeichnungen menschlicher Sprachen. Die mediale, die kommunikative Welt lebt davon. Die **Redewiedergabe** ist zweiteilig aufgebaut.

Redeeinleitung (RE)	Redeinhalt (RI)
Der Regierungssprecher hat gesagt:	„Die Verhandlungen sind gescheitert."
Der Regierungssprecher hat gesagt,	dass die Verhandlungen gescheitert seien.
Der Regierungssprecher hat erzählt,	es habe eine gute Atmosphäre geherrscht.
Der Regierungssprecher hat behauptet,	dass der Partner kein Entgegenkommen gezeigt hat.
Der Regierungssprecher hat berichtet,	in Sachen Menschenrechte sei man hart geblieben.

Standardform der Redeeinleitung ist ein Redeverb. Typisch und neutral ist das Verb *sagen*. Es gibt aber eine große Zahl weiterer Redeverben, die den Sprechakt deutlicher machen. Der Redeinhalt kann im Wortlaut zitiert oder indirekt wiedergegeben werden. Auch in der indirekten Rede sollte der Wortlaut für den Rezipienten deutlich bleiben.

In direkter Rede muss die Redeinleitung nicht am Anfang der Redewiedergabe stehen und der Redeinhalt kann realisiert sein durch eine der drei Satzarten. Dafür gibt es Regeln der Zeichensetzung in der direkten Rede.

RE: „RI."	RE: „RI!"	RE: „RI?"
„RI", RE.	„RI!", RE.	„RI?", RE.
„RI1", RE, „RI2."	„RI1", RE, „RI2!"	„RI1", RE, „RI2?"

Der Sprecher berichtet: „Dies werden wir alsbald anpacken."
Die Wähler fordern: „Packt das endlich an!"
Einer fragt: „Wann packt ihr das endlich an?"
„Wann packt ihr das endlich an", fragt einer.
„Dies werden wir alsbald anpacken", berichtet der Sprecher.
„Dies werden wir", berichetet der Sprecher, „alsbald anpacken."

In der indirekten Wiedergabe erscheint die Rede als Nebensatz, als Inhaltssatz, der mit einer Subjunktion (*dass* oder *ob*) eingeleitet ist oder ohne Einleitung bleibt:

> Die Pressevertreter haben gefragt, ob eine gute Atmosphäre geherrscht habe.
>
> Der Regierungssprecher hat geantwortet, es habe eine gute Atmosphäre geherrscht.

Ohne den Inhaltssatz wäre der Hauptsatz unvollständig. Die Unterordnung wird hier meist durch den Konjunktiv im Nebensatz angezeigt.

Beim **Umformen** des Gesagten in indirekte Rede werden im Nebensatz Angaben verändert, die sich direkt auf die ursprüngliche Sprechsituation beziehen. Das sind im Prinzip alle Wörter, die auf diese Situation verweisen:

- Personal- und Possessivpronomen (besonders der 1. und 2. Person):
  Der Sprecher sagte: „Wir verhandeln weiter."
  Der Sprecher sagte, **sie** würden weiter verhandeln.
  Der Journalist fragt: „Werden Sie uns weiter informieren?"
  Der Journalist fragt, ob **sie** sie weiter informieren werde.
- Ortsangaben:
  Der Sprecher berichtet: „Das Ganze wird hier fortgeführt."
  Der Sprecher berichtet, das Ganze werde **im Regierungssitz** fortgeführt.
- Zeitangaben:
  Gestern kündigte der Sprecher an: „Morgen wird weiter verhandelt."
  Gestern kündigte der Sprecher an, **heute** werde weiter verhandelt.
- Tempus:
  Gestern verlautbarte der Sprecher: „Gestern wurde weiter verhandelt."
  Gestern verlautbarte der Sprecher, **vorgestern** sei weiter verhandelt worden.

In der Redewiedergabe kommt es auf feinste Feinheiten an. Schon ein fehlendes r kann Einiges bewirken.

> Das Feuer wurde in der Nacht auf Sonntag gelegt, beichtete gestern die Kasseler Polizei.

110 Was soll der Konjunktiv in indirekter Rede?

Damit wir als Leser nicht auf die Idee kommen, der Wiedergebende wolle in der indirekten Rede dafür grade stehen, was er wiedergibt, verwendet er oft den Konjunktiv, meist den Konjunktiv I.
Eigentlich wären Indikativ und Konjunktiv hier äquivalent. Das Redeverb schafft ja Klarheit. Der Konjunktiv kennzeichnet jedoch die indirekte Rede deutlicher. Er wird zum Kennzeichen der indirekten Rede und wird nötig, wenn kein Redeverb verwendet wird oder wenn die indirekte Rede sonst nicht zu erkennen wäre. Zum Beispiel, wenn sie in einem Text ohne Redeverb weitergeführt wird.

> Die Sprecherin verkündete stolz den Erfolg ihrer Partei. Dies sei ohne Zweifel der größte Erfolg der Partei. Sie habe in vielen Wahlkreisen deutlich zugelegt.

Wenn der Konjunktiv I nicht deutlich ist, verwendet man Konjunktiv II. Damit kann man seine Distanz zu der Meinung des Zitierten noch deutlicher anzeigen. Wenn der Konjunktiv II undeutlich ist, verwendet man die Umschreibung mit *würde* oder ein Modalverb. Hier gibt es eine Palette von deutlichen Formulierungen.

> Im Reisezentrum hatte der Mann laut Polizeibericht gedroht, dass er eine Bombe zünde.
> Im Reisezentrum hatte der Mann laut Polizeibericht gedroht, dass er eine Bombe zünden würde.
> Im Reisezentrum hatte der Mann laut Polizeibericht gedroht, dass er eine Bombe zünden wolle.
> Der Täter hat weiter gedroht, wenn ich zur Polizei gehe, wolle er sich an den Kindern rächen.
> Der Täter hat weiter gedroht, wenn ich zur Polizei ginge, wolle er sich an den Kindern rächen.
> Der Täter hat weiter gedroht, wenn ich zur Polizei gehen würde, werde er sich an den Kindern rächen.

Beim Konjunktiv II oder der würde-Umschreibung weiß man öfter nicht, ob nur indirekte Rede gekennzeichnet werden soll oder ob ein irrealer Konjunktiv vorliegt:

> Die Angeklagten gaben zu, dass sie es getan hätten.

Sagten sie „Wir hätten es getan." oder „Wir haben es getan"?

111 Wie wird gezählt?

Laut gezählt wird mit Zahlwörtern. Sie werden mit einem überschaubaren **Grundvokabular** durch Ableitung und Komposition gebildet.

> eins, zwei, drei, vier, fünf, sechs, sieben, acht, neun, zehn, elf, zwölf, zwanzig, dreißig, hundert, tausend, Million, Milliarde, erst

Grundzahlen werden regulär durch Komposition gebildet. Als Begleiter des Nomens werden sie nicht dekliniert.

> dreizehn, neunzehn; vierzig, fünfzig; zweiundzwanzig, dreiundachtzig; hunderteins, hundertzwei; tausendeins, tausendvier; zweitausend, sechstausend; fünftausendeinhundertzwanzig

Es gibt kleinere Unregelmäßigkeiten. Die Komposition endet bei *Million*.
    sechzehn, siebzehn; zwanzig, dreißig, sechzig, siebzig
    fünf Milliarden und drei Millionen sechstausenddreihundertzwanzig
Jahreszahlen werden in Hundertern gegeben: *neunzehnhundertdreizehn*.
Größere Zahlen (und längere Zahlwörter) schreibt man in Ziffern. Weil die Zahlwörter in der Abfolge nicht der Ziffernschreibweise entsprechen, ergeben sich Umsetzungsprobleme, die oft in Zahlendrehern enden.

Ordinalzahlen dienen dem Zählen nach einer Reihenfolge. Sie sind regelmäßig abgeleitet von den Grundzahlwörtern mit den Suffixen *-te / -ste* und werden dekliniert.
    Die hunderterste Frau der Geschichte, der tausenderste Gewinner

> dreizehnte, neunzehnte, vierzigste, zweiundzwanzigste, hundertzweite, hundertvierte; sechshundertste, sechstausendste, fünftausendundzwanzigste
> Ausnahme: eins → erst

Bruchzahlen werden regulär mit *-tel / -stel* abgeleitet.

> viertel, fünftel, sechstel, siebentel, achtel, neuntel, zehntel, elftel, zwölftel, zwanzigstel, dreißigstel, hundertstel, tausendstel, millionstel, milliardstel
> Ausnahme: zwei → halb, drei → Drittel

Sechs Jahre war Dajan alt, als er mit seinen Eltern und der neun Jahre jüngeren Schwester nach New York kam.
Mit nunmehr 10.000 Studierenden ist die Uni nach Göttingen, Hannover und Braunschweig die drittgrößte des Landes.

112 Wie gibt man Quanten an?

Um Quanten anzugeben verwendet man verschiedene sprachliche Mittel: Begleiter, enge Appositionen und nominale Kerne mit Attributen. Die indefiniten Begleiter *etwas, was, viel, wenig, ein bisschen* regieren Massenomen und als solche gebrauchte Adjektive. Sie bleiben unflektiert.

Hast du etwas trockenes Brot?
Ich hab dir was Schönes mitgebracht.
Da hatten Sie aber viel Glück.
Verfeinern Sie mit ein wenig süßer Sahne.
Alles gelingt mit ein bisschen gutem Willen.

Quantifiziert werden Massenomen und Zählnomen. Massenomen bleiben im Singular, Zählnomen können im Singular oder im Plural stehen. Bei engen Appositionen bestehen enge Bindungen der beiden Nomen.

Länge	drei Ellen Stoff, zehn Meter Schnur, vier Meter Abstand
Fläche	ein Ar Ackerland, 10 Hektar Wald, fünf Morgen Land
Volumen	ein Eimer Wasser, ein Fass Bier, fünfzig Fuder Wein, sechs Kubikmeter Holz, ein Liter Diesel, ein paar Löffel Suppe, zwei Schoppen Wein, ein Tropfen Blut, eine Kanne Tee, eine Maß Bier, eine Tasse Kaffee
Menge Gewicht	ein Dutzend Eier, drei Prozent Teuerung, ein Viertel Butter drei Kilogramm Äpfel, hundert Kilo Sprengstoff, ein Lot Blei, drei Pfund Kaffee, ein Zentner Kartoffeln, hundert Gramm Mehl
Portion	drei Schachteln Konfekt, acht Ballen Stroh, ein Barren Gold, ein Batzen Geld, ein Haufen Steine, achtzig Sack Reis, ein Schuss Cognac, ein Stapel Papier, eine Dosis Gift, zwei Ladungen Schrot, vier Portionen Sahne, eine Schnitte Brot, drei Tafeln Schokolade, zwei Kugeln Eis
Gruppe	ein Flug Schnepfen, ein Pulk Fotografen, ein Rudel Wölfe, ein Schwarm Bienen, zwei Sprung Rehe, dieser Trupp Paviane, eine Gruppe Jugendliche, drei Herden Schafe, x Kolonien von Ameisen, eine ganze Reihe Vorschläge, diese Rotte Wildschweine

In manchen Fällen gibt es alternative Konstruktionen:
> eine Gruppe Jugendlicher/ eine Gruppe von Jugendlichen, der Pulk der Fotografen, dreizehn Schachteln mit Zigaretten

Nicht für jeden ist der Umgang mit Quanten einfach:
> Die Hälfte des Gepäcks sollten sie im hinteren Teil des Wagens verstauen, jeweils ein Drittel davor und ein Drittel dahinter.
> 27% aller Deutschen können nicht lesen. Die übrigen 56% können nicht rechnen. 69,2% aller Statistiken sind falsch.
> Einmal war ich so krank, da hatte ich 40 Kilo Fieber!

113 Was strukturiert den Text?

Explizite Strukturelemente in Texten werden behandelt als Kohäsion.
Die Kohäsion wird zum Ausdruck gebracht mit Konnektoren.
Die Konnektoren gruppieren sich nach ihren semantischen Leistungen.
Sie werden allgemeinen Bedeutungsrelationen zugeordnet.

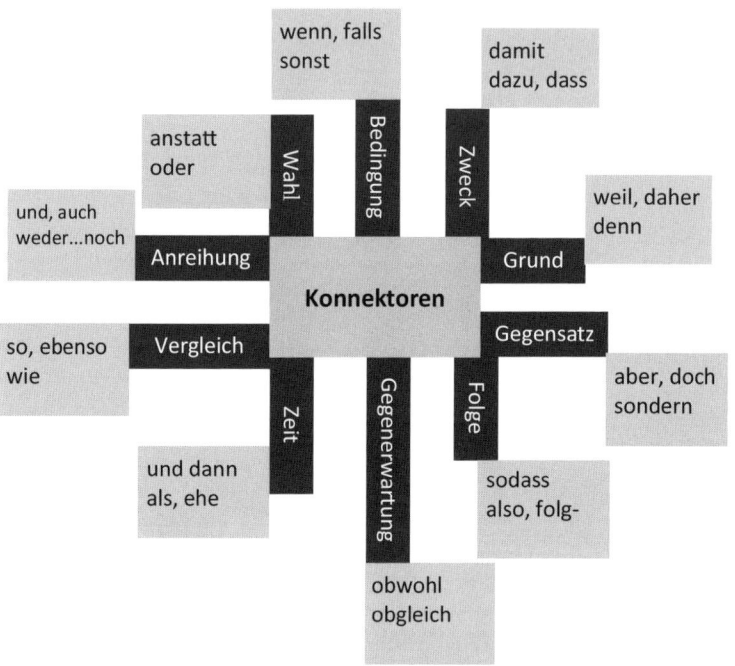

An seinem Wohnort hält er sich nicht auf. Er ist überwiegend hinter
Gefängnismauern. **Trotzdem** hat er in der Öffentlichkeit keinen gu-
ten Ruf.
Der Mond ist kleiner als die Erde. Das **liegt** aber auch **daran**, dass er
soweit weg ist.
Beethoven sagte: So pocht das Schicksal an die Tür – oder so ähnlich.
Er war **nämlich** taub.
Die Erde dreht sich 365 Tage lang jedes Jahr. Alle vier Jahre braucht
sie dazu einen Tag länger, und das ausgerechnet immer im Februar.
Warum weiß ich auch nicht. Vielleicht, **weil** es im Februar immer so
kalt ist und es deswegen ein bisschen schwerer geht.

Konnektoren können von unterschiedlicher Wortart sein.

Dies sind Beispiele für kausale und konzessive Formulierungsalternativen.

Konjunktion	Dass ein atomarer GAU nur sehr selten eintritt, beruhigt den Laien nicht; **denn** selten kann auch morgen sein.
Subjunktion	Dass ein atomarer GAU nur sehr selten eintritt, beruhigt den Laien nicht, **weil** selten auch morgen sein kann.
Bindeadverb	Dass ein atomarer GAU nur sehr selten eintritt, beruhigt den Laien nicht; selten kann **nämlich** auch morgen sein.
Adverbialpronomen	Selten kann auch morgen sein. **Deshalb** beruhigt es den Laien nicht, dass ein atomarer GAU nur sehr selten eintritt.
w-Wort	Selten kann auch morgen sein, **weshalb** es den Laien nicht beruhigt, dass ein atomarer GAU nur sehr selten eintritt.
Partikel	Dass ein atomarer GAU nur sehr selten eintritt, beruhigt den Laien nicht; selten kann **ja** auch morgen sein.
Präposition	**Trotz** seiner Seltenheit ist ein atomarer GAU für den Laien bedrohlich.
Brückenausdruck	Dass ein atomarer GAU nur sehr selten eintritt, beruhigt den Laien nicht. Der **Grund dafür** ist, dass selten auch morgen sein kann.

Die Gedankenverbindung kann verdeutlicht werden durch eine Art zusätzlicher korrelierender Ausdrücke.

Wenn ein Gau eintritt, **dann** gnade uns Gott.

Obwohl bisher nur zweimal was passiert ist, besteht **trotzdem** Gefahr.

Gefahr besteht **nicht nur** wegen der Strahlung, **sondern** auch wegen der Endlagerung des Mülls.

Weil wir Energie brauchen, brauchen wir **darum** Atomkraftwerke?

Als es in Japan losging, **da** war gleich die Welt in Aufruhr.

Zwar sei alles unter Kontrolle, **aber** wer glaubt das?

Einerseits ist es ökonomisch, **andrerseits** ist es nicht ökologisch.

Zum einen ist es ökonomisch, **zum andern** ist es nicht ökologisch.

114 Wie entsteht der Textzusammenhang?

Der Zusammenhang eines Textes entsteht im Verstehen. Dafür nutzen wir Explizites und Implizites. Die einzelnen Sätze sind verknüpft durch logische Beziehungen. Diese gedankliche Struktur müssen wir erfassen, um den Text zu verstehen. Manche müssen wir erschließen, andere sind im Text ausgedrückt.

Nach dem Lauf wusch ich mir die Füße und ging ins Bett.

Mit dem Wort *und* ist gesagt, dass ich beides getan habe. Aber es gibt auch eine Beziehung, die wir erschließen. Das wird hier deutlich:

Nach dem Lauf ging ich ins Bett und wusch ich mir die Füße.

Ohne dass ein Ausdruck steht, erschließen wir eine zeitliche Reihenfolge oder einen kausalen Zusammenhang.

Pepe war ganz schön müde. Er ging ins Bett.

Die gedanklichen Verhältnisse, die wir beim Verstehen unterstellen, müssen nicht explizit formuliert sein. Wir fügen sie hinzu, um Kohärenz sicherzustellen.

Die **Anreihung** ist die allgemeinste inhaltliche Verbindung. Sie besagt, dass die aneinander gereihten Sätze beide gelten sollen. Sie dient der Fortsetzung des Texts, drückt kein besonderes Gedankenverhältnis aus.

Es ist ein Metall. Es ist gelb.

Im **Vergleichen** stellen wir zwei Aussagen gegenüber. Vergleiche lassen uns etwas besser verstehen, weil wir es von anderem abgrenzen können.

Normale Leute kaufen warme Semmeln. Sie kauft warme Häuser.

Alternativen müssen nicht explizit geboten werden. Auch mit einfacher Folge können zwei Möglichkeiten als Alternative verstanden werden.

Du kannst mehr Fleisch essen, du kannst mehr Gemüse essen.

Begründung ist eine häufig unterstellte gedankliche Struktur. Menschen interessieren sich nicht nur für die vordergründigen Tatsachen. Sie wollen die Hintergründe sehen, die Regeln und Gesetzmäßigkeiten erkennen.

Jetzt gibt es große Überschwemmungen. Es hat tagelang geregnet.

Das **finale Gedankenverhältnis** ist bedingt durch die menschliche Ursache-Wirkung-Wahrnehmung. Die finale Verbindung gibt die Zwecke, Ziele und Absichten an, die Menschen mit ihren Handlungen verfolgen.

Ich tue alles. Ich will reich werden.

Für das Explizite sorgen vor allem Konnektoren. Letztlich müssen aber auch die verstanden werden und öfter werden sie falsch verstanden.

Jeder Textzusammenhang ist geprägt durch eine Verweisstruktur. Solche Verweisstrukturen werden behandelt in der **Anaphorik**.
Verweiswörter oder Anaphern stellen Bezüge her zu anderen Stellen des Textes. Diese Stellen bilden den Bezugsausdruck oder das **Antezedens**. So besteht jeder Verweis aus einem Verweiswort und dem jeweiligen Bezugsausdruck. Das zeigt die Lupentechnik.

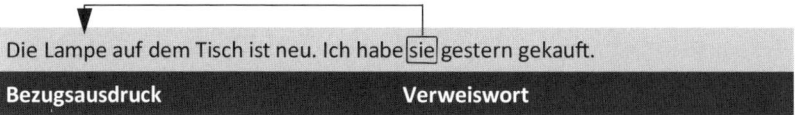

Die Lampe auf dem Tisch ist neu. Ich habe sie gestern gekauft.

Bezugsausdruck   **Verweiswort**

Verweiswörter können unterschiedliche Wortart haben.

Personalpronomen	Der Philosoph setzt sich mit dem Leben auseinander: **Er** reflektiert.
Adverbialpronomen	Die Bürger sollten nicht ins Stadion pilgern, nur um **dort** einige Sportler zu bejubeln.
Relativpronomen	Wissenschaftler klären über die ruhelose Natur auf, **die** sich nicht beherrschen lässt.
Definitartikel	Ein Beitrag von Rita Süsmuth. **Die** Autorin war Präsidentin des Deutschen Bundestags.
Demonstrativartikel	Kant bereitete dem Irrglauben ein Ende, Naturkatastrophen seien eine Strafe Gottes. **Diese** Ansicht veränderte das Denken gründlich.
Possessivartikel	Wenn Erdbeben natürliche Ursachen haben, können wir **ihre** Ursachen zu verstehen.

Bezugsausdrücke können unterschiedlicher Art sein:
- Bezugsausdruck ist eine Nominalphrase (oder mehrere Nominalphrasen, die der Verweis zusammenfasst).
- Bezugsausdruck ist eine Präpositionalphrase.
- Bezugsausdruck ist ein Pronomen.
- Bezugsausdruck ist ein Satz oder ein Sachverhalt.
- Bezugsausdruck ist ein Absatz oder ein ganzer Text.

Für Rezipienten ist wichtig, das Antezedens zu erfassen, damit sie den Zusammenhang verstehen. Teilweise ist das explizit durch Kongruenz gesichert. Aber die Kongruenz muss nicht eindeutig sein.

In der Kammer schläft meine Tochter und über ihr die Gasuhr. Dieselbe kommt in einem Monat nieder. Nun frage ich: Wohin mit ihr?

> **Regeln für die Kongruenz in anaphorischen Beziehungen**
>
> 1. Ist die Anapher ein genus-sensitives Pronomen, so besteht zwischen Antezedens und Anapher Fernkongruenz in Genus und Numerus.
> 2. Das Antezedens sollte der Anapher nicht zu fern stehen.
> 3. Als Antezedens wird das Thema vermutet. Je häufiger von einem Gegenstand im Text etwas gesagt wird, umso attraktiver ist er als Antezedens.
> 4. Das Subjekt wird als Antezedens bevorzugt. Zum einen ist es oft Thema, zum andern hat es eine gewisse Prominenz gegenüber andern Nominalphrasen.
> 5. Die semantische Rolle der Anapher sollte möglichst der des Antezedens entsprechen. Ist beispielsweise die Anapher ein Agens, so wird auch ein Agens als Antezedens bevorzugt.
> 6. Die Wahl eines Antezedens sollte eine sinnvolle Deutung gewährleisten. So darf die Deutung nicht inkonsistent werden.

In der Anaphorik läuft mancherlei schief.

Einnahmen aus der Viehhaltung haben wir keine. Mit dem Tod meines Mannes ging das letzte Rindvieh vom Hof.

Wir erhitzen das Meerwasser. Das Salz verdampft und wir können es trinken.

500 Welpen im Tierheim gezeugt. Schuld daran trägt auch ein Pfleger, der sich daraus einen Sport gemacht hatte.

Als ich zur Namensfeststellung schritt, sagte der Beschuldigte, ich sei ein Esel. Letzteres kann mir das ganze Dorf bestätigen.

Letzte Woche machten wir einen Klassenausflug zur alten Reichsburg Trifels in der Pfalz. Die Klassleiterin führte uns. An dieser alten Ruine sahen wir vorn das alte abgebröckelte Gemäuer und hinten die Schießscharten.

Brände werden oft durch Kinder verursacht, und zwar entstehen diese durch Herumspielen an gefährlichen Stellen.

Ein deutscher Spielfilm von 1951: Dieter Borsche als Dr. Holl, der vor kurzem starb und damit einen seiner größten Publikumserfolge erzielte.

Meine Familie lachte sich zu Tode. Daran denke ich gerne zurück.

Der Landwirtschaftsrat ließ die Bauern zusammenkommen, denn die Schweine fraßen zuviel.

Zur Wortbildung

115 Welche Wortbildungsarten gibt es?

Einfache Wörter bestehen aus einem einzelnen Lexem. In der Wortbildung werden Lexeme oder Lexeme und Affixe als Bausteine zu einem komplexen Wort zusammengefügt. So können wir spontan nach Regeln oder Mustern neue Wörter bilden, die noch nicht Teil des Lexikons sind und vielleicht nie werden. Die Regeln betreffen den Aufbau und die Bedeutung. Allerdings sind Wortbildungsregeln einerseits vager als grammatische Regeln, andrerseits spezieller.

Das dominierende Lexem ist die Basis der Wortbildung, die modifizierenden Bausteine bilden den Annex. Präfixe und Suffixe sind unselbständige Zeichen, die nicht frei als Wörter vorkommen; Präfixe werden vor der Basis angefügt, Suffixe nach der Basis.

Reguläre Wortbildungen können üblich, frequent, **etabliert** sein. Etablierte werden im Wörterbuch geführt, auch Sprecher führen sie im mentalen Lexikon. Etablierte Wortbildungen können **transparent** sein. Ihre Bedeutung kann aus den Teilen gewonnen werden. Sie werden aber nicht unbedingt analysiert, ihre Bedeutung wird eher ganzheitlich erfasst.

Mit der Etablierung geht oft die Festlegung auf eine primäre Deutung einher. Die Annahme, eine Wortbildung sei in der deutschen Sprache etabliert, ist aber nur eine Vergröberung. Für das Individuum ist entscheidend, ob ihm selbst eine Wortbildung bekannt oder geläufig ist. Sonst muss es eine Analyse und eine Deutung nach Regeln erreichen.

Bei **lexikalisierten** Wortbildungen kann man die Bedeutung nicht direkt aus den Bausteinen erschließen.

Mehrgliedrige Wortbildungen haben eine innere Struktur. Die Bausteine können unterschiedlich eng zusammengehören. Das richtet sich meistens danach, welche Bausteine schon etablierte Wörter sind:

Haupt[wortbildungsregel], [Hauptwort]bildung

Typen oder grundlegende Verfahren der Wortbildung werden in erster Linie nach der Art der verwendeten Elemente abgegrenzt:

- Komposition
- Derivation
- Kurzwortbildung

In der **Komposition** werden mindestens zwei Lexeme zu einem komplexen Wort, einem Kompositum, zusammengesetzt:

Knallkopf, knallheiß, Bergwerk, Netzwerk, Vorspiel, Ich-Bezug, Biosprit, Politthermometer, Redeverbot

Ein Kompositum hat diese allgemeine Struktur:

Komposita können wieder aus wortgebildeten Wörtern gebildet werden. So entstehen tiefe Unterordnungstrukturen.

[[Bio]sprit]erzeugung, [[[Bio]sprit]erzeugungs]fabrik

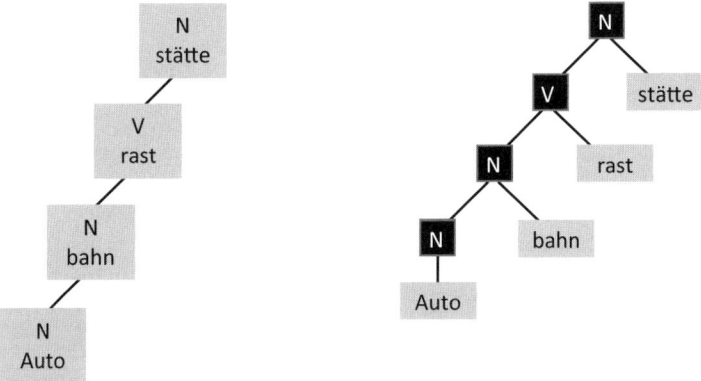

Eigenschaften von Komposita

1. Die Basis übergibt ihre Wortart an das gesamte Kompositum, seine Wortart ist von rechts bestimmt.
2. Die Basis trägt die grammatischen Eigenschaften. Sie wird flektiert, zeigt bei Nomen und Adjektiven Kasus und Numerus, bestimmt bei Nomen Genus, trägt bei Verben Tempus, Modus usw.
3. Komposita sind seriell, die Reihenfolge der Bausteine ist signifikant: *Milchkuh* vs *Kuhmilch*, *Fassbier* vs *Bierfass*, *Zeitarbeit* vs *Arbeitszeit*, *Formbrief* vs *Briefform*
4. Komposita sind linksverzweigend, je weiter links ein Baustein steht, umso tiefer untergeordnet.
5. Annexe sind unzugänglich. So beziehen sich Attribute grundsätzlich auf die Basis: Die Portokasse der Firma ist die Kasse der Firma, nicht das Porto der Firma.
6. Komposita werden zusammengeschrieben: *himmelblau, Eisenhandlung*. Kriterium ist oft die Betonung: *ein Súpergau* vs. *eine super Réise*

In der **Derivation** werden einer Lexembasis Affixe als Annex angefügt:
  [sprach]lich, [mutter][sprach]lich, [ident]isch, be[sprechen]
Derivate haben folgende allgemeine Struktur:

| **PRÄFIX** | **BASIS** | **SUFFIX** | **FLEXIV** |

Im Normalfall wird in der Derivation das reine Lexeme als Basis verwendet. Öfter erscheinen jedoch phonologische Varianten der Basis:
- Ablaut: *fahren – Fuhre, trink*(en) *– Trank, stinken – Gestank*
- Umlaut: *fuhr – Führung, fang*(en) *– Fänger, Gefahr – gefährlich*
- e/ i-Umlaut: *blind – blenden, sinken – senken*

Affixe sind gebunden, sie kommen nicht frei vor, sind weder wort- noch basisfähig. Drei Sorten sind zu unterscheiden:
- Präfixe stehen vor einer Basis.
  Un-tat; hyper-nervös, miss-mutig; be-gehen, ver-gehen
- Suffixe stehen nach einer Basis.
  Schön-heit, Männ-lein; blam-abel, herz-lich; fest-igen, kass-ieren
- Zirkumfixe stehen um eine Basis herum.
  Ge-red-e; ge-füg-ig; be-sänft-ig-en.

Eigenschaften von Derivaten
1. Suffixe wie Präfixe können die grammatischen Merkmale der Basis verändern.
2. Das Suffix am rechten Rand bestimmt die Wortart des gesamten Derivats. Oft hat das Derivat eine andere Wortart als die Basis.
3. Suffixe bei Nomen weisen das Genus zu.
4. Präfixe zu Verben verändern oft die Verbvalenz.

Neben den Hauptwortbildungsarten Komposition und Derivation werden Nomen durch Kürzung gebildet. Bei der **Kurzwortbildung** kürzen wir nach verschiedenen Verfahren Nomen zu neuen Wörtern:
- Anfangssegment erhalten: *Abi ← Abitur, Lok ← Lokomotive*
- Endsegment erhalten: *Bus ← Autobus*
- Segmente ausgewählt: *Azubi ← Auszubildender*
- Anfangsbuchstaben ausgewählt: *AKW ← Atomkraftwerk*

Kurzwörter bewahren die grammatischen Eigenschaften der Langform. Nomina bekommen den markierten s-Plural:
  Azubis, Demos, Loks, AKWs, Profs; aber Busse

Die besten Wünsche zu Weihnachten und den Wechseljahren.

116 Wie werden neue Nomen gebildet?

Äußerst produktiv ist die Wortbildung beim Nomen. Nomenkomposita
sind die häufigsten Wortbildungen überhaupt, seien sie etabliert oder
innovativ:

> die Teerstraße, die Autobahn, die Taschenuhr, das Fensterkreuz, die
> Buchhülle, die Buchtour, die Frauentour; der Atomspatz, das Milchei,
> das Stapelbuch, der Infomüll, der Hustenhund, Schissmehl

Die offene Kompositionsregel lässt wahre Wortmonster entstehen:

> Donaudampfschiffahrtsgesellschaft,
> Donaudampfschiffahrtsgesellschaftskapitänswitwenrentenerhöhung

Hauptmuster der N-Komposition

Nomen + Nomen	Straßenlärm, Kaffeepause, Wortbild, Munddusche
Nomen + Adjektiv	Hochhaus, Langfinger, Grünfutter, Großkotz
Nomen + Verb	Schlagstock, Reizwort, Lachsack, Reißverschluss
Nomen + Präposition	Zwischenstation, Vordach, Hinterhaus, Hinterlist

Hauptmuster der N-Derivation

Nomen ← [Verb]	Redner, Vorläufer, Zuspruch, Einspruch
Nomen ← [Adjektiv]	Weisheit, Rohling, Wärme, Kleinigkeit
Nomen ← [Nomen]	Bäuchlein, Gänsle, Musiker, Sportler, die Mannschaft

Die Bedeutung der Komposita ergibt sich aus der Bedeutung der Teile
und dem Kontext. Folgende Möglichkeiten sind zur Routine geworden.

Beispiel	Umschreibung	Relation
Landwein	Wein vom Land	Ort, Herkunft
Grönlandfahrt	Fahrt nach Grönland	Richtung
Wollstrumpf	Strumpf aus Wolle	Material
Junitag	Tag im Juni	Zeit
Lustmord	Mord aus Lust	Grund
Bergschuhe	Schuhe für die Berge	Zweck
Deutschbuch	Buch übers Deutsche	Thema
Puderzucker	Zucker wie Puder	Beschaffenheit
Bildentstehung	Bild entsteht	Subjekt
Fiebermessung	Jemand misst Fieber	Objekt

Neben den häufigen Nomen-Nomen-Komposita werden Nomen nach weiteren Mustern gebildet.

Komposition: Nomen mit Adjektiv

Zusammensetzungen aus Adjektiv und Nomen sind häufig und leicht möglich. Das Adjektiv wird dabei nicht dekliniert:

> Grünfutter, Großraum, Heißluft, Spezialanfertigung, Geheimsprache, Alleinbesitz, Normalbenzin, Erstkommunion, Drittwagen, Magermotor

Das Adjektiv kann auch gesteigert sein:

> Höchstleistung, Billigstpreise, Besserstellung, Weiterführung

Die Bedeutung ergibt sich annähernd durch Auflösung in ein attributives Adjektiv:

> Grünfutter → grünes Futter, Großflugzeug → großes Flugzeug, Feingebäck → feines Gebäck, Drittwagen → dritter Wagen.

Im Kompositum gibt das Adjektiv eine wesentliche Eigenschaft an.

Bei einigen Adjektivkomposita muss man sich noch etwas hinzudenken, um sie zu verstehen:

Feinbäckerei ist nicht eine feine Bäckerei, sondern eine, wo Feines gebacken wird.

Ähnlich: Einzelhandel, Superpreis (nicht: besonders hoher Preis)

Manche Adjektivkomposita kann man eigentlich nicht mehr auflösen: Weißwein, Engpass , Kleinmut.

Komposition: Nomen mit Verb

Zusammensetzungen aus Verb und Nomen sind häufig. Man verwendet den reinen Stamm des Verbs, manchmal mit eingeschobenem e:

> Spülmaschine, Drehbank, Zündkerze, Lernerfolg, Trinkgeld, Schleifstein, Meldepflicht, Lesebuch, Liegestuhl, Zeigefinger, Werdegang, Berstschutz

Die Bedeutung dieser Komposita ist geprägt durch das Verb. Um sie zu verstehen, muss man bedenken, welche Rolle das Nomen bei dem Verb spielen könnte.

Beispiel	Umschreibung	Rolle
Nagetier	Tier, das nagt	Handelnder (Subjekt)
Dörrobst	Obst, das man gedörrt hat	Betroffenes (Objekt)
Rasierklinge	Klinge zum Rasieren	Zweck
Sammelplatz	Platz, wo man sich sammelt	Ort
Polterabend	Abend, an dem man poltert	Zeit
Lachfalten	Falten vom Lachen	Ursache

Der Blick auf die etablierten Bildungen genügt nicht. Alle neuen Bildungen und sogar etablierte müssen im Kontext verstanden werden.

Komposition: Nomen mit Präposition

Die Anzahl von Komposita aus Präposition und Nomen ist beschränkt, auch durch die geringe Zahl von Präpositionen:

Nachmittag, Hintertreppe, Vorsaison, Überstunde, Unterdeck, Oberdeck, Zwischendeck, Überrock, Unterrock

Zum Verständnis dieser Komposita müsste man eigentlich ein weiteres Nomen erschließen. Man vermutet aber meistens das gleiche Wort:

Vorstadt: die Stadt vor der Stadt

Hinterhaus: das Haus hinter dem Haus

Es gibt auch Beispiele, die nicht so zu verstehen sind:

Hintertür, Vorabend, Hinterrad, Nachname

Über und *unter* dienen auch der Graduierung:

Überangebot, Unterangebot, Übergröße, Unterbelegung, Unterfunktion

Derivation: Nomen aus Verben

Um Nomen aus Verben abzuleiten gibt es die Suffixe *-ung, -er, -ling, -nis, -erei, -e* und das Präfix *ge-*:

Mahnung, Reifung, Bohrer, Heizer, Prüfling, Eindringling, Erlaubnis, Hetzerei, Lacherei, Lehre, Schreibe; Gehetze, Gehuste, Rumgemache

In Fremdwörtern *-ierung, -(at)ion*:

Legierung, Stagnation, Intention, Fiktion

Solche Ableitungen aus Verben sind Nominalisierungen. Außer diesen Ableitungen kann man den Infinitiv des Verbs als Nomen verwenden:

das Essen, das Trinken, das Gehen

Ältere Ableitungen ohne Suffixe sind meistens durch Ablaut gekennzeichnet:

Sprung, Gang, Ritt

Folgende Möglichkeiten sind zur Routine geworden.

Beispiel	Umschreibung	Merkmal
Gliederung	Handlung des Gliederns	Handlung
Gliederung	Ergebnis des Gliederns	Ergebnis der Handlung
Anleger	einer, der etwas anlegt	Handelnder
Schreiber	etwas, womit man schreibt	Instrument
Hopser	was man beim Hopsen produziert	Produkt
Eindringling	einer, der eindringt	Handelnder
Prüfling	einer, den man prüft	Betroffener
Rennerei	ständiges Rennen	Wiederholung, abwertend
Gehopse	ständiges und störendes Hopsen	Wiederholung, abwertend

Derivation: Nomen aus Adjektiven

Um Nomen aus Adjektiven abzuleiten gibt es die Suffixe *-heit, -keit, -igkeit, -e,*
-nis, -sal, -ling:
  Gesundheit, Heiterkeit, Müdigkeit, Größe, Fäulnis, Trübsal, Fremdling
Außerdem gibt es in Fremdwörtern die Suffixe *-ität, -ie, -ismus, -ik, -iker*:
  Nervosität, Intimität, Apathie, Zynismus, Komik, Zyniker
Die Suffixe *-heit* und *-tum* treten sowohl an Nomen wie an Adjektive:
  Gottheit – Steilheit, Kaisertum – Reichtum.
Grammatisch gesehen dienen diese Nominalisierungen dazu, eine adjektivische
Aussage wieder aufzunehmen und sie zum Gegenstand einer neuen Aussage zu
machen:
  Nini war sehr aufmerksam. Ihre Aufmerksamkeit sollte sich noch auszahlen.
  Das Erdbeben war stark. Seine Stärke übertrifft die vorangegangener Beben.

Derivation: Nomen aus Nomen

Nomen werden aus Nomen abgeleitet mit den Suffixen *-chen, -lein, -le, -schaft,*
-tum, -heit, -er, -in, -ner, -ler, -ist und den Präfixen *ge-, un-, miss-*:
  Bäumchen, Äuglein, Häusle, Freundschaft, Brauchtum, Kindheit, Schüler,
  Ärztin, Klausner, Tischler, Hornist; Gebüsch, Unsitte, Missgunst
Grammatisch wird mit dieser Ableitung wenig bewirkt, ihre Wirkung liegt im
Inhalt. Die einzelnen Suffixe und Präfixe modifizieren die Bedeutung.

Koseformen werden häufig auch mit -i gebildet:
  Mutti, Vati, Schatzi, Mausi, Mamili, Knacki, Hausis (Hausaufgaben)
Sie wirken zärtlich oder kindlich, weil sie in der Kindersprache oder im
Mamatalk entstanden sind.

Suffix/ Präfix	Beispiel	Merkmal
-chen/ -lein	Häuschen, Fläschlein, Häuslein	Verkleinerung
-chen/ -lein/ -le	Bierchen, mein Opelchen, Hänsel	Koseform
-tum, -schaft	Bürgertum, Bürgerschaft	kollektiv
-tum	Schülertum, Reichtum	Zustand
-in	Kätzin, Professorin, Kanzlerin	weiblich
-er	Apotheker, Lehrer, Heizer	Beruf
-ner, -ler, -ist	Pförtner, Sportler, Pianist	Handelnder
Ge-	Gewölk , Gebirge, Gesochs	kollektiv
Un-, Miss-	Unlust, Untiefe, Missstimmung	Negation
Ur-	Urbayer, Urtyp, Urviech	Intensivierung

Für Lernzwecke können uns Formulare dienen, in denen die Eigenschaften einzelner Suffixe dargestellt werden.

Das Suffix -schaft	
Anwendungsbereich	**Resultat und Wirkung**
Nomen: Konkreta Adjektive	erzeugt ein feminines N; oft kollektive Bedeutung
Charakteristik	
-schaft-N sind häufig. Die Bildungsweise ist nur eingeschränkt produktiv. Mitunter treten Fugenelemente auf, die immer pluralisch sind. (Genossenschaft)	
Anwendungsbeispiele	
Die Beiträge für die Mitgliedschaft werden ab Januar erhöht. In unsrer Nachbarschaft wohnt eine Frau mit einem dicken Dackel. Wenn du allein mit der Vorlesung nicht zurecht kommst, dann bilde doch eine Arbeitsgemeinschaft mit anderen Studenten.	
Häufige Wörter	
Gesellschaft, Wirtschaft, Wissenschaft, Gemeinschaft, Gewerkschaft, Mannschaft, Marktwirtschaft, Botschaft, Freundschaft, Bereitschaft, Leidenschaft, Landschaft, Herrschaft, Staatsanwaltschaft, Aktiengesellschaft, Volkswirtschaft, Verwandtschaft, Naturwissenschaft, Eigenschaft, Belegschaft, Bekanntschaft, Meisterschaft, Schwangerschaft, Mitgliedschaft, Partnerschaft	

Hier noch ein paar Stilblüten zur Erprobung Ihrer Diagnosefähigkeiten:

Ich wünsche mir ein deutsches Stillwörterbuch.

Wenn eine Frau ein Baby bekommt, wird sie Gebärmutter.

Meine Frau ist eine Libanesine.

Unsere Regierung legt Wert auf die Verwässerung der Landwirtschaft.

Sah ein Bub ein Rösslein stehen.

Text
von Goethe

Melodie
Heinrich Werner

117 Wann steht das Fugen-s?

Fugenzeichen sind kurze Lautfolgen, die zwischen Wortbildungselemente eingefügt erscheinen. Sie zeigen die Grenze zwischen den Elementen.

der Kalbsbraten, das Kindergeschrei, Christentum, Krankenhaus, Ehrenwort, der Hundekuchen, Wegebau, Schweinefutter

Wie viele und welche Fugenzeichen es gibt, ist strittig. Alle Flexive, die deutbar sind, zählen wir nicht zu den Fugenzeichen. So kann etwa *Eier* in *Eiersalat* als Plural gedeutet werden.

Das frequente Fugenzeichen -*s*- ist historisch eine Genitivform: *Gottesbeweis* ← *Gottes Beweis*. Es wurde ausgeweitet auf Fälle wie *Einheitsbrei*, in denen nach dem Paradigma kein Flexiv vorliegt. Die Regularitäten für Fugenzeichen sind nicht ausformulierbar, weil in verschiedenen Varietäten und in der Sprachentwicklung scheinbar willkürlich Fugenzeichen erscheinen: *Bahnhofapotheke* vs. *Bahnhofsapotheke*, *Verbandmaterial* vs. *Verbandsmaterial*, *Interessenskonflikt* vs. *Interessenkonflikt*.

Heute setzt man das Fugenzeichen -*s*- in vielen Fällen, wo es vor einiger Zeit noch unmöglich war:

Inhaltsbezug, Rindsleber, Vertragsbruch, Gesteinsmassen, Vaterlandsliebe, Landsmann (dagegen *Landmann* mit anderer Bedeutung)

Oft kann das Vorderglied noch als Genitiv gesehen werden:

Kalbsbraten, Königsschloss, Gefühlsleben, Gebirgsklima, Ortskenntnis, Bundestag, Bundesbahn, Jahreswechsel; standesgemäß

Das Genitiv-s ist obligatorisch bei nominalisierten Infinitiven als Vorderglied:

Redensart, Lebensart, Vertrauenskrise, Schlafenszeit; Friedensangebot, Glaubensfrage; Herzensangelegenheit, Schmerzensgeld (aber auch: *Schmerzgrenze*); lebensfroh

Das Fugen-s ist obligatorisch bei nominalen Vordergliedern mit den Suffixen -*heit, -keit, -schaft, -ung, -tum, -ling*:

Gesundheitszeugnis, Krankheitsfall, Flüssigkeitsbedarf, Bereitschaftsdienst, Freundschaftsbeweis, Gemeinschaftsraum, Richtungswechsel, Eigentumsförderung, Säuglingsschwester

Manchmal sind Fugenzeichen nur im gehobenen Stil üblich: *Festesfreude* statt *Festfreude*, *Mondenschein* statt *Mondschein*.

Das Fugen-e kann Kollisionen mit gleichlautenden Wortbildungen vermeiden: *Reisezeit* vs. *Reiszeit*.

118 Was heißt Nominalisierung?

Nominalisierungen formulieren Sachverhalte nicht in Satzform, sondern als Nominalphrase. Das setzt voraus, dass ein Verb nominalisiert wird:
- als Infinitiv:
  [Durch Anschreiben im Spielberichtsbogen] wird dokumentiert.
  [Das Auffinden verletzter Tiere] muss angezeigt werden.
- als Ableitung aus Verben oder Adjektiven:
  [Die Anwendung dieser Medikamente durch den Arzt] ist gefährlich.
  [Die Dokumentation der Verletzungen] ist geboten.
  [Seine Aufmerksamkeit für Abweichungen] wuchs ständig.

In der kompakten Nominalphrase wird das Prädikat des Nebensatzes zum nominalen Kern der Nominalphrase, die Objekte oder das Subjekt werden zu Attributen.

Entsprechend kann man die Nominalisierung als Nebensatz auflösen: Attribute als Subjekt oder Objekt und das Verb als Prädikat.

    Das Töten verletzter Tiere ist verboten.
    Es ist verboten, verletzte Tiere zu töten.
    Das Töten der Jäger nimmt kein Ende.
    Dass die Jäger töten, nimmt kein Ende.
    Eine Überprüfung der Noten durch den Lehrer wird verlangt.
    Es wird verlangt, dass der Lehrer die Noten überprüft.
    Die Anwendung dieser Medikamente durch den Arzt ist gefährlich.
    Es ist gefährlich, wenn der Arzt diese Medikamente anwendet.
    Das Verderbenlassen von Nahrungsmitteln sollte verboten werden.
    Es sollte verboten werden, Nahrungsmittel verderben zu lassen.
    Unter Bezugnahme auf Paragraph 23 verfügen wir ...
    Indem wir auf Paragraph 23 Bezug nehmen, verfügen wir ...

Die gedankliche Beziehung zum Hauptsatz muss man oft erschließen.
    Die Beachtung dieser Regeln fördert besseres Schreiben.
    Wenn Sie diese Regeln beachten, fördert das besseres Schreiben.
    Ohne das Stoppen vor der Brücke wäre der Wagen in die Schlucht gestürzt.
    Wenn der Wagen nicht vor der Brücke gestoppt hätte, wäre er in die Schlucht gestürzt.

    Das schönste am Winter ist das Schneeballschlachten!
    Die Genehmigung der höheren Instanz ist noch in abwartender Haltung.

119 Wie werden neue Adjektive gebildet?

Adjektive haben eine reiche und produktive Wortbildung.

Komposition: Adjektiv mit Adjektiv

Komposita aus zwei Adjektiven sind häufig, besonders mit adjektivischen Partizipien:

> festverzinslich, hochsensibel, leichtverständlich, gutartig, leichtbekleidet, schwerbeladen, hartgekocht, weitgehend

Manche sind im Satz zusammengewachsen, das Vorderglied modifizierte das jeweilige Adjektiv:

> Das Buch ist schwer verständlich: Ein schwerverständliches Buch ...

Häufig liegen Graduierungen vor:

> hellblau, blassblau, dunkelblau, tiefblau, sattblau; hochelastisch, vollelastisch, halbelastisch

Sonderfälle sind Komposita, in denen beide Adjektive inhaltlich gleichberechtigt sind: graublau heißt grau und blau, taubstumm heißt taub und stumm.

Komposition: Adjektiv mit Verb

In Komposita von Adjektiven mit Verben steht immer der reine Verbstamm. Fugenzeichen treten nicht auf:

> spielbereit, rührfähig, sitzbequem, bettelarm

Einige Adjektive verlieren ihre volle Bedeutung, sie werden Halbsuffixe. So bleiben sie auch in der Umschreibung nicht erhalten:

> spaltfähig → kann gespalten werden, lauffreudig → läuft gern, gehfähig → kann gehen

Ebenso: drehfreudig, erbfähig, saugfähig, flugtauglich, glaubwürdig

Bildungen mit diesen Halbsuffixen finden wir besonders in Fachsprachen. Sie werden häufig als unschön kritisiert.

Die Bedeutung konstruieren wir nach der Bedeutung der Elemente. Sie ist gut zu erschließen, im wesentlichen über drei Muster.

Beispiel	Umschreibung	Relation
bettelarm	arm zum Betteln	Folge
sitzmüde	müde vom Sitzen	Ursache
lerneifrig	eifrig beim Lernen	Bezug

Komposition: Adjektiv mit Nomen

Komposita von Adjektiven mit Nomen sind sehr häufig. Partizipien haben einen großen Anteil:

butterweich, daunenweich, schneeweiß, strohgelb; schulebildend, augenzwinkernd; eisgekühlt, hitzeversiegelt

Man kann leicht neue Zusammensetzungen bilden:

wolkenweiß, wolkenweich, wolkenmüde, wolkenfrei, wolkensatt

Öfter wird ein Fugen-s, selten -en in der Fuge eingesetzt:

hilfsbereit, lebensmüde, reaktionsfrei, narrensicher, insektenfrei

Die Bedeutung der Komposita ergibt sich aus den Bedeutungen der Teile und aus dem Kontext. Oft legt das Adjektiv durch seinen Anschluss (die verlangte Präposition oder den Kasus) schon eine Deutung nahe:

hilfsbereit ≈ bereit zur Hilfe

hilfsbedürftig ≈ der Hilfe bedürftig

widerspruchsfrei ≈ frei von Widerspruch

Dies ist besonders deutlich bei adjektivischen Partizipien:

eierbeladen ≈ beladen mit Eiern

sturmzerzaust ≈ vom Sturm zerzaust

gramgebeugt ≈ von Gram gebeugt

friedliebend ≈ liebt den Frieden

Einige Deutungsmuster sind Routine geworden.

Beispiel	Umschreibung	Relation
steinalt	alt wie ein Stein	Vergleich
krankheitsbedingt	bedingt durch Krankheit	Ursache
stadtberühmt	berühmt in der Stadt	Ort
gutherzig	mit gutem Herzen	Merkmal

Besonders produktiv ist der Vergleich. Für die Pilzbestimmung unterscheidet man etwa folgende Farben:

milchweiß, fliederfarben, rostfarben, fleischfarben, rostbraun, kastanienbraun, semmelgelb, dottergelb, strohgelb, blutrot

 Redensarten haben eine übertragene und eine bekömmliche Bedeutung.

Das Wetter morgen: Frühzeitig benebelt.

In unserem Salon sind Sie immer verkommen.

Meine Großmutter starb nach einem kurzweiligen Krankenlager.

Ableitung aus Adjektiven ist sehr produktiv.

Derivation: Adjektiv aus Adjektiv

Adjektivableitungen aus Adjektiven werden vorwiegend mit dem Suffix *-lich* und dem Präfix *un-* gebildet:

> grünlich, dicklich, dünnlich, unfrei, unschön, unbekannt, unverzichtbar

Die Bedeutung dieser Ableitungen ist deutlich:

Bläulich für „leicht blau" ist eine Abschwächung, unschön für „nicht schön" ist eine Negation.

Nicht ganz regelmäßig sind Bildungen wie öffentlich, geflissentlich, flehentlich.

Derivation: Adjektiv aus Nomen

Adjektivableitungen aus Nomen sind sehr zahlreich. Sie werden mit den Suffixen -isch, -lich, -ig, -haft, -en, -ern, -al, -alisch, -ell gebildet:

> römisch, ärztlich, bauchig, fehlerhaft, golden, hölzern, normal, physikalisch, oppositionell, real, reell

Die häufigsten Suffixe sind -isch, -lich, -ig. Als Grundbedeutung geben sie die Zugehörigkeit an. Ihre Deutung im Einzelnen ist unterschiedlich, man kann sie nur im Kontext umschreiben:

> eine diebische Elster ≈ Elster, die sich als Dieb/ wie ein Dieb verhält
> die afrikanische Steppe ≈ Steppe in Afrika
> eine afrikanische Frau ≈ Frau aus Afrika
> eine politische Partei ≈ Partei, die zur Politik gehört

Bei den übrigen Suffixen ist die Bedeutung klarer.

Die Suffixe bieten entscheidende Hinweis auf die Bedeutung des Derivats.

Beispiel	Umschreibung	Relation
heldenhaft	als Held/ wie ein Held	typische Eigenschaft
seiden	aus Seide	Material
bleiern	aus Blei	Material
sakral	aus dem Sakralen (Religiösen)	Zugehörigkeit
moralisch	entsprechend der Moral	Übereinstimmung
farblich	bezüglich der Farbe	Bezug
vierzehntägig	vierzehn Tage lang	Dauer
vierzehntäglich	alle vierzehn Tage	Wiederholung

Derivation: Adjektiv aus Verb

Adjektive werden aus Verben mit den Suffixen *-bar, -lich, -ig, -sam, -abel* abgeleitet:
    tragbar, erträglich, bröcklig, sparsam, akzeptabel
Die Bedeutungen dieser Ableitungen sind recht klar. Sie werden mit bestimmt durch die Bedeutung des Verbs.

Beispiel	Umschreibung	Relation
tragbar	kann getragen werden	passivisch, Möglichkeit
haltbar	hält sich	Möglichkeit
erträglich	kann ertragen werden	passivisch, Möglichkeit
nützlich	nützt	Eigenschaft
durchlässig	lässt durch	Fähigkeit
bedeutsam	bedeutet etwas	Eigenschaft
akzeptabel	kann akzeptiert werden	passivisch, Möglichkeit

 Bei Adjektiven kommt es auf das Suffix an. Unterscheide:
    beliebt vs. beliebig, unglaublich vs. ungläubig, scheinbar vs. anscheinend, gemäßigt vs. mäßig, wunderbar vs. wunderlich, bestechend vs. bestechlich, unvergessen vs. unvergesslich, dreimonatig vs. monatlich

Adjektive, die von Ländernamen abgeleitet werden, sind nicht immer ganz regelmäßig. Manchmal werden die Bezeichnungen der Bewohner verwendet:
    Belgien → belgisch, Polen → polnisch, Holland → holländisch, Amerika → amerikanisch, Schweiz → Schweizer, Frankreich → französisch, Schotte → schottisch, Madagaskar → madagassisch, Zaire → zairisch, Guatemala → guatemaltekisch, Senegal → senegalesisch, Kongo → kongolesisch, Malta → maltesisch, England → englisch

 Die fruchtbare Adjektivwortbildung treibt Stilblüten.
    Unser Kleiner ist ganz fickrig. – Aber der ist doch noch so jung!
    Jetzt bin ich verbessert und gehe punktuell zur Arbeit.
    Ich bin in der Verwaltung tätlich.
    Ich danke dieser wunderlichen Nachkontaktstelle.
    Ich darf Ihnen sagen: Sie sind sehr beliebig.
    Vielen Dank, dass Sie den verwünschten Kalender geschickt haben.

120 Wie werden neue Verben gebildet?

Die Bildung neuer Verben ist vor allem über Derivation möglich. Für die **Komposition** ist oft strittig, ob eine Wortbildung oder eine grammatische Fügung vorliegt. Die Rechtschreibreform hat Vieles aufgelöst, was als Komposition angesehen wurde:

> kennen lernen, spazieren gehen, sitzen bleiben

Betroffen waren auch Adjektivkomposita. Die folgenden könnten Schreiber zweifeln lassen:

> hochhalten, tieffliegen, großziehen, kleinhalten, übrigbleiben, falschspielen, weißwaschen, breittreten, totbeißen
> Er wollte immer falschspielen.
> Der Hund hat ihn totgebissen.
> bereitstellen, breitschlagen, fernbleiben, feststellen, freisprechen, geringschätzen, heiligsprechen, hochhalten, klarstellen, kleinreden, kundtun, näherkommen, offenlegen, schwerfallen, sicherstellen, stillsitzen, übelwollen, übriglassen, weiterreichen

In der neuen Rechtschreibung wurde die alte Regelung mehr oder weniger aufgegeben. Nach ihr kam es auf den Bedeutungsunterschied an, den Schreiber in der Schreibung zeigen wollten:

> Man hat uns fünf Mark gutgeschrieben.
> Wir haben die Aufsätze meistens gut geschrieben.
> Immer mehr müssen kurzarbeiten.
> Kannst du für mich kurz arbeiten?
> All das wird mit nicht leichtfallen.
> Pass auf, hier könntest du leicht fallen.

Zweifelsfrei sind diese:

Verb mit Nomen	haushalten, maßregeln, preisgeben, teilnehmen, teilhaben, standhalten, sandstrahlen, gummihüpfen, notlanden, bausparen, achtgeben, danksagen
Verb mit Verb	lobpreisen, trennschleifen, spritzlöten, mähdreschen

Viele der Verbkomposita verwendet man vorwiegend im Infinitiv. Als finites Verb klingen sie oft ulkig:

> Wir werden sie schutzimpfen.
> Kaum: Wir impfen die Tiere schutz oder wir schutzimpften sie.

Derivation: Verb aus Verb

Verben werden aus Verben abgeleitet mit den Präfixen: *be-, ent-, er-, um-, ver-* und *zer-*:
  bestehen, entstehen, erstehen, umgehen, verstehen, zergliedern
Seltener sind die Präfixe *miss-, in-, ge-* und in Fremdwörtern *re-, de-*:
  missachten, inhaftieren, geleiten; reproduzieren, demaskieren.
Sehr selten sind Verbableitungen mit Suffixen: lachen → lächeln, spotten → spötteln.
Die Präfixe können das Grundverb verändern in seinen grammatischen Eigenschaften und in seiner Bedeutung.
Insbesondere können sie die Valenz des Grundverbs verändern.

Beispiel	Präfixverb	Wirkung
Keiner geht nach Hause.	Die Zeit vergeht.	Valenzminderung
Klaus trödelt.	Klaus vertrödelt die Zeit.	Valenzerhöhung
Man drohte ihm.	Man bedrohte ihn.	Akkusativierung
Wer liefert ihm Brot?	Wer beliefert ihn mit Brot?	Präpositionalisierung

Die Präfixe zeigen unterschiedliche Wirkung je nach Verbbedeutung.

verblühen, verklingen, verarmen	egressiv, perfektiv
verreisen, verjagen, verkaufen	Trennung
verbinden, verquirlen, vernähen	Verbindung
verdrehen, sich vertun, sich verschlucken	Fehlhandlung
entführen, entkommen, entschweben	Trennung
entladen, entwarnen, entsäuern	Gegenteil
entbrennen, entzünden	ingressiv
erblühen, erröten, ertönen	ingressiv
erschießen, erfrieren, erschaffen	perfektiv

Die Indianer wurden fast ganz verrottet.
Der Zug hielt mit kreischenden Bremsen und die Fahrgäste entleerten sich auf den Bahnsteig.
Danke für Ihre Mitteilung, worauf ich mich gefreut und erleichtert habe.
Vorsicht Glas! Bitte nicht stören!
Wenn der Betrag zu hoch ist, streicheln Sie bitte das letzte Buch.
Vorigen Sonntag kam mein Vater sehr spät nach Haus. Er hatte sich im Stadtpark vergangen.

Derivation: Verb aus Nomen

Verben werden aus Nomen abgeleitet durch Anhängen der Flexionsendungen.
Die Flexive machen die Verwendung als Verb deutlich:
  testen, proben, nerven, hexen, hausen, mauern; löchern, gliedern (aus dem
  Plural)
Zusätzlich können noch Präfixe auftreten:
  belüften, entlüften, zerhämmern, ertönen
Manchmal auch Suffixe und Präfixe:
  bekreuzigen, verklausulieren

Die Bedeutung dieser Verben ist eine Mischung: Als Verben bezeichnen sie Handlungen oder Vorgänge. Diese Handlungen oder Vorgänge haben in typischer Weise etwas zu tun mit dem, was das Nomen bezeichnet. Das gilt es beim Verstehen zu erschließen:

- typische Handlung oder Bewegung:
  Sie kellnert. (arbeitet als Kellnerin)
  Einer ferkelt. (verhält sich wie ein Ferkel)
  Ebenso: hechten, krebsen, ochsen; pilgern, schwäbeln, spionieren, eiern, schaukeln, schrauben
- typisches Ergebnis der Handlung oder des Vorgangs:
  Das Glas splittert. (Ergebnis: Splitter)
  Die Stute fohlt. (Ergebnis: Fohlen)
  Es hagelt. (Ergebnis: Hagel)
  Ebenso: dampfen, krümeln, filmen, texten, rosten, bluten, eitern, fluchen, ängstigen, zweifeln, freveln, häufen/ häufeln, knechten, falten, versteinern
- typische Verwendung als Instrument oder Mittel:
  Mutter hämmert ständig. (mit dem Hammer)
  Man könnte den Fisch auch dämpfen. (im Dampf kochen)
  Ebenso: fesseln, geigen, fönen, regeln, filtern, rudern, vergiften
- Ausstattung mit oder Befreiung von:
  Wer kachelt das Bad?
  Große Fische soll man schuppen.
  Ebenso: krönen, pudern, lüften, kalken, fetten, giften, ehren, bepflanzen, beschriften, bewaffnen, bezuschussen, beglücken, bewässern; häuten; schälen, lausen, flöhen

Um diese Verbableitungen zu verstehen, muss man also darauf kommen, was im jeweiligen Zusammenhang typisch ist.

Derivation: Verb aus Adjektiv

Verben kann man aus Adjektiven ableiten, indem man einfach das
Flexionsmorphem anhängt:
  faulen, fertigen, gleichen, grünen, kühlen, nahen, runden, schönen, sichern,
  stillen, weiten
Öfter wird das Adjektiv umgelautet oder das Verb vom Komparativ abgeleitet:
  bräunen, stärken, kürzen, ergänzen, härten, schwächen, verjüngen;
  schmälern, erleichtern, erweitern, vergrößern, verlängern, zerkleinern
Außerdem können die Suffixe *-l, -ig, -ier* eingesetzt werden:
  weißeln, kränkeln, dunkeln, aktivieren, mobilisieren, präsentieren, stolzieren,
  billigen, einigen, fertigen, festigen, reinigen
Auch Präfixe können zusätzlich auftreten:
  abmagern, anfertigen, befestigen, befähigen, bekräftigen, benötigen,
  beruhigen, besänftigen, erledigen, ermutigen, ermäßigen, verdunkeln,
  veredeln, vereinigen, vereiteln, verewigen, verfaulen, verfertigen,
  verfremden, vernachlässigen, zerkleinern
Das einfache Verb braucht dann gar nicht zu existieren, z.B. gibt es nicht *edeln,*
fähigen, kleinern, fremden.
Nicht immer ist klar, ob des Verb vom Adjektiv oder vom Nomen abgeleitet ist:
  kräftigen, mäßigen, nötigen, sündigen, werten, würdigen

Für die Deutung dieser Verben hat man zwei Möglichkeiten:
• Sie bezeichnen den Vorgang oder die Handlung, deren Ergebnis das
  Adjektiv nennt:
  Die Äpfel reifen. (Ergebnis: Sie sind reif.)
  Vater wärmt die Suppe. (Ergebnis: Die Suppe ist warm.)
  Immer mehr Frauen stillen ihre Babies. (Intendiertes Ergebnis: Die
  Babies sind still.)
  Es dunkelt schon. (Erwartetes Ergebnis: Es ist dunkel.)
  Sichert ein Denkmal Geschichte? (Macht sicher.)
  Das Adjektiv kann also auf das Subjekt oder auf das Akkusativobjekt
  zu beziehen sein.
• Sie bezeichnen den Zustand, den das Adjektiv nennt:
  Mama wacht. (... bleibt wach)
  Des Menschen Seele gleicht dem Wasser. (... ist ihm gleich).

Viele dieser Verben sind lexikalisiert. Der Zusammenahng mit dem Adjektiv ist verwickelter:
  billigen, dichten, grauen, kranken, rechten, sich bequemen, weichen

121 Trennbar oder nicht?

Echte Verbalpräfixe können nicht vom Verb abgetrennt werden. Es gibt aber eine Reihe von unechten Präfixen oder mobilen Verbalpartikeln, die trennbar oder nicht trennbar sind.

Bei trennbaren kann sich im Satz das Vorderglied abspalten:

Wir wollen herumlaufen.

Wir laufen herum.

Es können auch Zeichen zwischen die beiden Teil treten:

herumgelaufen, herumzulaufen

Häufige Verben mit abtrennbarer Partikel:

an_kündigen, an_sehen, an_fangen, aus_schlafen, ab_geben, zu_stimmen, an_greifen, ab_stimmen, ab_ziehen, aus_drücken, ab_schaffen, aus_sprechen, an_erkennen, an_messen, fest_legen, ab_sehen, vor_legen, ein_beziehen, ab_reißen, aus_bauen, ein_bringen, ab_schließen, ein_sehen, an_hören, ab_schalten, an_legen, hervor_bringen, an_geben, aus_üben, an_melden, an_treffen, an_fordern, unter_bringen

Trennbare und nicht-trennbare Verben unterscheiden sich in der Bedeutung:

übersetzen: Das Schiff hatte schon ans andere Ufer **über**gesetzt.

übers**e**tzen: Du hast den Text gut übers**e**tzt.

wiederholen: Sie haben sich die geborgten Eier **wie**dergeholt.

wiederh**o**len: Großvater hat sich dauernd wiederh**o**lt.

Trennbare Verbalpartikeln erkennt man daran, dass sie nicht betont sind. Die Bedeutung der beiden Verben ist verschieden.

umstellen vs. umst**e**llen

unterstellen vs. unterst**e**llen

durchbrechen vs. durchbr**e**chen

umfahren vs. umf**a**hren

Im geschriebenen Text erkennt man die Betonung nicht:

Wer beim Linksabbiegen den Polizisten nicht umfährt, verstößt gegen die StVO.

Hier kann die Abtrennung den Leser in eine Falle locken:

Er fing endlich einen Teddybären, der ihm schon lange in der Nase steckte, zu basteln an.

122 Wie bilden wir Aküs?

Die Sprache funktioniert nach dem Prinzip der Sparsamkeit. Wenn Wörter durch Wortbildung zu lang werden, kürzen wir sie zu Kurzwörtern. Kurzwörter haben folgende Eigenschaften:
• Sie sind Wörter.
• Sie sind aussprechbar, silbisch oder buchstabiert gesprochen.
• Sie sind kürzer als ihre Basis.
• Als Basis dienen Wörter und Phrasen.
• Sie bestehen neben der Basis, sind eher Klone.
• Sie sind nicht autark, beziehen ihre Bedeutung von der Basis.

Kurzwortbildung ist nicht typische Wortbildung. Sie ist weniger regulär, ihr Anwendungsgebiet sind nicht Morpheme, es gibt keine einheitlichen Regeln dafür, was jeweils weggekürzt wird. Wichtig ist, dass das Kurzwort an die Langform erinnert. Dazu gibt es unterschiedliche Verfahren.
• Bei Kopfwörtern wird der Anfang eines Wortes erhalten, der Rest weggekürzt.
• Bei Schwanzwörtern wird der Anfang eines Wortes weggelassen, der Rest bleibt erhalten.
• Bei Alphabetwörtern werden signifikante Buchstaben ausgewählt. Sie können gesprochen werden: *Ellkawe, Pekawe, EssTeVauO*
• Bei silbischen Kurzwörtern werden signifikante Silben ausgewählt, sodass ein sprechbares Wort entsteht.

Kopfwörter	Auto(mobil), Kilo(gramm), Labor(atorium), Alu(minium), Krimi(nalroman), Ober(kellner), Photo(graphie), Piano(forte), Steno(graphie); Alex(ander), Hilde(gard), Inge(borg), Mathe(matik), Bio(logie), Uni(versität), Deo(dorant), Frust(ration), Schoko(lade), Akku(mulator), Tele(objektiv), Super(benzin), Abi(tur), Abo(nnement), Limo(nade), Demo(nstration), Tacho(meter), Kombi(nationsauto) Profi, Sponti, Realo (realistisch), Fundi (fundamentalistisch), Razo (rationalistisch)
Schwanzwörter	(Eisen)Bahn, (Schall)Platte, (Omni)Bus
Alphabetwörter	EDV, CDU, SPD, DGB, PKW, StVO, SOS, BRT; UNO, NATO, GAU (**G**rößter **a**nzunehmender **U**nfall)
Silbische Alphabetwörter	Kripo, Mofa, Stasi, Schiri, Depri, Hirni, Akü, Trafo, Azubi (**A**us**zubi**ldender)

Mehr oder weniger spontane Kurzformen mögen – zumindest in Situation und Kontext – gut zu verstehen sein, wie *eine tolle Gruppenatmo*, aber sie machen uns auch schwer zu schaffen, wenn sie die Langform nicht mehr erkennen lassen. Bisweilen dienen sie gar der Verschleierung.
Kurzwörter erhalten meistens keine Deklinationsendung: des PKW. Den Plural bilden sie mit *-s*:
> sechs Vopos, drei Azubis
Kurzwörter sind selbständige Wörter, sie können auch in Komposita verwendet werden:
> Tachowelle, Bio-Laden, Mathe-Aufgaben, Bahncard
> S-Bahn, U-Bahn, LKW-Anhänger, UKW-Empfang, O-Saft, K-Frage,
> Kripo-Chef, Mofa-Unfall; sogar in Ableitungen SPDler, kripomäßig

Abzugrenzen ist das Kurzwort von der Abkürzung. Abkürzungen sind graphische Kürzel, die als Langform ausgesprochen werden:
> Dr. (sprich: Doktor), S. (Seite), kg (Kilogramm), g (Gramm),
> m (Meter), s. u. (sieh unten), usw. (und so weiter), vgl. (vergleiche)

Schachtelwörter oder Überblendungen sind Gelegenheitsbildungen. Sie sind aufeinander geklappte Wörter.

Manchmal werden auch nur Anfang und Schluss zweier Wörter zusammengeklammert. Die Mittelteile müssen dann nicht gleich sein:
> Mo[tor] + [Ho]tel = Motel
> Tom[ate] + [kart]offel = Tomoffel

Weitere Schachtelwörter verschiedener Typen sind:
> Kurlaub, Promillionär, Stiefmuttersöhnchen, Pädagongschlag, Ehrgeizhals, Blitzschlagzeug; Müllionär, Vagabündel
> heuschrecklich, schuhverlässig, famillionär, wildschön, kotzequent

Schachtelwörter sind oft witzig, kritisch oder polemisch.
> Reaktionärrin, Demokratur, Formularifari, Bilanzknecht, Faustrechtstaat, Kirschkernreaktor; akadämlich
> Herzschlagrahm, Gallensteinadler, Vanilleeisbären

123 Was sind Internationalismen?

Deutsch stand über die Jahrhunderte im Austausch mit anderen Sprachen. Besonders viele Wörter wurden aus dem Griechischen und Lateini-
schen und anderen europäischen Sprachen entlehnt.
Die Stämme sind oft sog. Konfixe. Das sind Lexeme, die nicht als selbständige Wörter verwendbar sind. Frequente Konfixe sind hier markiert.

analog – Anthrop**ologie** – **Anti**biotikum – **archäo**logisch – **auto**biographisch –
Bio – Biograph**ie** – **Bio**müll – **chrono**logisch – **Demo**skopie – **Dialog** – **faszin**ierend
– **Gen**technologie – **Geo**graphie – geo**met**risch – Horo**skop** – **ident**isch –
Ideologe – **Meteo**rologe – **Mikro**skop – **Mono**log – Neo**logismus** – **Neuro**biologe
– **patho**logisch – **Peri**skop – **pharma**kologisch – Phil**harmon**ie – **Phil**ologie –
bibliophil – **Phob**ie – **physio**logisch – **Prolog** – **psycho**pathologisch – **radio**logisch
– **Tri**logie – **Solo**gesang – **sozial** – **Sym**biose – **Technol**oge – **Tele**skop –
Thermometer – **univers**al – **Uni**versität – **ökol**ogisch – **ökon**omisch

Konfixe werden in Komposita und in Derivaten nach deutschen Wortbildungsregeln verwendet. Hier zeigt sich die Aktivität des Konfixes *-polit-:*

Poli**tik** – Poli**tiker** – Poli**tikerin** – Oppositions**politiker**
Außen**politik** – Kultur**politik** – Ost**politik** – Sicherheits**politik** – Sozial**politik** –
Steuer**politik** – Tarif**politik** – Umwelt**politik** – Wirtschafts**politik**
Poli**tik**verdrossenheit
poli**tisieren** – Poli**tisierung**, poli**tisch** – un**politisch**, bildungs**politisch** –
gesellschafts**politisch** – innen**politisch** – außen**politisch** – kultur**politisch** –
macht**politisch** – sozial**politisch** – umwelt**politisch** – wirtschafts**politisch**

In folgenden Wörtern finden sich ähnliche Bausteine. Sie sind auch entfernt verwandt, haben sich aber semantisch voneinander entfernt.
Mono**poli**sierung – Mono**poli**st – mono**poli**stisch
Akro**polis** – Indiana**polis**
Dagegen haben die folgenden nichts mit dem Konfix *-polit-* zu tun:
polieren – aufpolieren – extrapolieren – Poliermühle – Polierstift –
grünpoliert – Filzpolierscheibe – Poliklinik – fünfpolig

Die letzten beiden gehören gar nicht in diese Reihe.

Präfixartige entlehnte Bausteine sind frequent und produktiv.

maxi	mega	mini	super
maximal	Megatonne	minimal	superfein
Maximalbetrag	Megawatt	Minibar	Supermacht
maximieren	mega-out	minimieren	Superzahl

inter	extra	uni	mono
interkulturell	extraterrestrisch	Universum	Monokultur
Inter-City	extra	uni	monogam

Lange Internationalismen werden oft abgekürzt.

Abi ← Abitur, Abo ← Abonnement, Akku ← Akkumulator, Auto ← Automobil,
Bio ← Biologie, Demo ← Demonstration, Deo ← Deodorant, Disko ← Diskothek,
Frust ← Frustration, Kilo ← Kilogramm, Krimi ← Kriminalroman,
Limo ← Limonade, Mathe ← Mathematik, Photo ← Photographie,
Profi ← professionell, Promi ← Prominenter, Radio ← Radiogerät,
Steno ← Stenographie, Super ← Superbenzin, Tacho ← Tachometer,
Uni ← Universität

Mama schimpft, dass der Haushalt eine Syphilisarbeit ist.
Luther schlug seine 95 Prothesen an die Schlosskirche in Wittenberg.
Mein Fenster hat Rouladen, weil ich nur im Dunkeln schlafen kann.
Mein Papa hat eine neue Kamera mit Millionen von Pickeln.
Rapsmusik ist im schwarzen Pruliterat entstanden.
Wenn man kurzsichtig ist, geht man zum Optimisten und lässt sich eine Brille verschreiben.
Zwischen zwei Arien wird dann ein Minarett gespielt.
Weitere Werke Bachs: Die Johannes-Pension, das Weihnachts-Sanatorium, die Kunst der Frage.

Weniger Probleme machen jungen Leuten neue Entlehnungen aus dem

net	soft	self	out
Internet	Software	Selfservice	Check-out, Log-out, Knockout,
Network	Softie	Selfie	mega-out, sich outen, Outfit,
Netiquette		Selfmade man	Handout, Blackout, Burn-out
		Do-it-yourself-Methode	lol

Englischen, die locker ins Deutsche eingepasst werden.

124 Wie bilden Wörter Familien?

Eine Wortfamilie ist ein Geflecht von Wortbildungen zu einem Stamm.
Der Stamm bildet die Basis, Komposita und Ableitungen zur Basis ergänzen sie zur Familie.
Verschiedene Darstellungsweisen zeigen den Aufbau der Wortfamilie.
In einem verzweigenden, horizontalen Graphen werden die Mitglieder gemäß der Stellung in Ableitungen dargestellt. Die Wortbildungen sind die Knoten, die Kanten (Linien) zeigen die Verwandtschaftstruktur. Diese Darstellung ist anschaulich, aber umständlich herzustellen. Für didaktische Zwecke ist sie bestens geeignet.

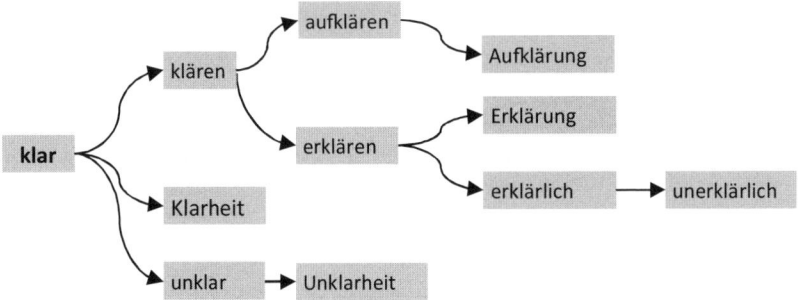

In der Tabellen-Darstellung erscheint die Basis in der Mitte, alle weiteren Bausteine werden angefügt in ihrer seriellen Reihenfolge. Diese Form erscheint weniger übersichtlich als der Graph. Hier sind auch ausgewählte Komposita berücksichtigt.

Nacht			
	nächt	ig	en
	nächt	lich	
	nacht	s	
über	nacht	en	
Über	nacht	ung	
über	nächt	ig	t
um	nacht	et	
Weih	nacht	en	
	Nacht	mahl	
	Nacht	zug	
	Nacht	zug	schaffner

In der TAB-Schreibweise werden die strukturellen Unterordnungen durch Einrückung gezeigt. Wie die Tabellendarstellung ist sie in der Textverarbeitung leicht herzustellen. Für Lerner erscheint auch diese Form weniger übersichtlich als die grafische Repräsentation.

```
Sohn
    Söhnchen
    aussöhnen
        Aussöhnung
    versöhnen
        versöhnlich
            Versöhnlichkeit
            unversöhnlich
                Unversöhnlichkeit
        Versöhnung
Schwieger
Menschen
```

Wortfamilien sind besonders nützlich für das Lernen von Vokabeln. Im Gegensatz zu einem alphabetischen Wörterbuch oder einer Vokabelliste zeigt die Wortfamilie Lernern eine Struktur. Sie erkennen damit sowohl grammatische wie auch semantische Zusammenhänge zwischen den verwandten Wörtern. Im Zusammenhang des Netzes können sie die Wörter effektiver lernen.

Entscheidend ist aber, dass dieses Netzwerk ein reguläres Lernen ermöglicht. Es geht dann nicht mehr um isolierte Wörter und ihre isolierte Bedeutung. Lernen im regulären Zusammenhang ermöglicht den Transfer von und zu analogen Strukturen. Hier werden die Wortbildungsregeln fruchtbar.

In der Rangliste der Produktivität steht *sehen* weit oben. Hier zeigt sich, dass auch Seitenlinien äußerst aktiv werden und selbst Familien mit mehr als tausend Mitgliedern begründen.

```
sehen
    Sicht → sichten
    Absicht, Angesicht, Ansicht, Aussicht, Einsicht, Hinsicht, Rücksicht, Vorsicht,
    Gesicht, Gesichtspunkt
    angesichts
    berücksichtigen, offensichtlich, sichtbar, unsichtbar, vorsichtig
```

125 Gefahren und Freuden bei der Wortbildung?

Gefahren bietet die Wortbildung dem Sprecher wie dem Rezipienten.
Die Wortbildung hat eine regulär produktive Seite: Es können spontan
nach Regeln oder Mustern neue Wörter gebildet werden, die noch nicht
Teil des Lexikons sind und vielleicht nie werden. Die Regeln betreffen
den Aufbau und die Bedeutung. Darum kann man im Prinzip auch die
Bedeutung komplexer Wörter wie bei Syntagmen regulär erschließen.
Für das Verständnis sind wir vielleicht mit geläufigen Wortbildungen
vertraut. Wir verstehen sie, weil sie Teil unseres mentalen Lexikons sind.
Wenn wir auf neue stoßen, sollten wir die allgemeinen Deutungsmuster
nutzen oder uns am Kontext orientieren. Dabei ist wichtig:

- Die Elemente ermitteln und kategorisieren
- Erproben, ob ein Element eine Relation öffnet, in die das andere passt
  (Valenz)
- Den Kontext befragen
- Bekannte analoge Bildungen heranziehen
- Die vorläufige Deutung im Kontext abchecken

Auf eher unbekannte Bildungen trifft jeder Leser. Viele sind nicht mehr
gebräuchlich, weil sie sich nicht bewährt haben, zu kühn waren oder mit
anderen Wörtern kollidierten.

Nomen:	Abwesen, Aufkunft, Heimsucht, Jaherr, Unfreund, Fahr, Teuere
Verben:	ähnlichen, bildern, schuldigen, aufenthalten, annahen, entküssen, missschwören, bemorgengaben, haberechten, verfuchsschwänzen, ausantworten, vergeringern, vervorteilen, zuentbieten
Adjektive:	abhelflich, scheusälig, fragselig, kaltsinnig, sauersinnig, fruchtbarlich, zollbar, vergleichlich, verzüglich
Andere:	waserlei, anheute

Schwierigkeiten kann uns die Segmentierung, die Zerlegung in Bausteine
bereiten. In extremen Fällen stolpern wir direkt, besonders wenn die
Wörter am Zeilenende getrennt erscheinen.

Talent-wässerung	Tal-entwässerung	Wachs-tube	Wach-stube
Wach-traum	Wacht-raum	Fehler-klärung	Fehl-erklärung
Gebirg-stier	Gebirgs-tier	Ei-ersatz	Eier-satz
Mais-turm	Mai-sturm	Tau-schwert	Tausch-wert
Jagd-rache	Jag-drache	Reiter-folge	Reit-erfolge

Wortbildungen, die segmentierbar sind, deren Bau erkennbar ist und deren Bedeutung sich kompositionell ergibt, sind **transparent**. Die Transparenz bezieht sich zuerst auf die Form. Viele Wortbildungen stammen jedoch aus früheren Zeiten, sie haben als komplexe Wörter am Lautwandel und am Bedeutungswandel teilgenommen, öfter in anderer Weise als ihre Bausteine. Erhebliche Veränderungen der Lautgestalt haben zur Folge, dass wir die Bausteine nicht mehr erkennen. Die Wortbildungen sind nicht mehr transparent, sie sind undurchsichtig.

Schwierigkeiten bereiten undurchsichtige Wortbildungen,

• weil Teile untergegangen sind und nicht mehr frei vorkommen,
• weil die Bedeutung sich nicht einfach aus den Teilen ergibt.

Typische Beispiele sind diese hier.

Segmentierung unklar	Staubecken, Scharmützel, Hallimasch, Wengert
Bausteine untergegangen	Brombeere, Himbeere, Walnuss, Walfisch, Schornstein, Schmeißfliege, Geschmeide
Bausteine nur noch in Wortbildungen	Drittel (-teil), verquicken, Jungfer (-frau), Quecksilber
Lautlicher Zusammenhang verdunkelt	fertig ← fahren, voll ← füllen

Verdunkelungen ergeben sich auch bei seltenen Wörtern oder Schreibvarianten:

Marstall ← Mähre

Auch wenn man die Bestandteile erkannt hat, kann es noch Verstehensprobleme mit mehr oder weniger undurchsichtigen Wortbildungen geben.

Beide Lexeme nicht nach der prototypischen Bedeutung zu verstehen	Brunnhild
Nur eines der Lexeme normal zu verstehen	Steinpilz, Freitag, Sonntag, Bockbier; Fahrstuhl, Blindschleiche
Kompositum idiomatisch zu verstehen	Sündenbock, Katzentisch
Kompositum metaphorisch zu verstehen	Wolkenkratzer, Fuchsschwanz, Flimmerkiste

Als lernender Wortbildner braucht man einen Überblick über die Bildungsmuster und über den etablierten Wortschatz. Weil man in beidem eher unsicher ist, sollte man mit neuen Wortbildungen sparsam und vorsichtig sein, zumal die Muttersprachler dem Zweitsprachler hier wenig zutrauen oder gestatten. Die Erfindungen des Zweitsprachlers werden vor allem unter Fehlergesichtspunkten gesehen und netter vielleicht als Anlass zu Verbesserungsratschlägen. Aber auch, wenn sie moniert werden, sind Wortbildungen wie diese kreativ.

> Dieses Werkzeug ist sehr vielverzwecklich.
> Danke für die informationsreichliche Literatur.
> Durchblätterung und Lesung der Zeitschrift waren ein Genuss.
> Ich bin ein Faulschreiber.
> Herzliche Grüße von Ihrem Vorbei-Student.
> Ich studiere mit der Hoffe, davon mehr Erfahre zu bekommen.

Ein allgemeineres beschränkendes Prinzip für produktive und kreative Wortbildung ist die **Blockierung**. Es besagt: Bilde kein neues Wort, wenn ein entsprechendes schon etabliert ist. Dem wird aber nur folgen, wer das etablierte Wort kennt und wer der Meinung ist, eine Entsprechung sei tatsächlich gegeben. Das scheint hier keine Frage:

Meine Eltern wollten ihren Urlaub in keiner unruhigen Gegend verbringen. Darum haben sich alle beide in Kärnten für vierzehn Tage an einem stillen Örtchen niedergelassen.

Sind Wörter in unterschiedlichen Bereichen gebräuchlich, etwa in Umgangssprache und Fachsprache, oder geht es um Gelegenheitsbildungen, machen Dubletten weniger Probleme:

Die hingen da jeden Abend rum. Das Lokal war voll von Barhockern.
Fahrt ihr nur noch Automatik, keine Schalter mehr?

Kreative Wortbildner sind nicht nur Fremdsprachenlerner. Auch Muttersprachler gehen an die Grenze und überschreiten sie schon mal, besonders der Kindermund:

Regen kam. Da hab ich das Fenster gezut.
Bekomm ich bisschen Saft aus der Giraffe?
Da gabs wieder ein Umfall.
Ich stirdelte in den Reifen hinein.
Die Lappen leben karg und müssen sparen. Daher das Sprichwort: Es läppert sich zusammen.

Kreativ sind neue Wörter nach dem Wischiwaschi-Prinzip. Es wird meist nicht als reguläre Wortbildung behandelt. Dennoch kann man eine Regel formulieren. Sie sieht nur kompliziert aus, nimmt Bezug auf Phoneme (C = Konsonant, V = Vokal):

```
C(C)V1C (C)   #C(C)V2C (C) mit V1 ≠ V2
p(l) it (sch)#p(l) at(sch)
```

Diese Regel mit Varianten liefert uns:

> Heckmeck, Klimbim, Picknick, ratzfatz, wing-ding
> Bimbam, Flickflack, flippflopp, Hickhack, Hiphop, klingklang, Krimskrams, Misch-masch, piffpaff, Pingpong, pitschpatsch, Schnickschnack, Schnippschnapp, schwippschwapp, Singsang, Ticktack, Wigwam, Wirr-warr, Zickzack
> ätschi-bätschi, Boogie Woogie, Charivari, Hackelpackel, Halligalli, Hokuspokus, Kuddelmuddel, Larifari, lirum-larum, multikulti, okidoki, Rambazamba, Remmi-demmi, Schickimicki, Techtelmechtel
> Wischiwaschi, Tingeltangel, Kribbeskrabbes, Dingeldangel, Kritzikratzi, pickepa-cke, pitschepatsche, bimmelbammel, kribbelkrabbel, pillepalle

Mit kleinen Einschüben und in sog. Zwillingsformeln gibt es dann noch:
> holterdipolter, Schwuppdiwupp, Muckefuck
> cash and carry, fix und foxi, Knall auf Fall, Krethi und Plethi, Saus und Braus, schlank und rank, Schritt und Tritt

Das Muster ist in den Sprachen der Welt verbreitet. Ein paar englische:
> black-jack, humdrum, dilly-dally, ficto-facto, fiddle faddle, hanky-panky, happy-clappy, helter-skelter

Anleitung zum Do-it-yourself

1. Bei einfachen Zweisilbern nehmen Sie eine Wortwurzel, machen eine Kopie davon und tauschen den ersten Buchstaben aus. Das geht ruckzuck.
2. So ein einsilbiges Wort hat natürlich einen Vokal in der Mitte. Den Vokal kann man auch austauschen in der Kopie. Auch das führt nicht nur zu Schnick-schnack.
3. Nun verlängern Sie das Ganze etwas. Sie nehmen Zweisilber und verfahren analog. Auch das kein Hokuspokus. Schon sind Sie beim Risibisi. Dazu ein Schluck Schorlemorle gefällig? Und zum Nachtisch tutti frutti. Nein, stopp!
4. Es fehlt noch der vierte Gang. Vielleicht noch etwas Kribbeskrabbes? Denn damit hätten wir so ziemlich alles beisammen.

Weiterführende Grammatiken

Duden, Band 4 (2009): Grammatik der deutschen Gegenwartssprache.
8. Aufl. Mannheim
1343 S. (umfassend, nicht immer übersichtlich)

Eisenberg, P. (2006): Grundriß (sic!) der deutschen Grammatik,
Bd. 1: Das Wort, Bd. 2: Der Satz. Stuttgart
1084 S. (methodisch orientiert, reflektierend)

Engel, U. (1988): Deutsche Grammatik. München
888 S. (umfänglich, umfassend, etwas unübersichtlich)

Helbig, G./ Buscha, J. (1986): Deutsche Grammatik.
Ein Handbuch für den Ausländerunterricht. Leipzig
737 S. (klassisch, umfänglich)

Zifonun, G./ Hoffmann, L./ Strecker, B. (1997): Grammatik der deutschen
Sprache. Berlin/ New York
3 Bände, 2569 S. (die wissenschaftliche Supergrammatik, speziell,
beispielreich)

Schulz, D./ Griesbach, H. (1982): Grammatik der deutschen Sprache.
11. Aufl. München
475 S. (traditionell, für Deutschlerner, war früher Standard)

Heringer, H. J. (2011): Deutsche Grammatik.
Ein Arbeitsbuch für Studierende und Lehrende. Paderborn 2013
158 S. (lehrer-orientiert, Anschluss-Übungen zu dieser Grammatik)

Nachweise

Alle Bilder aus:
http://commons.wikimedia.org